Finnland
St. Petersburg
Stockholm
SCHWEDEN
Moskau
Minsk
RUSSISCHES REICH
Warschau
Polen
Kiew
Wien
Budapest
ÖSTERREICH-UNGARN
Belgrad
RUMÄNIEN
Bukarest
Sarajewo
SERBIEN
BULGARIEN
MONT.
Sofia
Konstantinopel
ALBANIEN
OSMANISCHES REICH
GRIECHENLAND
Athen
Zypern
(brit.)
Dodekanes (ital.)

EUROPAS KATASTROPHE 1914–1918

MENSCHEN IM KRIEG

Impressum

Projektleitung: Sabine Sternagel
Art Director: Stefan Dimitrov
Lektorat: Daniela Wilhelm-Bernstein
Gestaltung: Sibylle Schug
Herstellung: Thekla Licht, Herbert Schiffers, Hermann Weixler
Druck und Bindearbeiten: Westermann Druck Zwickau GmbH

Printed in Germany
ISBN: 978-3-86497-190-7

Titelbild und Rückseite: Süddeutsche Zeitung Photo, Scherl-Archiv

HERAUSGEGEBEN VON JOACHIM KÄPPNER UND JAKOB WETZEL
MIT BILDERN AUS DEM SZ-FOTOARCHIV

EUROPAS KATASTROPHE 1914–1918

MENSCHEN IM KRIEG

Süddeutsche Zeitung Edition

INHALT

Ein neuer Krieg mit neuen Schrecken: Ein englischer Offizier schützt sich 1915 mit einer neu entwickelten Maske vor Giftgas.

Vorahnungen

Sarajevo

Der Tod ist Handarbeit: Eine deutsche Arbeiterin füllt Schrapnellkugeln in eine Artilleriegranate.

Grabenkrieg

Heimatfront

Kampf der Kolonialmächte: ein senegalesischer Soldat der französischen Armee 1916 bei Fréjus an der Côte d'Azur.

Globaler Krieg

Frontstadt: Das westflämische Ypern – zu sehen sind Kathedrale und Tuchhalle 1915 – blieb bis 1918 umkämpft und dem deutschen Artilleriefeuer ausgesetzt. Die Stadt wurde nach dem Krieg neu errichtet.

Zu Wasser und in der Luft

Folgen

Am Beispiel München

Nachkriegsmisere: Die Mark verfällt, Kaufleute flüchten in Gold und Silber (unten) – und die Reichsbank gibt Rentenmark-Scheine aus.

Gesichter des Krieges

Eine Kolonne von Soldaten marschiert durch eine Art Mondlandschaft: Mehr ist nicht zu erkennen auf dieser Fotografie vom März 1918. Das Bild ist nicht scharf, eine Augenblicksaufnahme, schlecht komponiert. Und doch erzählt es eine Geschichte, fängt dieser Moment kommendes Leid und nahen Tod, die ganze Sinnlosigkeit des Krieges ein. Millionen sind gefallen, aber es gibt immer noch Reserven an Menschen. Die Front im Westen hat sich seit Ende 1914 nur wenig bewegt, jeder Kilometer Vormarsch ist mit Abertausenden Leichen bezahlt worden. Noch immer glaubt die deutsche Oberste Heeresleitung, der Durchbruch und damit der Sieg werde irgendwann gelingen. Es ist eine tödliche Illusion, und wahrscheinlich bezahlen viele Männer auf dem Bild sehr teuer dafür.

Das Foto stammt aus dem Scherl-Archiv, und dieses wiederum gehört zum Fotoarchiv der Süddeutschen Zeitung. Die Bildsammlung des Scherl-Verlags wurde 1883 gegründet, als das Medium der Fotografie noch relativ neu war. Der große Krieg ab 1914 war der erste, der in Ansätzen schon Züge eines heutigen Medienkrieges ahnen ließ. Zwar hatte es bereits während des Amerikanischen Bürgerkrieges von 1861 bis 1865 Fotografien gegeben. Doch die verbesserte Technik erlaubte es ein halbes Jahrhundert später, den Krieg umfänglich im Bild zu dokumentieren. Allein das Scherl-Bildarchiv umfasst weit mehr als 6000 erhaltene Fotos aus dem Ersten Weltkrieg.

Einige dieser Bilder fanden sich seither in Zeitungen oder auf Buchcovern wieder. In diesem Buch wird erstmals eine Auswahl der interessantesten und nachdrücklichsten Motive vorgestellt. Sie zeigen den Krieg aus vielen Perspektiven: aus den Augen von Soldaten an der Front, von Arbeiterinnen in der Heimat oder auch von Kolonialsoldaten, die in den Kampf gezwungen wurden. Sie erzählen von kriegstreibenden Geistlichen, von Piloten und Matrosen, von Bombenopfern und Revolutionären. Nicht alle Bilder, aber die meisten stammen aus dem Scherl-Archiv. Dazu zeichnen SZ-Autoren in Essays nach, wie der Krieg Europa und die Welt erfasste, sie öffnen den Blick für Zusammenhänge, ermessen die große Katastrophe aus vielen verschiedenen Blickwinkeln und erzählen vom Leben und Sterben der Menschen und den Erinnerungen der letzten Zeitzeugen. So machen sie die vielen Gesichter des Krieges wieder erkennbar. Und sie helfen dabei, die Bilder des Scherl-Archivs einzuordnen und zu verstehen.

Hierzu muss der Betrachter auch die Sehgewohnheiten ein wenig ändern. Manche Fotos wirken seltsam steif, andere gestellt – oft liegt das an den langen Belichtungszeiten. Nur wenige Bilder zeigen die Grausamkeit des Krieges so, wie das spätere Fotografien aus Russland 1941, aus Vietnam oder Afghanistan tun. Aber die meisten Abbildungen lassen dennoch das Grauen erkennen, das der Krieg von 1914 bis 1918 bedeutete. Manche sind noch heute nicht leicht zu ertragen.

Die Herausgeber sind den sehr hilfsbereiten Kollegen von Süddeutsche Zeitung Photo zu Dank verpflichtet. Chefredakteur Kurt Kister hatte die Idee zu diesem Band und trug zu dessen Gelingen Texte und etliche Werke aus seiner unerschöpflich erscheinenden Bibliothek bei. Ihm und Robert Probst danken wir für Expertise und ihre Unterstützung, Oliver Das Gupta für seine Ideen. Daniela Wilhelm-Bernstein, Stefan Dimitrov, Sibylle Schug, Laura Hertreiter und Anna Günther ist für vielfältige Hilfe bei der Herstellung zu danken.

JOACHIM KÄPPNER
JAKOB WETZEL

Das letzte Aufgebot:
Während der Frühjahrsoffensive 1918
marschieren deutsche Reservisten nach
Westen an die Front, vorbei am gewaltigen
Sprengtrichter einer Mine.

Er will geliebt werden, und er genießt den Jubel: Bei den Posener Kaisertagen 1913 wird Kaiser Wilhelm II. stürmisch begrüßt.

In der Echokammer der Vergangenheit

Hundert Jahre sind seit 1914 vergangen, doch die Kräfte, die Europa damals ins Verderben reißen, wirken noch heute. Wer behauptet, die Europäische Union lasse sich nicht mehr mit dem Wunsch nach Frieden begründen, der hat die Geschichte nicht verstanden.

Man kann sagen, dass die Jahrhunderterinnerung an den Ersten Weltkrieg gerade zur rechten Zeit kommt. Nicht zu früh, nicht zu spät, sondern punktgenau eben jene einhundert Jahre später, die wohl vergehen müssen, um Geschichte auf sicherem Abstand zu halten – und dennoch ihren heißen Atem zu spüren.

Diese Geschichte steckt den Europäern in den Knochen, ganz besonders den Deutschen. Wenn sie sich nun erinnern, wenn sie über wachsenden Nationalismus lesen, über zerfallende Imperien, über Bündnisse und Machtphantasien, über den Sog des Verderbens – dann stellt sich jener Schauder ein, den die Geschichte für alle Nachgeborenen bereithält: Ist da wirklich schon alles abgelegt in den Büchern? Alles verwahrt in sicherer Distanz zu den aufgeklärten Geistern von heute? Die ernüchternde Antwort ist: Nein. Das Jahrhundertgedenken entfaltet deshalb seine verstörende Wirkung, weil auch heute noch dieselben Kräfte zu spüren sind wie 1914.

Geschichte lebt vom Vergleich, von der Analogie, den Botschaften, die sie – bis auf die Knochen – zu transportieren vermag. Menschen spiegeln sich in ihrer Geschichte, sie studieren Fortschritt und Rückfall, wägen Vorteile ab und glauben alte Fehler vermeiden zu können. Aber das ist nur die Theorie. Tatsächlich steckt das Leben voller Irrtümer und Fehldeutungen der Geschichte, falscher Entscheidungen und irrer Wahrnehmungen. Politik entsteht nicht im Gelehrtenkämmerchen. Sie folgt Stimmungen, der Masse, manchmal dem Wahn.

Die Geschichte des Ersten Weltkriegs ist ein ganz besonderes Lehrstück, weil sie auch einhundert Jahre später nachhallt. Europa befindet sich noch immer in derselben Echokammer, in der David Lloyd George saß, als er 1936, keine 20 Jahre nach dem großen Krieg, seine Erinne-

Trügerische Harmonie 1907 in London (oben): Hinten links der Kaiser, vor ihm sein Onkel, der britische König Eduard VII., hinten als fünfter von links Kronprinz Georg. Die Zeit vertrieb sich Wilhelm bevorzugt auf der Jagd.

Der „Neue Kurs“ in Karikaturen: Kanzler Otto von Bismarck tritt ab („Dropping the pilot“, 1890), Wilhelm II. schärft den Säbel: („Ich bin bereit“, 1905). Unter dem „persönlichen Regiment“ des Kaisers stieg das Reich spät in den Wettstreit um Kolonien ein.

rungen formulierte. Lloyd George war ein großer Staatsmann, Schatzkanzler der Briten bei Kriegsbeginn und ihr Premierminister an dessen Ende. In der Ahnung der heraufziehenden, noch größeren Katastrophe reduzierte er sein zweitausendseitiges Kompendium über den Ersten Weltkrieg auf eine schlichte Formel: „Krieg ist eine viel zu kostspielige und barbarische Angelegenheit, um damit die Streitigkeiten unter den Nationen der Erde zu lösen.“

Hat Europa diese Lebenserfahrung von Lloyd George heute verinnerlicht? Ist der Krieg tatsächlich undenkbar geworden? Krieg ist die traumatische Bindungserfahrung Europas, Krieg ist die Konstante im vielhundertjährigen Gewissen des Kontinents. Lloyd George entstammte einer Politiker-Generation, die den Krieg als Möglichkeit immer denken musste. Sebastian Haffner, der den Deutschen ihre Geschichte quasi am lebendigen Leib sezierte, erinnerte in einem seiner Bücher an die Selbstverständlichkeit, mit der in den Jahren vor 1914 die Kaste der Militärs und auch der Politiker Krieg als Werkzeug ihrer Arbeit ansahen.

Noch ein Jahrhundert später klingt der Lärm der Echokammer von 1914 nach. Die Motive kehren wieder: der Zerfall staatlicher Autorität, der aufkeimende Nationalismus, der ewige Kampf um die Machtbalance. Wie zu Beginn des 20. Jahrhunderts ringen Europas Gesellschaften auch heute mit einer neuen Welle der Industrialisierung (diesmal der digitalen), mit wuch-

Um die Wende zum 20. Jahrhundert beherrschen noch Pferdewägen den Alexanderplatz. Doch der Berliner Verkehrsknotenpunkt entwickelt sich rasch zum Symbol für die neue, industrialisierte Zeit: mit Haltestellen von Straßen-, Fern- und U-Bahn und für Omnibusse.

Technisches Wunderwerk:
Von den Dächern ihrer Häuser aus beobachten Münchner Bürger 1909 den Flug des Zeppelins LZ 3 über die Residenz (rechts) und den Englischen Garten. In den ersten Kriegsjahren werden Luftschiffe wie dieses Angst und Schrecken in Paris und London verbreiten.

Träume von deutscher Großmacht: Kaiser Wilhelm II. (vorne rechts) verfolgt 1911 ein Manöver der Hochseeflotte. 15 Jahre zuvor hatte er mit den Worten: „Der Dreizack gehört in die deutsche Faust!" eine neue, aggressive Flottenpolitik verkündet.

tigen, internationalen Finanzströmen, dem unbändigen Wunsch nach Frische und Aufbruch. Rastlosigkeit treibt die Politik, Sicherheiten gehen verloren. Wie vor einhundert Jahren sind die politischen Führungsfiguren der Verlockung des Nationalismus ausgesetzt, suchen nach Identität in selbst gezogenen Grenzen, ob auf der Krim, in Schottland oder Katalonien. Sie hoffen auf Klarheit und Überschaubarkeit in einem scheinbar überregulierten Kontinent. Wie vor hundert Jahren klopft der Krieg an die Pforten Europas. Von Nordafrika bis zur Ukraine ist Europa umgeben von einem Ring instabiler bis kriegerischer Regionen.

Die alten Geister gehen um

Der Erste Weltkrieg schuf den Boden für die Totalitarismen, die Europa über die längste Phase des 20. Jahrhunderts fesseln sollten: den Faschismus und den Kommunismus. Er bildete die Ouvertüre zu der noch größeren Katastrophe, die sich schon nach Kriegsende 1918 abzeichnete. Aus den Trümmern zerstörter Herrscherhäuser und zerfallender Imperien, aus überkommenen Machtstrukturen und unfertigen neuen Systemen erwuchs die nationalsozialistische Gewalt, die Europa vollständig in Schutt und Asche legen sollte.

Selbst als die Totalitarismen verklungen waren, endgültig verzehrt mit der Niederlage des Kommunismus im Kalten Krieg, mussten die Europäer entsetzt feststellen, dass die Geister von vor hundert Jahren nicht gebannt waren. Auf dem Balkan zogen die Menschen in den 1990er Jahren mit Blut neue Grenzen, die schon hundert Jahre zuvor keinen Frieden garantieren konnten. In Nordafrika und Nahost schliffen wachsender Wohlstand, steigende Religiosität und Terrorismus die Strukturen, die der Kolonialismus quasi als letzten Gruß hinterlassen hatte. Und wie eine zynische Mahnung an die Erinnerungsindustrie entzündete sich pünktlich zum Jahrhundertgedenken die Ukraine-Krise – in ihrem Kern ein klassischer Konflikt um Einflusszonen und Selbstbestimmung; ganz tief aber auch ein europäischer Urkonflikt an einer Bruchlinie, die über Jahrhunderte hinweg von Religion, Sprache und Kultur gezogen worden ist. West gegen Ost – ein Leitmotiv für den Unfrieden in Europa.

Der politische Kalender hielt 2014 aber auch eine positive Botschaft parat: Ausgerechnet in

Die erste moderne Seeschlacht entschied 1905 Japan bei Tsushima für sich. Auf dieser Postkarte bejubeln Matrosen des Tenno den Untergang eines russischen Schiffes.

Vorboten: Dem großen Krieg gingen allein zwei Krisen auf dem Balkan voraus. Oben türkische Infanteristen, unten türkische Flüchtlinge 1912.

diesem Jahr 2014 waren die meisten Europäer aufgerufen, ihre Stimme für das wohl wichtigste Friedensprojekt abzugeben, das sie sich je geschaffen haben – die Europäische Union. Die Wahl zum Europaparlament erinnerte sie daran, wie mühsam es ist, in ihren Grenzen für Frieden zu sorgen. Die Gemeinschaft der Staaten, hervorgegangen aus der deutsch-französischen Montanunion und noch längst nicht vollendet mit der letzten Erweiterungsrunde 2013, hat verstanden, dass ihr Frieden nur dann sicher ist, wenn sie die Lehren von 1914 beherzigt. Und die heißen nun mal: Der Nationalismus und die ungleiche Verteilung von Macht und Wohlstand führen Europa ins Verderben. Deswegen musste die Europäische Union in ihrem Wesen eine Gemeinschaft zur Nivellierung von Macht und zur Gleichverteilung von Chancen sein.

Der Erste Weltkrieg war deshalb auch die Geburtsstunde der europäischen Gemeinschaftsbewegung, die es sich zum Ziel setzte, die immer selben Kriegsauslöser zu bannen. Das sind Geografie und Ideologie. Geografie: Das stets zu starke und ruhelose Deutschland in der Mitte des Kontinents, dieser viel-analysierte Semi-Hegemon – zu klein, den Kontinent zu dominieren, zu groß, sich in das Gefüge der Nationen einzureihen. Und Ideologie: dieser Wettbewerb um die gerechte Staatsform, bei dem sich zunächst in Westeuropa, dann im Süden, später in der Mitte die Westminister-Demokratie durchsetzte – allerdings nur mit Hilfe der USA und den Kräften der freien und sozialen Marktwirtschaft.

Gebannt sind die bösen Geister damit nicht, wie die Debatte um die Verfasstheit Europas, die Rolle seines Parlaments oder etwa die Währungskrise zeigen. Diese Krise zum Beispiel hat erneut den Hegemon in der Mitte des Kontinents auferstehen lassen.

Unvermittelt ist er also wieder zu spüren, dieser heiße Atem der Geschichte; da erklingen sie wieder, die unheilvollen Motive der europäischen Vergangenheit. Wer heute behauptet, die Europäische Union lasse sich nicht mehr mit dem Wunsch nach Kriegsvermeidung begründen, der hat die Geschichte nicht verstanden. Die nämlich lässt sich nicht ablegen wie ein zerschlissener Mantel. Auch hundert Jahre später nicht.

STEFAN KORNELIUS

Rivalität mit Frankreich:
Im Kampf um Einfluss in Afrika besucht Wilhelm II. (mit Pickelhaube) 1905 die marokkanische Hafenstadt Tanger.

Militärkult und Maskenball

Kaiser Wilhelm II. als britischer Dragoner im April 1894.

Sie war ein britisches Nationalsymbol, und Kaiser Wilhelm II. wollte sie unbedingt: die rote Uniform der königlich-britischen Kavallerie. Am Ende gab Queen Victoria dem Drängen ihres Enkels nach. Am 21. April 1894 ernannte sie Wilhelm zum Ehren-Oberst der First Royal Dragoons. Eine Ehre – doch dem Kaiser ging es um den Stoff. Glücklich posierte er in der Uniform für den Fotografen.

Wenige Dinge liebte Wilhelm II. so sehr wie Uniformen. Er präsentierte sich als Husar, als Kürassier, als Admiral oder auch als General der Infanterie; er zeigte sich in preußischer, russischer, österreichischer, englischer oder auch in türkischer Montur. Zuweilen wechselte er die Uniform mehrmals am Tag.

„So kindisch, so unreif, so prahlerisch" (Hofdame Hildegard von Spitzemberg) war Wilhelms „Maskenball" (Wilhelms Freund Philipp zu Eulenburg), dass selbst die Höflinge die Köpfe schüttelten. Einige spotteten über seinen militaristischen Verkleidungswahn, andere glaubten, Wilhelm überspiele seine Unsicherheit: denn der Kaiser litt seelisch unter seinem retardierten linken Arm, einer Folge von Komplikationen bei seiner Geburt.

Zum Teil aber war der Mummenschanz schlicht Politik: Europas Monarchen demonstrierten gerne ihre Verbundenheit, indem sie die Kluft der jeweils anderen trugen. Wilhelms Liebe zu Uniformen ging zwar weit über außenpolitische Höflichkeit hinaus. Und doch: Der Kaiser trat nie etwa als Franzose auf. Frankreich war schließlich der Erbfeind.

JAKOB WETZEL

Aus Wilhelms Verkleidungskiste (von oben links im Uhrzeigersinn):
im schottischen Kilt, als preußischer Husar, russischer Offizier, preußischer General und Schütze, als englischer Marineoffizier, in österreichischer und in britischer Uniform. In der Mitte als türkischer Militär mit Fez.

Europas strahlende Lichter

Als die Welt noch ganz normal erscheint und sich deutsche und britische Marineoffiziere versichern, ein Krieg gegeneinander sei heutzutage unvorstellbar: Der 27. Juni 1914 ist der letzte Tag vor dem Attentat von Sarajevo.

Der Tag, bevor die alte Welt stirbt, zeigt diese noch einmal in all ihrer Pracht. In Paris wird vor vollem Haus und viel Prominenz wieder die „Josephslegende" aufgeführt, das Ballett mit Musik von Richard Strauss. Viele betrachten es als gutes Zeichen, dass mehr als 40 Jahre nach dem letzten großen Krieg in Westeuropa, dem Sieg der Deutschen über Frankreich 1870/71, so etwas wieder möglich ist: deutsche Kultur in Paris, lebhaft beklatscht vom Publikum. Und wie noch heute mag ein Stück zwar den Leuten gefallen, gerade darum aber nicht den Feuilletons. Dort tobt eine heftige, die späten Junitage 1914 beherrschende Debatte.

„Unsere Zukunft liegt auf dem Wasser": Wilhelm II. besucht eine Schiffstaufe in Wilhelmshaven.

Teile der internationalen Presse rügen, die „Josephslegende" strahle eine schwer erträgliche Langeweile aus, die Musik sei von mittlerer Qualität. Andere widersprechen. In *The Nation* beklagt der Großkritiker Ernest Newman am 27. Juni „die typisch teutonischen Kindereien der Inszenierung". Da scheinen sie durch, die Gegensätze zwischen den Nationen, die nur einen Tag später mit dem Attentat von Sarajevo wieder durchbrechen und binnen weniger Wochen in jenen Krieg führen werden, von dem der britische Außenminister Edward Grey sagt: „In Europa gehen die Lichter aus."

Und wie schön haben diese Lichter doch geleuchtet in der Pariser Oper. War doch die Erstaufführung der „Josephslegende" im Mai einer der kulturellen Höhepunkte des Fin de Siècle, im vagen Bewusstsein, dass eine Epoche vor ihrem Ende steht. Es ist die Epoche Europas, des „stolzen Turms", wie die US-Historikerin Barbara Tuchman schrieb, erbaut zwar auf dem Elend ausgebeuteter Arbeiter, aber dennoch stärker, reicher und fortschrittlicher als je ein Kontinent zuvor.

Die ersten Schwingungen des kommenden Bebens sind für die meisten Menschen nicht zu spüren, schon gar nicht für Österreichs Militär in Sarajevo, das die Sicherheitsvorkehrungen für den Besuch des Erzherzogs mit selbst für k.-u.-k.-Verhältnisse bemerkenswerter Nachlässigkeit betreibt. In Wien freilich streiten die Behörden über die Anwerbung von Freiwilligen für Albanien. Eine Söldnertruppe soll in dem unruhigen Nachbarstaat zum feindlichen Serbien den Wiener Einfluss vergrößern.

Der ruhelose Balkan. Hier stoßen die Interessen Russlands und Österreich-Ungarns aufeinander, mit den Deutschen und Türken als auf-

Gelassene Heiterkeit kurz vor dem Krieg: Im Innenhof des Münchner Hofbräuhauses feiern die Menschen ausgelassen den Maibock-Anstich.

Eingeschworen auf die Monarchie: Nach dem Tod des bayerischen Prinzregenten Luitpold leisten Truppen in München 1912 ihren Eid auf den neuen Regenten, Prinz Ludwig III.

Sympathiebekundungen: In Potsdam (oben) trägt Wilhelm II. 1913 eine russische Uniform, Zar Nikolaus II. eine preußische mit Pickelhaube. Dasselbe Verkleidungsspiel zeigen Wilhelm und der österreichisch-ungarische Kaiser Franz Joseph I. 1900 in Berlin (unten).

merksamen Beobachtern. Der Balkan sei nicht die Knochen eines einzigen preußischen Grenadiers wert, hatte Reichskanzler Otto von Bismarck einst gesagt, wohl wissend, wie leicht die Zwistigkeiten und der irrationale Hass der Völker und Staaten eine internationale Krise heraufbeschwören können. Bismarck war ein kühler, bisweilen ruchloser Realpolitiker, und zu seiner Zeit bemühte sich das Kaiserreich mit Erfolg, niemals mehrere der großen Mächte zugleich gegen sich zu haben, wie es dann 1914 geschah. Mit Großbritannien und Russland bestand gutes Einvernehmen, Frankreich, das auf Revanche für 1871 und den Verlust Elsass-Lothringens sann, fand keine Partner.

In der Presse gibt es Wichtigeres als die Bosnienreise des Thronfolgers

Erst der Größenwahn unter Kaiser Wilhelm II., der Bismarck 1890 entlässt, beginnt das Reich zu isolieren. Der Flottenbau weckt Invasionsängste in London; Russland entfremdet sich durch den Gegensatz zu Wien auf dem Balkan. Dem schwächelnden k.-u.-k.-Imperium, seinem einzigen Verbündeten aus dem Kreis der alten Mächte, hält Berlin die Treue. Aber die Balance der Kräfte geht verloren, zu Ungunsten Deutschlands. Daher hat das Militär des Kaisers 1905 für den Kriegsfall den Schlieffen-Plan ausgeheckt, der eine rasche Mobilisierung und die Niederwerfung Frankreichs vorsieht, bevor die deutschen Armeen sich gegen die Russen wenden. In dieser Logik muss der Krieg aus deutscher Sicht, wenn er denn kommt, so schnell wie möglich beginnen, jeder Tag zählt. Das wird während der Julikrise 1914 zu einer verhängnisvollen Dynamik auf deutscher Seite führen. Alle Mächte sind nervös, ein großes Wettrüsten hat begonnen. Die Wolken ziehen auf.

Ausgerechnet in dieser Phase der Überreiztheit hat das müde Österreich-Ungarn 1908 Bosnien-Herzegowina aus der Erbmasse der osmanischen Europabesitzungen annektiert. Es ist ein Land vieler Völker, die sich misstrauisch belauern, vor allem die dort lebenden Serben wollen den Anschluss an den serbischen Staat. Die Wiener Zeitungen berichten über die Bosnien-Reise des Thronfolgers Franz Ferdinand und seiner Gemahlin Sophie, die am nächsten Tag mit dem Besuch Sarajevos ihren krönenden Abschluss finden soll. Noch interessanter finden die Wiener aber, dass der greise Kaiser Franz

Symbol für Deutschlands „Platz an der Sonne": Im 1. Garderegiment dient von 1905 an der Marokkaner Ben Aissa (Aufnahme von 1909).

Joseph am 27. Juni zur Kur nach Bad Ischl aufbricht, vor seiner Residenz sammeln sich die Schaulustigen.

Einen Tag, bevor der stolze Turm umzustürzen beginnt, ist auch Englands Gesellschaft sorglos. Hitzige Debatten findet man nicht so sehr im Parlament, berichtet der deutsch-jüdische Literat Gustav Silberer, der gerade in London ist. Sondern eher „in den unzähligen Pubs, den Schankwirtshäusern, deren Kunden Blinde, Lahme, Krüppel aller Art sind und ein starkes Kontingent armer Irländer, die, weiß der Himmel wieso, hierher verschlagen wurden und die als gewaltige Trinker den Wirten liebste Gäste sind."

Nach dem „Panthersprung nach Agadir" kehrt die SMS Panther 1911 nach Wilhelmshaven zurück. Ihre Mission ist eine Drohgebärde gewesen: Im Streit um Kolonien lässt Wilhelm II. die Muskeln spielen. Doch seine abenteuerlichen Manöver isolieren das Deutsche Reich.

> **Wenn ich sehe, dass die Möglichkeit eines Krieges zwischen unseren Nationen erörtert wird, dann lese ich das voller Horror.**
> Siegfried Bölken, Kapitän der SMS Pommern

Die engen Bars sind überfüllt, und draußen auf dem Pflaster sitzen sogar junge Mütter, so staunt der Besucher mit einiger Faszination, „halten ihre Babys auf dem Arm oder an der Brust und trinken ihren Gin, den eine gefällige Freundin oder der Gatte vom Schanktisch holt."

Kriegsstimmung? Ganz im Gegenteil, Deutsche sind in der Hauptstadt des Empire noch überaus willkommen. An diesem Tag stehen sich in Wimbledon Englands Tennishoffnung A. H. Lowe und der Deutsche Otto Froitzheim gegenüber, was schon „wegen des graziösen Stils des Deutschen und des kräftigen Triebs des Engländers" ein Vergnügen zu werden verspricht, wie sich ein Reporter freut.

Und auf der Kieler Woche ist am 27. Juni ein britisches Geschwader zu Gast. Gemeinsam mit deutschen Kriegsschiffen hat es mit donnerndem Salut die kaiserliche *Hohenzollern* begrüßt, so die illustrierte Zeitung *Die Woche* aus Berlin. Wilhelm II. persönlich stattet dem britischen Vizeadmiral George Warrender einen Besuch auf dem riesigen, schwer gepanzerten Schlachtschiff *King George V* ab, einem der neuesten jener englischen Flotte, die doch die Meere regiert und gegen die das Kaiserreich einen so teuren

Noch lässt sich der große Krieg verhindern: Im Mai 1913 wird Skutari (heute Shkodra) unter internationale Kontrolle gestellt – und damit der Balkan-Konflikt zwischen Montenegro und Albanien, zwischen Russen und Österreichern, einstweilen entschärft.

wie sinnlosen und provozierenden Rüstungswettlauf zur See betreibt.

In Kiel aber herrscht Freundschaft, ja Kameraderie zwischen den Seeleuten, die sehr bald schon aufeinander schießen werden. Die hohen Offiziere beider Seiten versammeln sich am 27. Juni zu einem Frühstück im Kieler Rathaus. Der Kommandeur der *Pommern,* Siegfried Bölken, erklärt Offizieren der *Southampton*: „Wenn ich in den Zeitungen sehe, dass gelegentlich die Möglichkeit eines Krieges zwischen unseren beiden Nationen erörtert wird, dann lese ich das voller Horror, für uns wäre ein solcher Krieg ein Bürgerkrieg.“ Zwei Jahre danach wird die *King George V* deutschen Schiffen in der Skagerrak-Schlacht begegnen, bei dem Patt, das für die kaiserliche Kriegsmarine wie eine Niederlage ist, sterben Tausende Seeleute.

Dass dunkle Vorahnungen in der Luft liegen, spürt man vielleicht am ehesten noch in Oxford. Die Universität verleiht dem deutschen Botschafter die Ehrendoktorwürde dafür, dass er der Aufrüstungspolitik seiner Regierung so offen widerspricht.

Abend in Paris. Es herrscht ein Höllenlärm. Das Vélodrome d'Hiver fasst 20 000 Zuschauer, ihre Stimmen hallen ohrenbetäubend unter der Glaskuppel. Auf der Bühne stehen sich zwei Männer in Seidenshorts gegenüber, belauern sich, klammern sich aneinander, schlagen sich in die Rippen und das Gesicht. Das Spektakel könnte gut einer amerikanischen Stummfilmkomödie entnommen sein, die beiden Hauptdarsteller sind: ein gewiefter Schwarzer, der alle Tricks beherrscht, und ein strahlender weißer Rassist.

Kriege auf dem Balkan waren Vorboten und Wegbereiter des Ersten Weltkriegs: 1912 der griechisch-orthodoxe Metropolit von Belgrad die Fahnen serbischer Truppen (links). Daneben Reservisten und Landwehrmilizen in den Straßen von Konstantinopel.

Es geht um den Titel des Boxweltmeisters aller Klassen, seit sechs Jahren wird er verteidigt von einer veritablen Legende dieses Sports, dem Texaner Jack Johnson. Er ist der erste Afroamerikaner, der je den Gürtel des Champions trug. Der Sohn zweier ehemaliger Sklaven ist für viele seiner weißen Landsleute in den Südstaaten der USA eine Provokation, und er genießt es, sie mit pompösen Aufritten bis aufs Blut zu reizen.

Wenn sich sein Herausforderer, der irischstämmige Amerikaner Frank Moran, heute überhaupt Hoffnungen macht, Johnson entthronen zu können, dann deshalb: Der Champion hat in seiner Pariser Wahlheimat in letzter Zeit wohl recht hingebungsvoll das Nachtleben genossen, und auch die Cuisine. Der Champion mag die Franzosen. Und die Franzosen mögen ihn so sehr, dass später sogar das Gerücht aufkommen wird, Johnson wolle auf Seiten Frankreichs in den Großen Krieg ziehen, aus Dankbarkeit.

Als ein Sportreporter einmal sein Erstaunen darüber ausdrückt, wie viele weiße Schönheiten in einer einzigen Nacht das Luxus-Hotelzimmer des Champions besuchen, da ruft der ihm zu: „Essen Sie Aal in Aspik und denken Sie an ferne Dinge."

Im Vélodrome lässt Johnson seinen Herausforderer lange ins Leere schlagen, weicht ihm aus, unterhält sich währenddessen sogar demonstrativ mit Zuschauern am Rand. Dann erst baut er langsam seine Aggressivität auf. Beobachter sprechen hinterher von einer recht blutigen Angelegenheit, mit einigen Fouls. Der Champion bleibt ungeschlagen. Punktsieg nach zwanzig Runden.

Doch Johnson wird niemals in die französische Armee eintreten, sondern beendet seine französische Affäre jetzt rasch: Aus politischen Gründen muss er Paris verlassen. Der Champion und seine Entourage ziehen nach St. Petersburg im irrigen Glauben, dort vom Krieg weit entfernt zu sein. Von seinem Kampfgeld in Höhe von 40 000 Dollar sieht er am Ende keinen Penny: Die Regierung in Paris hat sofort alle

Noch ist es nur eine Übung: Auf einem Kasernenhof in Berlin werden 1910 Rekruten am Gewehr ausgebildet. Einer zielt, ein anderer kontrolliert von vorne den korrekten Anschlag.

Zahlungen ins Ausland stoppen lassen, was der Box-Promoter sich gleich zunutze macht und das Preisgeld einkassiert.

Schon bald werden britische Soldaten den Namen Jack Johnsons verwenden als Spitzname für die mächtigste Artilleriegranate der Deutschen, 150 Millimeter breit, mehr als 40 Kilogramm schwer, ein Schrecken der Schützengräben. Sie ist schwarz.

Den Tag, bevor das Kronprinzenpaar in Sarajevo und mit ihm der Frieden in Europa stirbt, verbringt es im hübschen Ferienort Ilidze. Franz Ferdinand und Sophie haben in Bosnien eigentlich eine entspannte Zeit verbracht, die Sicherheitsbehörden sehen keinen Anlass zur Besorgnis. Dass Verschwörer die Wege des Paars beschatten, bleibt unbemerkt. Ein kroatischer Arzt warnt den hohen Besuch dennoch, viele bosnische Serben empfänden die Anwesenheit des künftigen Kaisers und Oberherrn als Provokation.

Lächelnd erwidert Sophie: „Mein lieber Doktor Sunaric, Sie sind doch im Unrecht. Wo immer wir waren, hat uns jeder bis zum letzten Serben mit solcher Freundlichkeit, Höflichkeit und echter Wärme begrüßt, dass wir über unseren Besuch sehr glücklich sind.“ Es ist Nacht über Sarajevo, wo das Paar am nächsten Morgen zum krönenden Abschluss der Bosnienreise ankommen wird. Dort warten die serbischen Attentäter bereits.

JOACHIM KÄPPNER, RONEN STEINKE

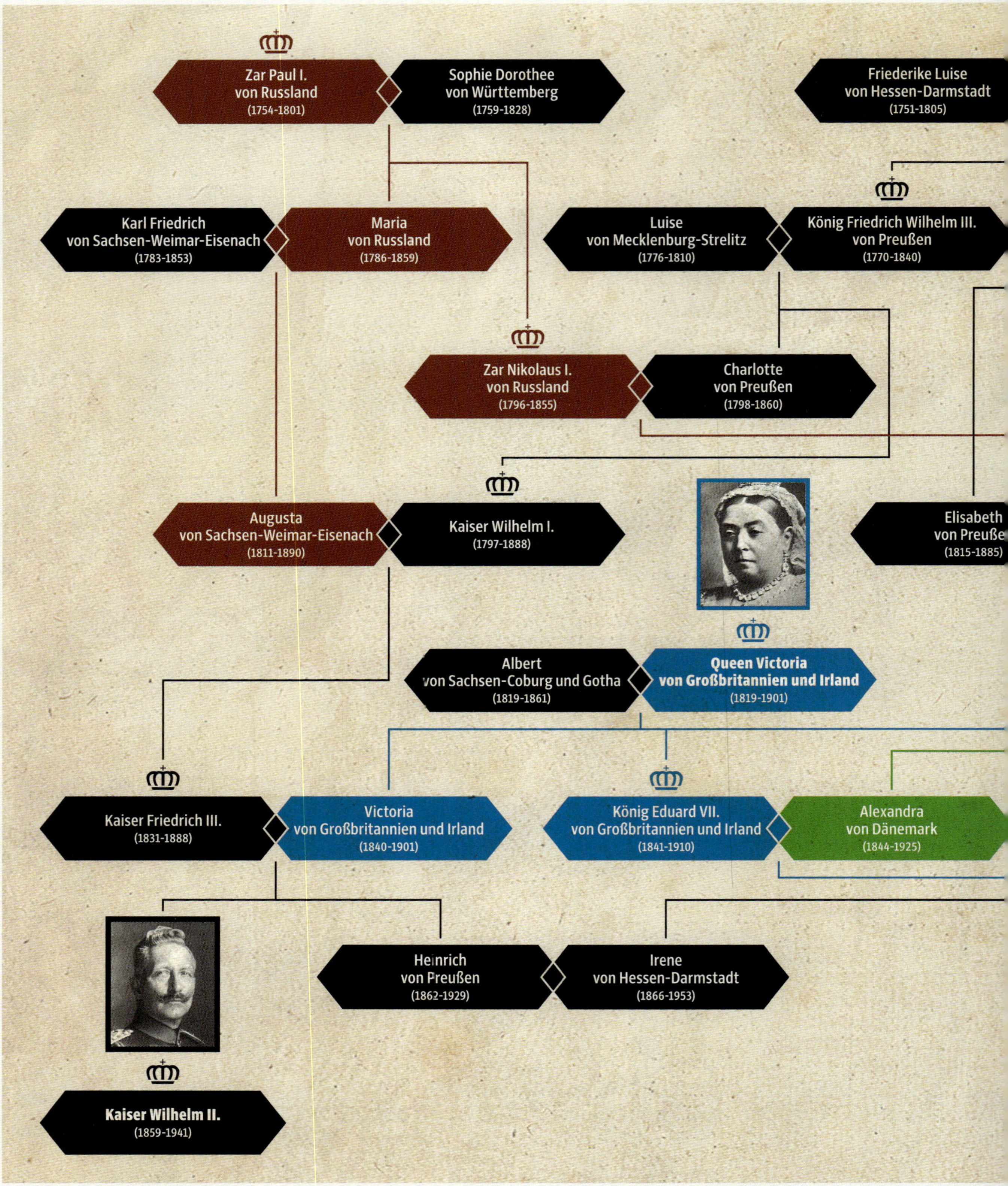
Zar Paul I.
von Russland
(1754-1801)
Sophie Dorothee
von Württemberg
(1759-1828)
Friederike Luise
von Hessen-Darmstadt
(1751-1805)
Karl Friedrich
von Sachsen-Weimar-Eisenach
(1783-1853)
Maria
von Russland
(1786-1859)
Luise
von Mecklenburg-Strelitz
(1776-1810)
König Friedrich Wilhelm III.
von Preußen
(1770-1840)
Zar Nikolaus I.
von Russland
(1796-1855)
Charlotte
von Preußen
(1798-1860)
Augusta
von Sachsen-Weimar-Eisenach
(1811-1890)
Kaiser Wilhelm I.
(1797-1888)
Elisabeth
von Preuße
(1815-1885)
Albert
von Sachsen-Coburg und Gotha
(1819-1861)
Queen Victoria
von Großbritannien und Irland
(1819-1901)
Kaiser Friedrich III.
(1831-1888)
Victoria
von Großbritannien und Irland
(1840-1901)
König Eduard VII.
von Großbritannien und Irland
(1841-1910)
Alexandra
von Dänemark
(1844-1925)
Heinrich
von Preußen
(1862-1929)
Irene
von Hessen-Darmstadt
(1866-1953)
Kaiser Wilhelm II.
(1859-1941)

Cousins und Cousinen

Deutsch · Russisch · Britisch · Dänisch

Sie waren eine große Familie: der britische König Georg V., der deutsche Kaiser Wilhelm II. und der russische Zar Nikolaus II. Georg und Wilhelm waren Cousins, Georg außerdem der Cousin des Zaren, und beide, Georg und Wilhelm, waren auch noch Cousins der Zarin Alix.
Die Verwandtschaftsverhältnisse sind verwirrend. Zar und Kaiser etwa hatten dieselben Ur-Urgroßeltern. Zugleich waren Wilhelms preußische Urgroßeltern, Friedrich Wilhelm III. und Königin Luise, die Ur-Urgroßeltern von Nikolaus II. Zarin Alix wiederum war nicht nur Wilhelms Cousine, sondern auch die Urgroßnichte jenes Friedrich Wilhelm III. Und weil Wilhelms Bruder 1888 Alix' Schwester geheiratet hatte, teilten sich Zar und Kaiser auch noch dieselbe Schwägerin. Zufall ist das alles nicht: Jahrhundertelang setzten Europas Monarchen auf Blutsbande, um den Frieden zu sichern. Gebracht hat es wenig: Zwar beteuerten die gekrönten Verwandten 1914 in einigen Briefen ihre gegenseitige Liebe. Doch als der Krieg begann, verlief die Front quer durch die Familie.

König Friedrich Wilhelm II. von Preußen (1744-1797)

Wilhelm von Preußen (1783-1851) – Marianne von Hessen-Homburg (1785-1846)

Ludwig II. von Hessen und bei Rhein (1777-1848) – Wilhelmine von Baden (1788-1836)

Karl von Hessen und bei Rhein (1809-1877)

Zar Alexander II. von Russland (1818-1881) – Marie von Hessen und Beirhein (1824-1880)

König Christian IX. von Dänemark (1818-1906) – Louise von Hessen-Kassel (1817-1898)

Alice von Großbritannien und Irland (1843-1878) – Ludwig IV. von Hessen und bei Rhein (1837-1892)

Dagmar von Dänemark (1847-1928) – Zar Alexander III. von Russland (1845-1894)

König Georg V. von Großbritannien und Irland (1865-1936)

Alix von Hessen und Beirhein (1872-1918) – Zar Nikolaus II. von Russland (1868-1918)

vereinfachte Darstellung

Als der Erste Weltkrieg ausbrach, war Fritz Koch (rechts, mit seiner jüngeren Schwester Elfriede, genannt „Piepgüssel“) sieben Jahre alt. Er erinnert sich an Tränen, an Hunger – und an die stattliche Uniform des Vaters.

„Der Kaiser war wie der liebe Gott“

Gesehen hat er ihn nie, aber seit seiner Kindheit schwärmt Fritz Koch von Wilhelm II. als einem gütigen und friedliebenden Landesvater. Bis heute verehrt der 107-Jährige aus Berlin den letzten Hohenzollernkaiser.

Fritz Koch spricht über den letzten deutschen Kaiser beinahe zärtlicher als über seinen Vater. Dabei bewundert er den Vater noch heute. Der Vater, der für seine Kinder so geschickt Tauben, Hunde und Pferde aus Holz schnitzte, der seinen Sohn nach den preußischen Königen Friedrich nannte. Der Vater, der als junger Mann in weißer Uniform im Kürassier-Regiment „Königin“ diente. Weil es eine Ehre war, für die Königin der Preußen, für die Kaiserin der Deutschen zu reiten und zu streiten. Sogar den nach oben gezwirbelten Schnurrbart trug Ernst Koch wie der Kaiser.

Der Vater wählte auch in Friedenszeiten die Uniform. Als Straßenbahnfahrer war er dem Wetter auf der Plattform schutzlos ausgeliefert. Im Dienst in Berlin nahe Unter den Linden sah der Vater den Kaiser. Das war das größte Erlebnis, sagt der Sohn.

Dieselbe Leidenschaft: Fritz Koch (hier 2014 in seinem Zimmer in einem Altenheim) liebt die Malerei, so wie einst der Kaiser.

Erzählt Fritz Koch von seinem Vater, fallen ihm die Worte leicht. Der gestutzte Schnauzer wippt, Bewegung kommt in den gebeugten Oberkörper. Mit 90 wäre er aufgesprungen, hätte in den Regalen seines Zimmers in einem Berliner Altenheim nach Bildern gesucht. Koch kann nicht mehr springen. Er sieht kaum, hört schlecht. Seine Stimme ist leise, brüchig. Der Rollstuhl gibt Halt, und die Erinnerungen. Zwei Weltkriege, zwei Ehefrauen und sieben Bundeskanzler hat er in 107 Jahren kommen und gehen sehen. Sein Gesicht ist von diesem Leben kaum gezeichnet.

Erzählt Koch von seinem Vater, klingt er wie der kleine Junge von damals. Der Vater ist für den Sohn ein Held. Doch der Kaiser, „der war wie der liebe Gott“.

Gesehen hat er ihn nie. Wilhelm II., den letzten deutschen Kaiser. Der Hohenzoller mit dem Fimmel für Uniformen und Kriegsschiffe forderte für sein Reich einen Platz an der Sonne, das Dichterland sollte Weltmacht sein. Er konkurrierte mit den anderen Nationen, mit seinen gekrönten Verwandten in London und Sankt Petersburg. Für den Aufstieg nahm der Kaiser auch Krieg in Kauf. Wilhelm II. versicherte Österreich nach der Ermordung des Thronfolgers seiner bedingungslosen Solidarität, er stürzte sein Volk in einen Krieg.

Für Fritz Koch ist dieser Kaiser ein anderer. Der gütige Monarch, der malte wie Koch, der den Krieg nicht wollte, in den die anderen Herrscher hineindrängten. Der Kaiser, der in Frankreich an der Front auf die Knie fiel und beteuerte, dieses Elend habe er nicht gewollt. „Der

Glühende Verehrer des Hauses Hohenzollern: die Eltern von Fritz Koch, Ernst und Anna, auf Fotografien um die Jahrhundertwende.

Kaiser war nicht kriegerisch. Mein Schwiegervater war Zeuge, der hat das gesehen", sagt Koch. „Der Kaiser liebte den Krieg nicht, aber aus Gerechtigkeitsgründen wollten wir siegen, mussten wir siegen. Gegen die Feinde." Gegen die Russen, die Koch im Zweiten Weltkrieg als bitterarme, fromme Menschen kennenlernte, bevor sie Berlin überrannten. Gegen die Franzosen, die beneidet wurden. Woher diese Feindschaft kam, weiß er nicht. Die anderen werden das besser wissen, sagt Koch. Seine Vermutung: „Alle wollten immer die Ersten sein."

Politik hat Fritz Koch nie interessiert. Er hat den sozialdemokratischen Reichspräsidenten Friedrich Ebert verehrt und den Deutsch-Nationalen Paul von Hindenburg trotzdem gewählt. Politik war auch bei seinen Eltern kein Thema. Die Nähe zum preußischen Herrscherhaus haben sie an die Kinder weitergegeben. Kochs Eltern lernten sich auf dem Gestüt der alten preußischen Adelsfamilie von Arnim in der Uckermark kennen. Der Vater arbeitete nach der Entlassung aus dem Kürassier-Regiment als Pferdemeister, die Mutter als Kammerzofe. Nach der Hochzeit zog die Familie nach Berlin. In Reinickendorf wuchs Fritz Koch unbeschwert mit seiner Schwester auf, tobte mit den Nachbarskindern durch die Straßen und jagte den ersten Flugzeugen hinterher, die im Landeanflug auf Tegel über die Siedlung brausten.

Dann brach der Erste Weltkrieg aus. Blendend heiß war der Tag, an dem der Vater eingezogen wurde. Fritz Koch war sieben Jahre alt, auf den Straßen herrschte Jubel. Die Familie saß in der Küche und weinte. Die Großmutter schimpfte auf die „ollen Feinde". Schmuck sah der Vater in der Uniform aus. „Grau mit blauen Bändern war die und eine stattliche Haltung hatte er", sagt Koch und lacht – an was kleine Jungen sich eben erinnern. Der Vater war als Kavallerist in Russland stationiert und kümmerte sich um die Pferdetransporte an die Front. Auch der Sohn kämpfte als Späher zu Pferde im nächsten Krieg. Die Liebe zu Pferden verband die beiden wie die Liebe zum Kaiser. Kochs Lieblingstier? „Na Pferde natürlich."

Vater Ernst Koch diente im Ersten Weltkrieg im Kürassier-Regiment „Königin", also in der schweren Kavallerie.

Das Warten auf Nachricht vom Vater zehrte an den Nerven. Wenn Ernst Koch dann Heimaturlaub hatte, war der Abschied umso schmerzlicher. Wie die meisten Deutschen hungerte die Familie. Das Nagen im Magen hat Fritz Koch fast 100 Jahre später nicht vergessen. Die Mutter war froh über jedes Almosen. Quäker verteilten in der Schulturnhalle Schokolade, Obst und Gemüse an die Kinder. Die Front verlief nicht nur an den Außengrenzen des Deutschen Reichs. Im Innern hetzten Nationalisten gegen Kriegsgegner. Schon die Jungen auf dem Schulhof fochten Fehden aus und bangten doch alle um Väter und Brüder. Familie Koch hatte Glück, der Vater blieb unverletzt und kehrte nach vier Jahren zurück.

Trost und Stärke fand Fritz Koch immer in der Kunst. Schon als Kleinkind bemalte er seine Bauklötze mit Buntstiften. Jede Wand in seinem kleinen Zimmer hängt voller Zeichnungen und Aquarelle. Blütenkelche, Pferdenüstern, weite Landschaften, enge Täler. Fritz Koch, der Künstler. Er las Goethe, Storm und Walt Whitman, träumte und malte. Zeitweise konnte Koch gar von der Kunst leben, seine Familie ernähren. 1936 heiratete er, 1940 kam Tochter Monika zur Welt. Die Malerei brachte ihn durch zwei Kriege. Sie erleichterte das Warten auf den Vater im Ersten, den Dienst an der Ostfront und die russische Gefangenschaft im Zweiten Weltkrieg. Das Reichs-Luftfahrtministerium von Hermann Göring kaufte seine Bilder, was damit geschah, weiß er nicht. Die Kunst brachte ihn nach dem Krieg ins Gefängnis. Koch, der Pazifist, wollte die Zerstörung des Krieges dokumentieren und zeichnete die Ruinen der Nikolaikirche. Die sowjetischen Besatzer hielten ihn für einen Spion und ließen ihn sechs Tage lang einsitzen.

Bis zu seiner Pensionierung 1968 arbeitete Koch als Postbote und malte. Erst als die Augen schlechter wurden, legte Koch den Pinsel weg. Seine zweite Frau starb, als er 94 war. Mit 102 Jahren zog er ins Altenheim. Seine Tochter lebt seit Jahrzehnten in den USA und kommt zwei Mal im Jahr nach Berlin. Sechs Freunde hatte Koch in seinem Leben, er hat sie lange überlebt. Alt sein heißt einsam sein.

„Sie sind mein siebter Freund", sagt Koch, als sich der Besuch aus München schließlich verabschiedet. Die Augen tränentrüb, das Lachen breit bis zu den Ohren. Fritz Koch verabschiedet sich, wie er es vom Vater vor 100 Jahren gelernt hat. Mit Handkuss.

ANNA GÜNTHER

Der Marsch zum Bankett

Waffenstarrend: So präsentierte sich Deutschland am 25. August 1913 in Kelheim an der Donau. Mehrere tausend Soldaten waren im Einsatz, dazu ungezählte Polizisten, sogar preußische Geheimagenten, mitten in Bayern. Und die Hauptrolle spielte der bayerische Prinzregent Ludwig. Er hatte zugleich den schwierigsten Part.

In ganz Deutschland sollte in jenem Jahr die Befreiung von Napoleon gefeiert werden: der 100-jährige Jahrestag der Leipziger Völkerschlacht vom 18. Oktober 1813. Geistige Aufrüstung wider den Erbfeind Frankreich sollte es sein. Ludwig aber hatte zwei Probleme: Die bayerische Königskrone war 1913 quasi vakant (der nominelle König Otto dämmerte geisteskrank in Schloss Fürstenried vor sich hin). Und der Stifter dieser Krone war ausgerechnet der 1813 besiegte Franzosenkaiser gewesen. Napoleon hatte die Wittelsbacher zu Königen gemacht. Wie feiert man nun einen solchen unangenehmen Gedenktag?

Die rettende Idee hatte ein örtliches Festkomitee: An der Befreiungshalle müsse es eine Befreiungsfeier geben, befanden Bürgermeister, Brauereibesitzer und Bezirksamtmann. Aber nicht am problematischen 18. Oktober, sondern am 25. August, dem Ludwigstag, dem Namenstag des Regenten und dem des Erbauers der Befreiungshalle, König Ludwigs I. Und gefeiert werden sollte auch nicht der heikle Sieg über Napoleon – sondern der 50. Jahrestag der Einweihung der Befreiungshalle. So war es gedacht. Es kam anders.

Die tatsächliche Feier, bei der die braven Kelheimer Honoratioren dann nur noch kleine Nebenrollen spielen durften, geriet zum machtpolitisch motivierten Historienspiel über Bande. Nach den Vorstellungen des Hofs in München sollte sie als Fürstentag „die Eigenschaft einer Hoffeier tragen". Damit sollte all das eine Bühne erhalten, was in jenem „Jubiläumsjahr" 1913 im Schwange war: Militarismus und Nationalismus, die geistige Mobilmachung gegen innere wie äußere Feinde. Die Fürsten der im Deutschen Reich aufgegangenen Staaten wollten sich hier präsentieren: „ein Volk, ein Reich – und sie, des Reichs Beschützer", wie es in einem Festgedicht hieß. Bayern war einer dieser Staaten, dank seiner Armee der wichtigste nach Preußen. Doch da war noch diese lästige K-Frage: Wie konnte Ludwig der wichtigste Fürst nach dem Kaiser sein, wenn er selbst noch nicht einmal eine Krone trug, sondern lediglich als Königsstellvertreter, als Prinzregent, amtierte?

Um diese Frage zu lösen, machte Bayerns Regierung mobil.

Kaiser Wilhelm II. (vorne links) und Prinzregent Ludwig (rechts) führen die deutschen Fürsten zum Bankettsaal.

Am 25. August 1913 säumten Tausende gefechtsbereit angetretene bayerische Soldaten die Bahnstrecke von Saal nach Kelheim, die Straße hinauf zur Befreiungshalle, den Michaelsberg und den Weg von der eigens errichteten Bankett- zur Befreiungshalle. „Patriotismus im Pferch“ nannten Beobachter die waffenstarrende Adelsgala.
20 000 Zuschauer waren hinter den Absperrungen zugelassen – sie sahen ein würdevolles Hin- und Herschreiten von 14 deutschen Fürsten, von Kaiser Wilhelm II. bis hin zu Heinrich Fürst Reuß jüngerer Linie. Neben dem Kaiser und vor allen anderen Fürsten schritt der bayerische Prinzregent. Ludwig lobte in seiner Rede politisch einigermaßen unkorrekt „das Feldherrngenie des fränkischen Eroberers“ Napoleon. Kaiser Wilhelm war erkennbar „not amused“. Das Volk freilich bekam davon nichts mit – die Ansprachen fanden unter Ausschluss der Öffentlichkeit statt.

MARTIN BERNSTEIN

Ein Museum voller Tod

Warum die Frage, wer für den Ausbruch des Krieges verantwortlich war, die Menschen heute wieder so beschäftigt: Viele Historiker schrieben eher über die Gegenwart als über die Vergangenheit.

Wo, wenn nicht in Wien, gleitet die offizielle Höflichkeit gern ins Halbabsurde? „Werte Besucherinnen und Besucher!“, hieß es im Frühjahr 2014 auf dem blauen Schild in der Feldherrenhalle des Heeresgeschichtlichen Museums: „Aufgrund von Umbauarbeiten im Bereich des 1. Weltkriegs kann es im ganzen Museum zu Lärmbelästigung kommen.“ Tatsächlich, denkt man als werter Besucher, die Umbauarbeiten im Bereich des Ersten Weltkriegs waren schon zwischen 1914 und 1918 so beträchtlich und mit viel Lärmbelästigung verbunden, dass unter anderem so gut wie alles, was damals Österreich war, versunken ist. Wien, einstmals die Hauptstadt der ihrer Auflösung entgegenrutschenden Donaumonarchie, ist in seiner eingefrorenen Pracht noch heute an vielen Stellen ein Stadt gewordenes Denkmal für das, was war und niemals wieder sein wird.

Besonders deutlich wird das an jenen Orten in Wien, an denen die Toten mit Dingen, die mit ihrem Tod zu tun haben, in das Leben derer reichen, die sich noch für sie interessieren. Das Heeresgeschichtliche Museum, gelegen auf dem alten Arsenalgelände im 3. Wiener Bezirk, ist so ein Ort. Es entstand 1856; so richtig fertig war das damalige Hof-Waffenmuseum aber erst 1891, als es Kaiser Franz Joseph zum ersten Mal besuchte. Im Laufe der Zeit wurde es umgestaltet, geschlossen, im Bombenkrieg schwer beschädigt, in den letzten Kämpfen 1945 nahezu zerstört, geplündert, wieder aufgebaut, wieder umgestaltet.

Was geschehen ist, verändert sich nicht. Was aber später als Geschichte wahrgenommen wird, was über das Geschehene gesagt, geschrieben und gezeigt wird, verändert sich sehr wohl. Geschichte wird immer wieder umgestaltet, und die am wenigsten beweglichen, in gewisser Weise widerständigsten Zeugen der sich ändernden Interpretationen von Geschichte

Tsingtauer Neueste Nachrichten

EXTRABLATT

Das ist der Krieg!

Trotz früherer Dementis hat Russland doch bereits stärkere militärische Vorbereitungen getroffen. Aus dem Reichsinneren werden fortgesetzt Heerestransporte westwärts gemeldet. Alle Eisenbahnen, die Wolgaschiffahrt und der Verkehr in den Finnischen Schären sind für jeden Privatverkehr gesperrt. Die Eisenbahnen nehmen keine Privatfrachten mehr an. Das Leuchtfeuer von Helsingfors ist gelöscht

Auch in den Ostseeprovinzen werden alle militärischen Vorbereitungen getroffen. Die Dünamündung ist durch Kontaktminen gesperrt.

Ebenso sind an der französischen Ostgrenze alle militärischen Vorbereitungen getroffen. Die Soldaten werden in den Kasernen gehalten. Kriegsmaterial wird gegen die deutsche Grenze herangeschafft.

Deutschland beurteilt deshalb die Lage jetzt als sehr ernst!

Die Niederlande und Belgien beginnen Vorbereitungen zum Schut[z]

Die Juli-Krise aus Sicht einer deutschen Kolonialzeitung: Russland und Frankreich machen mobil, das Reich ist bedroht.

sind die Museen, zumal die Militärmuseen. Es nimmt nicht wunder, dass ausgerechnet um die Jahreswende zu 2014 im Heeresgeschichtlichen Museum der Erste Weltkrieg umgebaut wird.

In diesem Museum nämlich liegt seit Jahrzehnten der Anlass des Weltkriegs aufgebahrt. Gewiss, das ist eine nicht ganz korrekte Formulierung, denn was man im Sarajevo-Raum des Museums sieht, ist der blutbefleckte, von Erst-

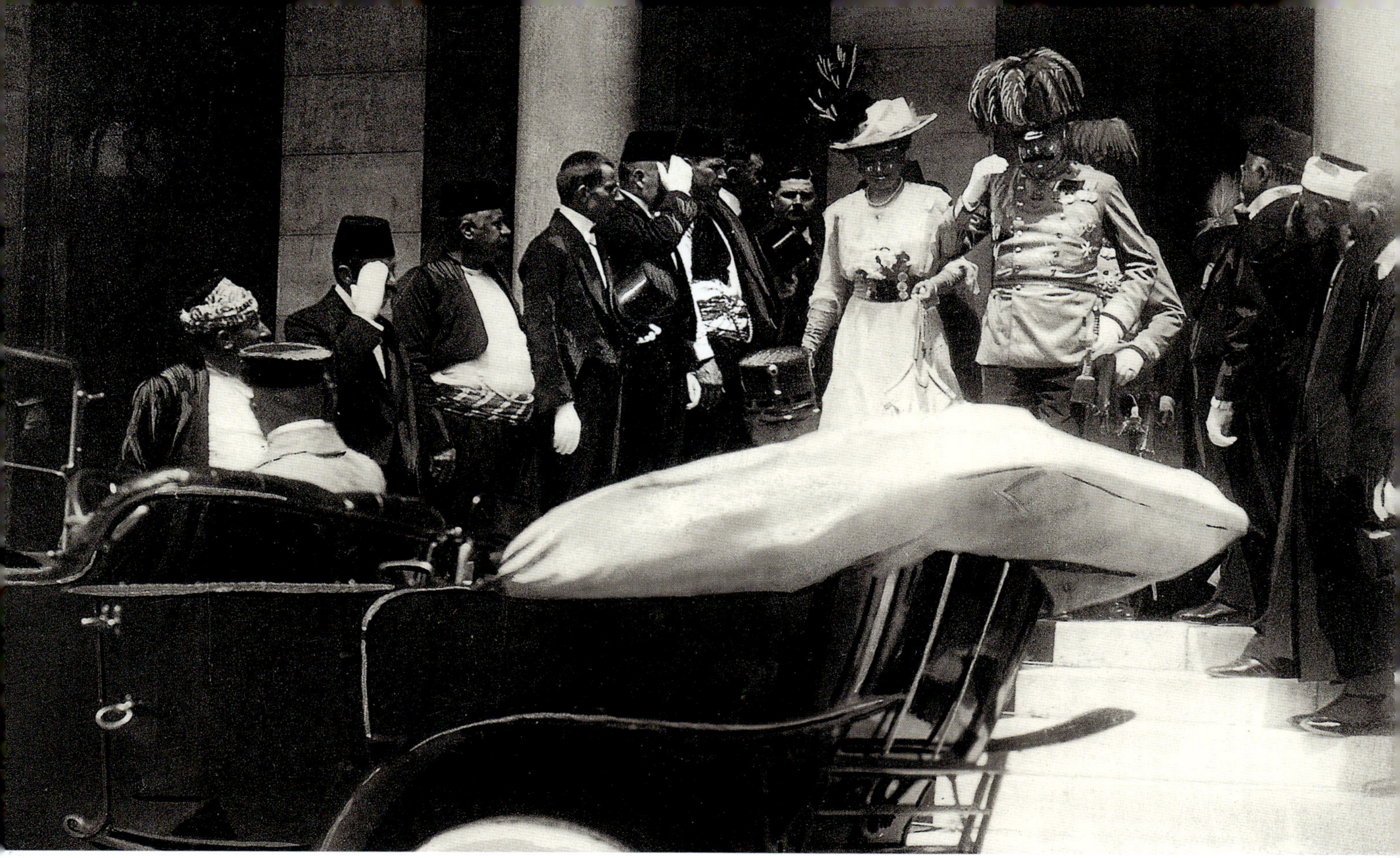

Ihr Tod stürzt Europa in den großen Krieg: Der österreichische Thronfolger Franz Ferdinand und seine Frau Sophie (oben) steigen in den Wagen, in dem sie sterben werden. Nach dem Attentat führen Polizisten einen mutmaßlichen Verschwörer ab.

Die Justiz wird den Krieg nicht verhindern. Attentäter Princip (vorne in der Mitte am ersten Verhandlungstag in Sarajevo) wird zu 20 Jahren Kerkerhaft verurteilt. Er stirbt im April 1918 an Tuberkulose, einer Folge der unmenschlichen Haftbedingungen.

helfern am 28. Juni 1914 über der Brust und am Rücken aufgeschnittene Waffenrock des Thronfolgers Franz Ferdinand von Österreich-Este. Wie zum Hohn der großen Rettungsschnitte in dem blauen Generalsrock ist unterhalb des rechten Teils des goldbeborteten Kragens ein kleines, fast winziges Loch zu sehen. Es wurde verursacht von der Kugel aus dem Revolver des Attentäters Gavrilo Princip. Die Kugel zerriss Halsvene und Kehlkopf; Franz Ferdinand, der zunächst noch gesagt hatte „Es ist nichts", erstickte an seinem eigenen Blut. Mit ihm im offenen Wagen starb an jenem Nachmittag in Sarajevo seine Gattin Sophie. Auch für sie war eine einzige Kugel Princips tödlich; noch schneller als ihr Mann verblutete sie nach einem Bauchschuss.

Niemand kann den Tod so gut am Leben erhalten wie die Wiener. Auch das Heeresgeschichtliche Museum ist voller Tod. In einem Militärmuseum mag das nicht verwunderlich sein, aber die Reliquiarisierung des Ablebens berühmter Persönlichkeiten ist bemerkenswert: die Couch, auf der 1934 der von den Austro-Nazis angeschossene Bundeskanzler Engelbert Dollfuß starb; die Totenmaske des unglücklichen Maximilian, füsilierter Kaiser von Mexiko und Bruder Franz Josephs; ein Revolver von Kronprinz Rudolf, der sich 1889 auf Schloss Mayerling erschoss. Von Franz Ferdinand, der Thronfolger auch deshalb wurde, weil sich Rudolf umgebracht hatte, haben sie nicht nur die Generalsuniform, sondern selbstverständlich auch die Chaiselongue, auf der er starb. Das Auto, in dem Thronfolger und Gattin fuhren, als der bosnische Serbe Princip auf sie feuerte, steht ebenfalls im Heeresgeschichtlichen Museum.

Diese Funerabilia sind Teil der verwehten Größe der Beinahe-Weltmacht Habsburg-Österreich. Die Kaiserjäger und Honved-Husaren, die Adligen mit ellenlangen ungarisch-deutschen Namen, der Schlachtenlorbeer und die verklärten Niederlagen sind im Museum konserviert. Es ist Stefan Zweigs Welt von gestern, die völlig vergangen ist, zumal wenn man daran denkt, was Österreich, der großkoalitionäre Kleinstaat mit Burenwurst, Stronach und Red Bull, heute ist.

Franz Ferdinand hat es damals getroffen, weil er ein Symbol war: das Symbol der Fremdherrschaft jener Kaiser-und-Königs-Monarchie, die sich überlebt hatte, so wie ihr alter Herrscher Franz Joseph. Der Greis in der Hofburg schien 1914 aus der Zeit gefallen zu sein; er hatte 1859 bei Solferino oder 1866 bei Königgrätz Niederlagen erlebt, die im zweiten Jahrzehnt des 20. Jahrhunderts bereits Geschichte zu sein schienen. „Wir sind in gewissem Sinne ein europäisches Kolonialreich“, sagt der k.-u.-k.-Dragoner-Oberleutnant Anschütz in dem Roman *Die Standarte* von Alexander Lernet-Holenia. Und als der Oberleutnant 1918 in der Offiziersmesse über seine Dragoner aus Polen und Ruthenien philosophiert, resümiert er: „Das Reich bedeutet ihnen nichts mehr.“

Dem Mordschützen Gavrilo Princip und seinen irredentistischen Freunden bedeutete das Reich nie etwas anderes als die Unterdrückung der serbischen Nation. Sie wollten den Erzherzog nicht als Person, sondern als politischen Körper an jenem Junitag in Sarajevo töten. Sie zielten tatsächlich auf die Uniform, auf die versinnbildlichte Militärmacht Österreichs, die längst ein Koloss auf tönernen Füßen geworden war.

Mit den Ungarn hatte Wien durch die Konstituierung der Doppelmonarchie ein prekäres Auskommen gefunden; mit Tschechen, Galiziern und den diversen Volksgruppen im südöstlichen Teil des Reiches war das nicht der Fall. Ausgerechnet Franz Ferdinand hatte sich trotz seiner reaktionären Prägung Gedanken gemacht über eine irgendwie föderalistische Dreifachmonarchie von Österreichern, Ungarn und Slawen. Ob er im Gegensatz zu seinem im 19. Jahrhundert erstarrten Onkel Franz Joseph ein Reformkaiser geworden wäre, gar ein Monarch, der sich auch wegen seiner Abneigung gegenüber Budapest mehr den Slawen zugewandt hätte, weiß niemand. Der Reiz von Was-wäre-wenn-Geschichtsschreibung liegt darin, dass sich mit ihrer Hilfe wenn nicht bessere, so doch andere Welten erschaffen lassen.

Die osmanische Konkursmasse des europäischen Teils der Türkei jedenfalls war in zwei Balkankriegen ausgekämpft worden; im Hintergrund standen das zaristische Russland, das sich aus eigennützigen Motiven als Protektor aller Slawen gerierte, und eben Österreich-Ungarn, das den halben Balkan besaß, aber eigentlich nicht beherrschte. 1878 hatten die Österreicher die bis dahin osmanischen Provinzen Bosnien und Herzegowina militärisch besetzt, 1908 gliederte Wien die Gebiete völkerrechtswidrig ins Reich ein.

Jenseits der unterschiedlich stark wankenden Großreiche von Kaiser, Zar und Sultan konkurrierten auf dem Balkan junge Nationalstaaten mit alter, jeweils unterschiedlich interpretierter Geschichte. Griechenland, noch bis vor relativ kurzer Zeit zum Osmanischen Reich

Hysterie: Münchner haben ein Café demoliert, weil die Kapelle nicht „Die Wacht am Rhein“ spielen wollte (oben); in Berlin belagern Bürger eine Bank, um ihr Erspartes zu retten.

gehörig, wollte in den Norden ausgreifen, Serbien strebte nach Größe, Rumänien und Bulgarien wollten sich konsolidieren. Der Balkan war die instabilste Region Europas, und es nimmt wenig wunder, dass sich der große Krieg daran entzündete.

Franz Ferdinand kostete dies das Leben. Ausgerechnet er, der auch wegen seiner im Sinne des Hofzeremoniells standesmäßig nicht ebenbürtigen Gattin beim Kaiser und dessen Schranzen auf Ablehnung stieß, wurde zum Groß-Märtyrer der moribunden Donaumonarchie. Und mit ihm starb eben jene Gattin, die der Wiener Hof als etwas betrachtete, das des Kaisers unbotmäßiger Neffe von irgendwo draußen hereingebracht hatte.

Griff nach der Weltmacht

Kein anderer Autor übrigens hat die Ausgangslage 1914 – Terrorismus und Irredentismus, Großserbentum und Geheimbündelei, habsburgische Hoffnungen und russische Machenschaften, deutsches Bündniskalkül und französische Pläne – in jüngerer Zeit trefflicher geschildert als Christopher Clark in seinem Buch *Die Schlafwandler*. Gerade die Bündnisverstrickungen vom österreichischen Ultimatum an Serbien über die bedingungslose Beistandszusage Berlins an Wien bis hin zu dem vom deutschen Generalstab geplanten Zweifrontenkrieg gegen Russland und Frankreich arbeitet Clark detailreich heraus. Clark hat, wie manche behaupten, keine Exkulpation der wilhelminischen Kriegspolitik geliefert, auch wenn er die Vorgänge unter einem deutlich anderen Blickwinkel betrachtet, als dies vor 50 Jahren der deutsche Historiker Fritz Fischer getan hat.

Der Streit um Fischers Buch *Griff nach der Weltmacht*, das 1961 erschien und den Kriegswillen der wilhelminischen Elite zum Gegenstand hatte, wirkt heute selbst schon wieder als Teil der Geschichte, wenn auch der Geschichte der Geschichtsschreibung. Das Buch stieß auf wütende Reaktionen in konservativeren Kreisen, in denen immer noch die im Versailler Vertrag zu Ungunsten Deutschlands beantwortete Schuldfrage eine Rolle spielte. Bis heute können sich verbliebene Fischer-Schüler und Fischer-Skeptiker darüber streiten, ob das Attentat von Sarajevo für Berlin und Wien tatsächlich der Anlass für einen durch Bündniskonstellationen und die militärischen Mobilisierungs-

Kriegsbegeisterung: mal inszeniert, mal authentisch. Im November 1914 lauscht eine arrangierte Menge der Verkündigung des heiligen Krieges vor der Fatih-Moschee in Konstantinopel (oben). Unten wird Kaiser Wilhelm II. (im Wagen) von Berliner Passanten umjubelt.

Freiwillig an die Front: Nach der Bekanntmachung der Mobilmachung am 1. August 1914 ziehen junge Männer jubelnd durch Berlin.

prozeduren bestimmten Kriegsbeginn war oder eben nur ein Vorwand dafür, endlich den Krieg vom Zaun zu brechen, den Alldeutsche, Sozialdarwinisten und Präventivkriegsanhänger ohnehin haben wollten.

Dem Centenar-Jubiläum 2014 verdankt man einige neue Bücher, die den großen Krieg herauslösen aus der in Deutschland lange (und durchaus zu Recht) geführten Kontroverse, ob denn nun Berlin den Krieg wollte oder nur

Vor fünfzig Jahren galt der Krieg von 1914/18 in erster Linie als der Vorläufer des Krieges von 1939/45.

aus wilhelminischem Dummstolz, Untätigkeit und militaristischem Scheuklappendenken hineingeschlittert ist. Christopher Clark, auch Herfried Münkler (*Der Große Krieg*) oder Ernst Piper (*Nacht über Europa*) haben zum Gedenkjahr große Erzählungen geschrieben, über einen Krieg, der eigentlich auserzählt zu sein schien. Es lohnt sich Clark, Münkler und Piper zu lesen und durchaus auch noch Fritz Fischer.

Vor fünfzig Jahren wurde in der Bundesrepublik der Krieg von 1914/18 in erster Linie als der Vorläufer des Krieges von 1939/45 gesehen. Gewiss, den einen hätte es ohne den anderen so nicht gegeben. Weil der Zweite Weltkrieg das Wesen und Denken der Deutschen in Ost und West auf jeden Fall bis zum Ende des Kalten Krieges in vielerlei Hinsicht mitbestimmte, wurde der Erste Weltkrieg als dessen Vorgeschichte verstanden, erforscht und interpretiert. Die Fischer-Kontroverse geht nicht allein darauf, aber auch darauf zurück. Sie war nicht zuletzt ein Streit um die Interpretation der Gegenwart in der Nachkriegsbundesrepublik.

Es stimmt ja schon: Der Zweite Weltkrieg ist ohne den Ersten gar nicht zu denken. Vielleicht ist jetzt aber genug Zeit seit 1918, aber auch seit 1945 vergangen, um den Ersten Weltkrieg einmal für sich zu betrachten.

KURT KISTER

„Beim Blut meiner Väter, bei meiner Ehre, bei meinem Leben …“

Totenkopf-Ästhetik: „Die Schwarze Hand“ nannte sich offiziell „Vereinigung oder Tod“.

„Besser, sie haben keine Ahnung, was früher geschah, als wenn sie alles darüber wüssten und sich heute deswegen an die Gurgel gehen.“ So gelassen hat einmal ein US-Professor Umfragen kommentiert, denen zufolge die meisten Schüler in den USA nicht wussten, was die Schlacht am Antietam war und wer dort gegen wen kämpfte (es war 1862 das blutigste Aufeinandertreffen der Nord- und Südstaaten während des Amerikanischen Bürgerkrieges, der die Zukunft der Nation entschied). Natürlich, wollte der Gelehrte damit sagen, hat das Bildungssystem ein Problem, wenn die Jungen nicht einmal mehr die Gründungsmythen der eigenen Nation kennen. Aber das ist eine kleine Sorge, verglichen mit jenen Nationen, die sich wegen echten oder eingebildeten Unrechts, das ihren Ururgroßvätern geschah oder sogar ein Jahrtausend zurückliegt, mit einer Erbitterung gegenseitig an die Gurgel gehen, als sei es gestern vorgefallen.

So wie 1914, als Hass und Misstrauen zwischen den Völkern sich explosionsartig entluden. Auf dem Balkan war das Verhältnis der Nationen zueinander besonders von Gift durchtränkt, und kein Volk lebte stärker im Bann der alten Mythen als die Serben. 1389 schon war ihr großes Königreich bei der Schlacht auf dem Amselfeld von den Osmanen vernichtet worden, und als im 19. Jahrhundert deren jahrhundertelange Fremdherrschaft endlich abgeschüttelt war, da loderten die Flammen des serbischen Nationalismus jäh empor.

Die Geheimorganisation „Die schwarze Hand“ war eine Terrortruppe, die ultranationalistische Offiziere 1903 gegründet hatten. Ihr Ziel: Alle Gebiete, in denen Serben lebten oder gelebt hatten, zu einem Großreich zu vereinigen. Da die Völker vielerorts Seite an Seite lebten, musste das Konflikte mit nahezu sämtlichen Nachbarn provozieren, besonders aber mit dem Vielvölkerstaat der k.-u.-k.-Monarchie, der 1908 Bosnien annektierte. Dort lebten besonders viele Serben.

Nach dem Mord von Sarajevo saßen mit Princip 24 weitere mutmaßliche Verschwörer vor Gericht.

Wer in den Geheimbund eintrat, musste folgenden schwülstigen Eid schwören: „Ich, der in die Organisation ‚Vereinigung oder Tod' eintrete, schwöre bei der Sonne, die mich erwärmt, bei der Erde, die mich ernährt, vor Gott, beim Blut meiner Väter, bei meiner Ehre und bei meinem Leben, dass ich von diesem Augenblick an bis zu meinem Tode die Satzung dieser Organisation treu befolgen und stets bereit sein werde, ihr alle Opfer zu bringen."

Unter massivem Einfluss der „Schwarzen Hand" ermordeten der bosnische Serbe Gavrilo Princip und seine Kameraden am 28. Juni 1914 den österreichischen Thronfolger in Sarajevo und setzten damit die Welt in Brand. 1917 ließ Serbiens Regierung die Führung der „Schwarzen Hand" zum Tode verurteilen, die Terroristen waren ihr zu gefährlich geworden. Die Truppe galt als Gefahr für Serbiens Rolle in einer Nachkriegsordnung auf Seiten der Alliierten. Dragutin Dimitrijewitsch, genannt „Apis", ihr Anführer, wurde am 26. Juni 1917 mit seinen Freunden Ljuba Vulowitsch und Rade Malobabitsch erschossen. Ihre letzten Worte waren: „Es lebe Groß-Serbien, unser Traum und unser Ziel." 1991, als Jugoslawien zerfiel, entfachte der böse Geist eines entfesselten völkischen Nationalismus, für den „Die Schwarze Hand" gestanden hatte, wieder einen Krieg – als ob dazwischen nicht 77 Jahre verstrichen wären.

JOACHIM KÄPPNER

Krieg und Sieg, ein Kinderspiel? Ein Gardesoldat marschiert 1914 mit seinem Sohn durch Berlin.

Hurra, endlich! Es ist Krieg

Kaum verständlich sind heute die Jubelszenen vom August 1914. Und sie ergeben auch nur das halbe Bild. Lena Christ schreibt damals: Mütter weinen, die Väter schweigen.

Alles jauchzt. Menschen strömen durch die Straßen. „Ein Wogen – Brausen – Jubeln – Vorwärtswallen!" München ist jäh aus seiner hochsommerlichen Lethargie erwacht. Von einer ausgelassenen Stimmung zu reden, wäre untertrieben. Sie ist aggressiv, kämpferisch, martialisch. Die jubelnde Meute demoliert ein Kaffeehaus. So überschwänglich der Taumel ist, so herb ist er und so bitter. Die Massen lassen den österreichischen Kaiser hochleben und ihren König. „Dazwischen weithinschallender Gesang." Die Begeisterung schwappt durch die Straßen in die Bierhallen. „Überall sammelten sich Hunderte – Tausende. Stürmisch wurden von den Musikkapellen vaterländische Lieder verlangt und von der Menge stehend mitgesungen." Was für ein Fest! Hurra, endlich, es ist Krieg.

„Wie überall", hält die Münchner Schriftstellerin Lena Christ (1881-1920) fest, „wie überall, so auch in München, wirkte das Wort ‚Krieg' in diesem Augenblick wie eine Erlösung". Sie hat ihre Erlebnisse in dem Buch *Unsere Bayern anno 14* aufgezeichnet, das noch im gleichen Jahr erschien. Es liest sich wie eine lange Reportage. Lena Christ war 32 Jahre alt, als der Erste Weltkrieg ausbrach. Eindrucksvoll schildert sie das, was später in Geschichtsbüchern als „Augusterlebnis" und „Geist von 1914" beschrieben wurde: die Begeisterung der Massen darüber, dass es nun losging. „Im Blut jedes einzelnen begann es zu wurlen und zu zucken, – man atmete auf, – man erhob sich, – lief hinaus in die Straßen, man tat, was jeder tat."

Offenbar ließ sie sich selbst anstecken vom Massenwahn. Umso bemerkenswerter an Lena Christs lebendigen und plastischen Erzählungen ist ihre Direktheit. Sie macht das Buch zu einer einzigartigen Quelle, um der Atmosphäre der Tage des Kriegsbeginns nachzuspüren. Lakonisch, schreibt Lena Christ, hätten die Tageszeitungen gemeldet: „Die Bekanntmachung wurde von der Bevölkerung mit stürmischer Begeisterung aufgenommen." Doch die Schriftstellerin schaute sich sorgfältiger um als die Journalisten der Tageszeitungen, sie hörte genauer hin. Und sie sah Menschen, die der Ausbruch des Krieges keineswegs in Freudentaumel versetzte. Die Mütter, die Frauen, die Bräute. Ihre Geschichte ist ein authentisches Zeitgemälde.

Endlich: Mit Blumen an den Mützen feiern österreichische Soldaten den Ausbruch des Krieges.

Während in München und Berlin, in Frankfurt und Hamburg gefeiert wurde, ging draußen in der Provinz noch das Leben weiter. Es war

Heuernte. „Wer in diesen Tagen unser Bayernvolk sah, – hörte, – der konnte guten Muts für kommende Schrecken sein, – konnte kecklich mit einstimmen in den tausendfachen Sang: ‚... Fest steht und treu die Wacht – die Wacht am Rhein!'" Das war München. „Draußen aber, in den Märkten und Dörfern, auf Feldern und Fluren – da war in den letzten Julitagen nicht vieles anders denn die Jahre zuvor." Die Bauernsöhne, die gerade ihren Wehrdienst leisteten, hatten Ernteurlaub.

Beim Abschiedsbier scherzen sie, welche Städte sie erobern werden. Paris! St. Petersburg!

Exemplarisch rückt Lena Christ eine Bauernfamilie ins Bild. Sie lässt ihre Personen im bayerischen Dialekt reden, was das Gespräch umso authentischer macht. Der Vater rechnet mit dem Krieg. Schaut, dass ihr fertig werdet, sagt er, ich fürchte, es geht bald los. Die Mutter verdrängt den Gedanken, sie erträgt ihn nicht. Die beiden Söhne können es kaum erwarten. „Ja – wenns nur grad amal losgang!", ruft der eine, ein Leibgardist, und der andere, ein Gefreiter der Feldartillerie, setzt hinzu: „Vo mir aus gibt's heunt no an Kriag!" Wenn es nur endlich losginge, von mir aus gibt es heute noch Krieg. Kaum sagen sie's, kommt der Postbote mit den Telegrammen zur Einberufung herein. Die Söhne packen.

Beim Abschiedsbier scherzen sie, welche Städte sie erobern werden. Paris! St. Petersburg! Machen sie sich nur Mut? Üben sie sich in falschem Optimismus, um Zweifel und Ängste mit albernem Gejuchze aus dem Bewusstsein zu plärren? Nein, sie freuen sich wirklich. Als Soldaten sind sie infiziert von Abenteuerlust und Siegesgewissheit, man hatte sie lang genug scharf gemacht. Sie verabschieden sich, geschmückt mit Blumengestecken, Balsaminen, Georginen, Rosmarinsträußl, und singen. „Juhu! Jujujuhu! Siegreich wolln wir's Frankreich schlagen – sterben als ein tapfrer Held ..." Sie steigen in einen geschmückten Zug, eine Mutter bringt ihrem Sohn noch die Kanonenstiefel des Vaters aus dem letzten Krieg zur

Autokorso 1914: Kriegsbegeisterte Reservisten winken in einer deutschen Stadt von einem Lastwagen.

IA 1781

Kein Gedanke an den Tod: Englische Kriegsfreiwillige (oben) marschieren nach Kriegsbeginn lachend zum Bahnhof. Unten holen zwei aufgeregte Berliner Mädchen einen bei ihrer Familie einquartierten Gardisten ab.

Bahn. Lena Christ hat eine dunkle Vorahnung. „Wie ein dunkler Wurm kriecht das Züglein über die Brücke, durch die Wiesen – durchs Moor." Der dunkle Wurm wird viele seiner Passagiere Richtung Tod befördern. Die anderen, die daheim bleiben, ahnen das auch. Sie schweigen. „Stumm geht der Bauer an die Arbeit." Seine Frau weint.

In den Neunzigerjahren begannen die Historiker, das kollektive Augusterlebnis der Deutschen als eine Legende zu entlarven. Inzwischen ist diese Sichtweise unumstritten, denn mehrere Studien lieferten Argumente für eine differenzierte Betrachtung. Herfried Münkler fasst in *Der Große Krieg* zusammen, dass „patriotisch aufgewallte Massen" nicht nur durch deutsche Metropolen wogten, sondern auch durch London, Paris und St. Petersburg. Dass sich diese Umzüge aber vornehmlich auf die Hauptstädte beschränkten. Dort seien sie von einer bürgerlichen Mittelschicht initiiert gewesen. Nach der Lektüre der Aufzeichnungen von Lena Christ müsste hinzugefügt werden, dass sich auch junge Männer vom Land gern anfachen ließen von der Begeisterung.

Wie kam es dazu? Wie konnten zivilisierte Menschen feiern, dass der Friede beendet ist?

Erste Gefechte: Nach der Kriegserklärung ziehen serbische Infanteristen (oben) an die Grenze. Im belgischen Lüttich (unten), von der deutschen Armee im August 1914 nach harten Kämpfen erobert, hängen die Einwohner weiße Fahnen aus den Fenstern.

Erste Heldengeschichten: Deutsche Soldaten schmücken das Grab eines Gardedragoners vor der Festung Loucin bei Lüttich. Der Tote soll bei dem Versuch gefallen sein, die erste deutsche Flagge im Feindesland aufzurichten.

War nicht der Friede ein hohes Gut, das selbst der Habsburger Kaiser Franz Joseph in seiner Kriegserklärung noch beschwor? Ein berühmterer Schriftsteller als Lena Christ, Heinrich Mann, wertete den Jubel der Massen als lang ersehnten Abschied von einem Zeitalter. Überdruss entlud sich wie eine Kanone: „Manche, wenn nicht die meisten, hatten irgendetwas gründlich satt“, schrieb er. „Sie rochen Fäulnis.“ Der Krieg habe „Erfrischung“ versprochen.

Ressentiments gegen andere Völker standen noch im schulischen Lehrplan. Die nationalistische Doktrin fußte auf düsterster Germanenromantik. Es galt, das deutsche Volk zu schützen, das die abendländische Zivilisation vor den Mindervölkern aus dem Osten behütete: vor den Slawen. Der französische Historiker Marc Ferro ermittelte in den Sechzigern, mit welcher Grundstimmung die europäischen Länder in den Krieg rauschten. Bei den Deutschen war es Abneigung – und vor allem Angst. Der Hass der Franzosen, der Ehrgeiz der Russen und das ökonomische Geschick der Briten hätten sich verschworen gegen das Deutsche Reich.

Solche Stereotypen lernten die jungen Burschen in der Schule, und zu Hause schwärmte der Vater vom 1870er Feldzug nach Frankreich. Die Schlacht, das Sterben und Töten wurden verklärt. Rückten die jungen Männer dann selbst beim Militär ein, wurde ihre politische Willensbildung durch die Generäle wesentlich beeinflusst. Diese vertraten die Auffassung: Das Volk dürfe im Kriegsfall nicht erst gefragt werden, vielmehr müsse es von vornherein an den Gedanken des Krieges gewöhnt werden. Es war schließlich nicht nur gewöhnt an diesen Gedanken, es hatte Sehnsucht nach Krieg.

Die Begeisterung verflog schnell. Nach wenigen Tagen trafen die ersten Telegramme ein. Todesnachrichten von der Front. Bei Lena Christ weinen sehr viele Mütter. Die Väter sitzen im Wirtshaus und schweigen.

RUDOLF NEUMAIER

Marschpause am Straßenrand: Deutsche Infanteristen ziehen 1914 den vorrückenden Russen entgegen. Die Armeen werden bei Allenstein (heute Olsztyn) aufeinandertreffen – in der „Schlacht von Tannenberg“.

Sieger von Tannenberg, Verlierer des Krieges

Als oberster deutscher Militär stilisierte sich Hindenburg selbst zum Mythos: hier im Winter 1914, nach seiner Beförderung zum Generalfeldmarschall.

Die Deutschen gelten als staatsgläubig. Das hat seinen guten Grund: Im Bismarckreich wurden die Grundlagen des Sozialstaats gelegt, in der Weimarer Zeit, ein wenig sogar während der NS-Diktatur und vor allem nach dem Krieg wurde diese Linie verfolgt. Davon abgesehen haben die Deutschen aber auch ein Faible für alte Politiker: Sie himmelten Bismarck an, nachdem er aus dem Amt geschieden war. Konrad Adenauer, Richard von Weizsäcker, Helmut Schmidt: Sie alle waren oder sind Gegenstand der Verehrung. So geschah es auch Paul von Hindenburg.

An sich war seine Karriere als Militär 1911 zu Ende. 63 Jahre alt, zog er sich grummelnd mit seiner Frau nach Hannover zurück. Dort trug er wenigstens einmal die Einkäufe selbst nach Hause. „Habe ja sonst nichts zu tun. Sie brauchen mich ja nicht", beschwerte er sich bei dem Geschäftsinhaber.

Am 1. August 1914, dem Tag der deutschen Kriegserklärung, weilte er in Berlin und bot im Kriegsministerium seine Dienste an – es musste nichts seinem Rang Angemessenes sein, solange er nur ein Kommando bekam.

Damals war es in Deutschland üblich, altgediente Militärs wieder in hohe Positionen zu bringen, quasi als Frühstücksgeneräle im Feld. Die eigentliche militärische Arbeit sollten die Stabschefs ausrichten. Frühstücken konnte Hindenburg, und einen gesegneten Schlaf hatte er auch. Eine Italien-Reise hatte er mit seiner Frau ohne besondere Beteiligung absolviert. Er war so phantasielos, dass er nicht einmal einen guten Militärstrategen abgab.

Zu seinem Stabschef bestellte man, was ihm sehr recht war, Erich von Ludendorff: Das war ein Mann von Schneid. Er hatte vor Beginn des Krieges für ein Massenheer plädiert, was seinen Oberen nicht passte, die eine kleine, loyale Armee bevorzugten. Also hatte man Ludendorff nach Straßburg versetzt. Von dort wandelte er gleich zu Beginn des Krieges „gewissermaßen als Schlachtenbummler", wie Hindenburgs Biograf Wolfram Pyta schreibt, gen Lüttich. Dort fand Ludendorff eine Einheit vor, deren Anführer soeben getötet worden war. Kurzerhand übernahm er dessen Posten und nahm das strategisch wichtige Lüttich ein.

So ergab sich das Gespann Hindenburg und Ludendorff, die nun als Führer der 8. Armee im Osten eingesetzt wurden. Es folgten 1914 eine Reihe von Siegen, der größte Triumph war die Schlacht bei Tannenberg, die Hindenburgs Mythos als großer Feldherr begründete. Stefan George, so zitiert Thomas Karlauf in seiner George-Biografie diesen Meister des Raunens, pries Hindenburg als den Mann, „der aus den ungeheuren welt-wirren unsrer zeit als einzige sinnbildliche gestalt hervorragt".

Hindenburg ließ sich von Ludendorff zu allem Möglichen anstiften, nicht zuletzt zu Intrigen gegen den Reichskanzler und andere hohe Militärs. So kam es 1916 dazu, dass der Generalstabschef Erich von Falkenhayn abge-

Ein nur kurzzeitig erfolgreiches Gespann: Hindenburg (am Scherenfernrohr) und Ludendorff (zweiter von rechts) während der Schlacht von Tannenberg.

setzt wurde. Der hatte schon 1914 erkannt, dass Deutschland den Krieg schwerlich gewinnen könne. Angesichts der Debakel an der Westfront plädierte er 1916 dafür, Frieden mit Russland zu schließen. Hindenburg und Ludendorff – „HL" wie sie auch genannt wurden – wollten aber den totalen Sieg. Falkenhayn wurde durch Hindenburg ersetzt – mit der Folge, dass der Krieg sich noch bis 1918 hinzog und Deutschland dann völlig am Boden lag. Wie gewohnt, ließ Hindenburg sich auch nach der Niederlage von Ludendorff einflüstern, was er zu sagen habe. So kam die „Dolchstoßlegende" in Umlauf: Derzufolge lag es nicht an der Militärführung und am Mangel an ausgeruhten Soldaten, dass der Sieg nicht errungen war, sondern an subversiven Kräften in der Heimat. Nur wenige Deutsche kamen auf die Idee, dass die fürchterliche Niederlage Männern wie Hindenburg und Ludendorff anzulasten war.

In der Folge spielte Ludendorff, auch auf Betreiben seiner Frau, im „Tannenberg-Bund" einen Vormann. Diese Vereinigung war so abstrus, dass er sich mit allen überwarf, Hindenburg und Hitler inklusive. Der alte Hindenburg hingegen – wegen seines staatsmännischen Gehabes bei den Deutschen beliebt wie kaum einer – ließ sich 1925 und dann nochmals 1932 zum Reichspräsidenten wählen.

1934 hatte Franz von Papen, Hitlers Vizekanzler, von seinen konservativen Gewährsleuten die Weisung bekommen, er solle den greisen Hindenburg dazu bewegen, ein „Politisches Testament" aufzusetzen, in dem der Ratschlag stehen solle: Wilhelm II. müsse zurückgerufen werden, Deutschland müsse wieder ein Kaiserreich werden. Hindenburg vernahm die Botschaft und hat sie auf seine Weise umgesetzt: Alle möglichen antidemokratischen, erzreaktionären Empfehlungen wurden öffentlicht gemacht. Die Empfehlung, den Kaiser zurückzuholen, hat er Hitler nur privat geschrieben. Was Hitler darauf gab, ist bekannt.

FRANZISKA AUGSTEIN

„Die wilde Klage Ihrer zerbrochenen Münder"

Schon bald rafft der Krieg Zehntausende junger Männer hinweg. Unter ihnen sind viele der besten Künstler ihrer Zeit: August Macke etwa oder Georg Trakl, der das Grauen nicht erträgt.

Warum zogen junge Männer, aus deren Köpfen die kühnsten, neuesten und atemberaubendsten Texte der damaligen Zeit kamen, in einen solchen Krieg? Weshalb feierten Maler, deren Bilder wir heute nicht aufhören können anzuschauen, die grausame Fleischerei an den Fronten als sagenhaft und das Morsche überwindend? Und was können uns all diese von Schrapnells und Maschinengewehren knapp gehaltenen Biografien über die Kulturgeschichte des Geistes, der Kunst und der Literatur des vergangenen Jahrhunderts erzählen?

Von den meisten der im Ersten Weltkrieg gefallenen Künstler sind heute nur noch wenige Lebenszeugnisse erhalten. Die Zeit hat von ihnen kaum etwas übrig gelassen außer dem Werk, und selbst das ist bei vielen auch schon so gut wie vergessen.

Dieser Krieg war noch in den Kinderschuhen, als die 4. Armee des k.- u.-k.-Heeres sich bereits in chaotischen Rückzugsgefechten wiederfand. 30 000 tote Soldaten hatten die österreichischen Truppen bei ihren Angriffen gegen Serbien bereits nach den ersten vier Monaten zu beklagen. Im Herbst 1914 verloren sie einen für den Osten strategisch wichtigen Stützpunkt, die galizische Verwaltungshauptstadt Lemberg, an die Russen.

Zu diesem Zeitpunkt kommt eine Sanitätskolonne in einer Scheune der Stadt Grodek zum Einsatz. Hier liegen 90 Schwerverwundete, aber den Helfern fehlt es an so gut wie allem: Verbandsmaterial, Medikamente und ärztlicher Sachverstand reichen nicht einmal für die Hälfte der Opfer. Einer der Sanitäter ist der 27 Jahre alte Salzburger Dichter Georg Trakl, ein stiller, von großer Schwermut gezeichneter Mann, der sehnlich auf das Erscheinen seines zweiten Gedichtbandes „Sebastian im Traum" wartet. Als der im Frühjahr 1915 bei Rowohlt herauskommt, ist Trakl bereits ein halbes Jahr tot.

Der Lyriker Georg Trakl (1887-1914) dient als Militärapotheker in der österreichischen Armee – und verzweifelt an seiner Hilflosigkeit.

In jener Scheune in Grodek stellt sich ein Offizier vor Trakl. Der Mann hatte einen Schuss in die Blase erlitten. Vor den Augen Trakls hält er sich die Pistole in den Mund und drückt ab, blutige Hirnpartikel kleben an der Wand. Ein paar Abende später stürzt Trakl während des Abendessens aus der Baracke und will sich ebenfalls erschießen. Beherzte Kameraden entreißen ihm im letzten Augenblick die Pistole.

Kraft und Chaos: In „Der Krieg" (auch „Das Geschütz", Öl auf Pappe, 1914) versucht Otto Dix (1891-1969) die Wucht des Artilleriefeuers nachzuempfinden. Der Thüringer Maler und Kriegsüberlebende verarbeitet das erlebte Grauen in zahlreichen düsteren Gemälden und Skizzen.

Verlassen, gedemütigt und entstellt liegt er inmitten eines Trümmerfeldes – und verliert doch nicht den Glauben an das Gute. „Hiob" (Öl und Tempera auf Leinwand, 1946) malt Otto Dix nach zwei Weltkriegen, Bombenterror, Diktatur und Völkermord.

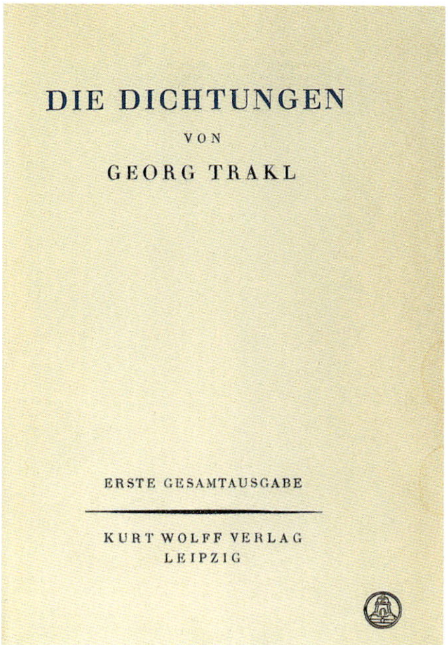

Eine erste Gesamtausgabe der Dichtungen von Georg Trakl erscheint 1919, fünf Jahre nach seinem Tod.

Ende Oktober schreibt der Dichter, dessen Leben eine erbarmungswürdige Veranstaltung aus Rauschgiftsucht, partiellem Wahnsinn, wirtschaftlicher Not und tiefer moralischer Zerrüttung war, einen Brief an seinen Mäzen, den Innsbrucker Verleger Ludwig von Ficker, der das für Trakl wichtige Literaturblatt *Der Brenner* herausgibt, in dem fast alle bedeutenden Gedichte Trakls erschienen sind. „Ich fühle mich schon fast jenseits der Welt", heißt es in dem Brief, dem zwei Gedichte beigelegt sind: „Klage" und, Trakls wohl bedeutendster Text, „Grodek":

> *Am Abend tönen die herbstlichen Wälder*
> *von tödlichen Waffen, die goldnen Ebenen*
> *und blauen Seen, darüber die Sonne*
> *Düster hinrollt; umfängt die Nacht*
> *Sterbende Krieger, die wilde Klage*
> *Ihrer zerbrochenen Münder ...*

Wie verstörend dieser Abgesang auf die Menschheit auch auf uns Heutige noch wirkt! Im vergossenen Blut wohnt ein „zürnender Gott" und „Alle Straßen münden in schwarze Verwesung". Für Trakl gehört der Mensch einem verfluchten Geschlecht an, und der Krieg ist sein Armageddon.

Das sahen damals nicht alle so. Die meisten Schriftsteller, Publizisten und Maler des Expressionismus hatten die große Schlacht bereits Jahre zuvor herbeigesungen, weil sie die selbstgefällige Behaglichkeit der Kaiserzeit als intellektuellen Sumpf erachteten. „Und alles ist langweilig, hell, gesund und klar", lautet eine Zeile in Alfred Lichtensteins Gedicht „Der Morgen".

„Es ist alles so langweilig, langweilig, langweilig!" schrieb der 23-jährige Berliner Jurastudent und Lyriker Georg Heym in sein Tagebuch, und: „Ich hoffe jetzt wenigstens auf einen Krieg." Heym durfte seinen Traum vom Waffengang nicht mehr erleben, er brach 1912 beim Schlittschuhfahren in der Havel ein und erstickte unter der Eisschicht.

Das Stahlbad der Seele, in welches eine ganze Generation tauchen und sich von der Banalität einer in Ritualen und salonesker Beliebigkeit versumpften Gegenwartsgesellschaft reinwaschen wollte, es geriet, wie der Dichter Klabund 1917 in seiner Bußpredigt schrieb, zum Blutbad. Klabund, der 1914 zu den Kriegsbejublern zählte, ruft drei Jahre später zur Umkehr auf: zum Bekenntnis zu Zivilisation und Geist. Diese beiden Größen waren für die Kriegsbefürworter allerdings schwer miteinander vereinbar. Thomas Mann sprach von den „Zersetzungsstoffen der Zivilisation". Der Maler Franz Marc, der mithalf, die expressionistische Malerei mit einem Markenzeichen, dem Blauen Reiter, zu veredeln, war noch 1916 der Ansicht, der Krieg sei es, der das Faule ausstößt und die Denkkraft in weitem Bogen überragte. Im selben Jahr, am 4. März, fiel Marc bei Verdun.

Dieser Krieg galt als das Neue, genau wie der Expressionismus einer neuen Idee vom Menschen Ausdruck geben wollte. *Menschheitsdämmerung* nannte Kurt Pinthus nach dem Krieg ja auch seine berühmte Anthologie. Das innere Schlachtfeld, das der frühe Expressionismus in der lähmenden Atmosphäre der Kaiserzeit abgesteckt hatte, kannte zwei Antagonismen: hier den Geist und dort das in Selbstgefälligkeit und Standesdünkel verrottende Bürgertum. In Trakls Gedicht „Grodek" ist von „der heißen Flamme des Geistes" die Rede, und diese „nährt heute ein gewaltiger Schmerz, / Die ungebornen Enkel." Bei Trakl

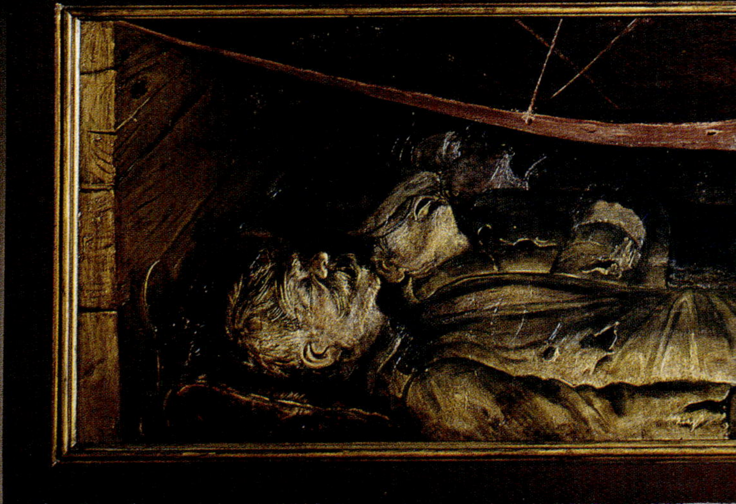

1932 vollendet Otto Dix das wohl bedeutendste Gemälde, das der Erste Weltkrieg inspiriert hat: das aufgeklappt etwa sechs Meter breite Tryptichon „Der Krieg" (Tempera auf Holz).

Aus den Helden des Krieges werden Verlierer der Gesellschaft. In seiner Bildermappe „Ecce Homo“ (hier Blatt 16: „Dämmerung“, 1923) illustriert George Grosz (1893-1959) die bürgerliche Doppelmoral nach dem Ersten Weltkrieg. Die Bilder werden zum Skandal – und nach kurzer Zeit beschlagnahmt.

Bedrückend, aber wahrhaftig: In seinem Radierzyklus „Der Krieg“ (1923/24) zeigt Otto Dix die bestialische Wirklichkeit des Krieges. Von oben links im Uhrzeigersinn: „Verwundeter“, „Sturmtruppe geht unter Gas vor“, „Leiche im Drahtverhau (Flandern)“ und „Sterbender Soldat“.

wird durch den Krieg kein neuer Mensch geschaffen, im Gegenteil: Der Krieg entwindet der Menschheit die Zukunft.

Warum schlossen sich ihm aber so ungeheuer viele kluge Menschen an? Der Grund dafür war nicht immer taumelige Kriegseuphorie. 1914 lautete, nüchtern zusammengefasst, die allgemeine Losung: Das Vaterland ist in Gefahr, wir müssen es retten. Auch August Macke, einer der erfolgreichen Maler des frühen Expressionismus, wird eingezogen. Er kommt, ausgerechnet, an die Westfront in die Marneschlacht gegen die Franzosen, denen der gelernte Rheinländer Macke doch stets große Sympathie entgegengebracht hatte. Der Kampf um die Marne war die erste große Entscheidungsschlacht und der Beginn des Desasters der deutschen Heereseinheiten.

Es waren spektakuläre Fehleinschätzungen, die den Plan des Feldmarschalls Alfred von Schlieffen, damals Chefs des Generalstabes, scheitern ließen. Schlieffens Vorstellung, das deutsche Heer sei in der Lage, einen raschen Sieg über Frankreich herbeizuführen, schei-

Ein Gewitter zieht auf, eine Sturmflut verschlingt die Häuser einer Stadt – und ein nackter Mann liegt wie tot an seinem Lagerfeuer. Ludwig Meidner (1884-1966) deutet seine „Apokalyptische Landschaft" (Öl auf Leinwand, 1912/13) später selbst als Vorahnungen des Krieges.

terte nicht zuletzt am wider Erwarten raschen und geschickten Vorrücken der russischen Armee nach Ostpreußen. Die Österreicher, welche die Ostfront sichern sollten, wurden vernichtend geschlagen. Außerdem war die militärische Logistik Frankreichs deutlich ausgefeilter, als Schlieffen angenommen hatte.

Noch fünf Tage vor seinem Tod bei Perthes schreibt Macke vom Krieg als dem Grausigsten, was ein Mensch erleben kann. Es sind erschreckend viele, damals in den Anfängen steckende Künstler, die gleich in den ersten Kriegsmonaten den Tod fanden: Der aus Colmar stammende Lyriker Ernst Stadler meldete sich freiwillig und trug Ende Juli 1914 in sein Kriegstagebuch den Satz ein: „Vorlesung am Vorabend abgesagt. Morgens Einkäufe: Revolver." Stadler fiel im Oktober in der Schlacht bei Ypern.

Der 25-jährige Berliner Jurist und Gedichteschreiber Alfred Lichtenstein ließ sich für das 2. Bayerische Infanterieregiment in München rekrutieren. Lichtenstein hatte Texte von unheimlicher Komik verfasst, Zerrbilder einer aufgepumpten, labberigen Großstadtwelt, die heute übrigens ruhig mal wieder gelesen werden dürften. In seinem Gebet für die Schlacht adressierte der junge Spötter an den lieben Gott seinen Wunsch:

Düster und bereits gebeugt: So zeichnet der Karikaturist Max von Esterle Trakl für das Jahrbuch der kulturkritischen Zeitschrift „Der Brenner" 1913.

Schick mir einen leichten Beinschuß,
Eine kleine Armverletzung,
Daß ich als ein Held zurückkehr,
Der etwas erzählen kann.

Sein kurz vor der Abfahrt zum Kriegsschauplatz geschriebenes Gedicht Abschied endet allerdings mit dem Vers:

Am Himmel brennt das brave Abendrot.
Vielleicht bin ich in dreizehn Tagen tot.

So ähnlich kam es auch: Lichtenstein fiel am 25. September 1914 an der Somme.

Die ersten Monate des Ersten Weltkriegs spiegelten sich beinahe ausschließlich in der Lyrik wider – für den großen Roman, den Erlebnisbericht oder den in den zwanziger Jahren aufkommenden Antikriegsroman waren die Ereignisse noch zu frisch, beziehungsweise sie waren noch gar nicht eingetreten. Von den jungen Dichtern hatte keiner eigene Erfahrungen mit Kriegen, der deutsch-französische Krieg lag mehr als vierzig Jahre zurück. Und die mit der Mobilmachung einhergehende Martialisierung der politischen Sprache pflanzte sich in den Texten plump nationalistisch gesinnter Dichter wie Ernst Lissauer, Cäsar Flaischlen und Paul Warncke fort. Lissauer veröffentlichte im August 1914 seinen Hassgesang auf England, eine aggressiv völkische Suada, deren Unversöhnlichkeit dem Autor nach dem Krieg vorgehalten wurde: „Wir lieben vereint, wir hassen vereint, / Wir alle haben nur einen Feind: England."

Allerdings decken sich die Großtönereien der Heimatfrontler eher selten mit den Feindbetrachtungen jener Autoren, die tatsächlich in den Krieg gezogen sind. Bei ihnen stellt sich so etwas wie Achtung vor dem Gegner ein, der, wenn auch auf Feindesseite, in der gleichen Angelegenheit unterwegs ist. Ernst Jünger schreibt in seinem 1920 erschienenen Bericht *In Stahl-*

> **Ich bemühte mich, ihn im Kampf aufzusuchen, um ihn zu töten, und erwarte auch von ihm nichts anderes.**
> Ernst Jünger, In Stahlgewittern, 1920

gewittern: „Ich war im Kriege immer bestrebt, den Gegner ohne Haß zu betrachten und ihn als Mann seinem Mute entsprechend zu schätzen. Ich bemühte mich, ihn im Kampf aufzusuchen, um ihn zu töten, und erwarte auch von ihm nichts anderes."

Neben der Sprache der Mobilmacher hatte der Krieg ein weiteres literarisches Echo, nämlich sein lautmalerisches Äquivalent in der Lyrik. Der Westfale August Stramm, eine der wichtigsten Stimmen in Herwarth Waldens expressionistischer Zeitschrift *Der Sturm*, war einer der großen Sprachzersplitterer, ein Vorläufer der Dadaisten und wichtigster Lehrmeister des großen Lautfabrikanten Ernst Jandl. Sein 1914 erschienenes Gedicht „Krieg" ahmt die große Vernichtungsmaschine nach:

Wehe wühlt
Harren starrt entsetzt
Kreißen schüttert
Bären spannt die Glieder
Die Stunde blutet
Frage hebt das Auge
Die Zeit gebärt
Erschöpfung
Jüngt
Der
Tod

Stramm, der wie Trakl an der grausamen Schlacht um Grodek teilnahm, fiel 1915 im Kampf gegen die russische Armee.

Eine Reihe junger Lyriker bezog ihre Weltanschauung aus den frühen Jugendbewegungen der Kaiserzeit, den Wandervögeln und oder christlich geprägten Gruppierungen. Einer von ihnen war Walter Flex, dessen 1916 erschienene autobiographische Erzählung *Der Wanderer zwischen beiden Welten* der erste Kriegsbestseller war.

Seine Erinnerung beginnt mit der Beschreibung einer lyrischen Epiphanie, aus der eines der bekanntesten und wohl auch umstrittensten deutschen Soldatenlieder entstand. Flex liegt in einer Waldlichtung, über welche die Granaten der französischen Armee hinwegfegen, abgelöst von einem Heer wandernder Graugänse, deren „messerscharfer Schrei" den jungen Schwärmer in der Dunkelheit die Verse schreiben lässt:

Wildgänse rauschen durch die Nacht
Mit schrillem Schrei nach Norden.
Unstete Fahrt! Habt Acht, habt Acht!
Die Welt ist voller Morden.

Das graue Heer der Gänse – es ist das Spiegelbild jenes grauen Heeres, dessen Teilnehmer bald zerfetzt in den belgischen Schützengräben liegen sollten. Im Sommer 1914 triumphierte jedoch der Jubel über den Zweifel. Die Züge, die mit jungen Männern an die Westgrenze fuhren, nach Osten oder an die norddeutsche Küste, wurden von den Bürgern mit Blumen geschmückt, alte Tanten reichten den Soldaten Tee und Süßigkeiten in die Waggons. Der junge Matrose und Unteroffizier Hans Gustav Bötticher war unterwegs nach Cuxhaven, um dort auf seine Einschiffung zu warten. Anfang der dreißiger Jahre schreibt er seine Erinnerungen *Mein Leben bis zum Kriege* auf. Er ist inzwischen unter dem Namen Joachim Ringelnatz als Dichter und Kabarettist berühmt und beliebt geworden. An die Tage der Mobilmachung erinnert er sich so: „Wir waren insgesamt keine sehr geistige Gesellschaft, die anwachsenden Kreideaufschriften auf den Zugwänden zeugten davon."

Ringelnatz und viele andere Autoren wie Alfred Döblin, Hermann Hesse und Erich Maria Remarque überlebten den Krieg, ihre Gedichte und Romane wurden in den zwanziger Jahren große Publikumserfolge. Sie erzählen vom Ersten Weltkrieg als dem bis dahin grausamsten Zivilisationsbruch der modernen, aufgeklärten Welt.

Und Georg Trakl?

Es gibt ein paar Zeugen, die ihn in seinen letzten Tagen in Galizien gesehen haben. Sie schildern ihn als einen von der Front Gezeichneten. Im November 1914 wird er ins Garnisonsspital nach Krakau zur psychologischen Untersuchung gebracht. Er stirbt dort an einer Überdosis Kokain. Ob er das Gift versehentlich nahm oder sterben wollte, weiß niemand.

HILMAR KLUTE

Protest gegen eine verrückt gewordene Welt: In der „Widmung an Oskar Panizza“ von George Grosz (auch: „Das Leichenbegängnis“, Öl auf Leinwand, 1917/18) bevölkern deformierte und entstellte Wesen die Straßen einer Großstadt. Zwischen von Rotlicht erhellten Türmen steht dunkel und verloren eine Kirche. Und der Tod sitzt fröhlich zechend auf dem Sarg: Er erhebt seine Flasche auf den Wahnsinn der Menschheit.

Schutzhaft für ein Wandgemälde

Das Wandgemälde zeigt den „Auszug der Jenenser Studenten in die Befreiungskriege 1813“. Ferdinand Hodler hat es 1908/1909 im Auftrag der Gesellschaft der Kunstfreunde von Jena und Weimar geschaffen. Hodler ist Schweizer, doch seine Bewunderer in Deutschland sehen in ihm den „ersehnten Darsteller kriegerischer Ereignisse“, der „durch seine symbolischen Gemälde zur Versinnbildlichung des Unfaßbaren als einzigster befähigt“ sei. Doch am 13. Oktober 1914, die Gemälde sind noch nicht einmal sechs Jahre alt, beschließt der Verwaltungs-Ausschuss der Universität, Hodlers Wandgemälde in „Schutzhaft“ zu nehmen. Studenten verschalen das Bild mit Brettern. Was ist passiert?
Am 19. September 1914 schlagen 25 deutsche Granaten in die Kathedrale von Reims ein, die Feuer fängt. Auf dem Turm soll sich ein französischer Beobachtungsposten befunden haben. In Wirklichkeit dürfte die Zerstörung der französischen Königskirche ein Akt psychologischer Kriegführung gewesen sein. International erheben sich Proteste. Am 11. Oktober erscheint in der *Neuen Zürcher Zeitung* folgende Notiz: „Die Unterzeichneten, Bürger der Schweiz, heftig erregt durch das ungerechtfertigte Attentat auf die Kathedrale von Reims, das der absichtlichen Verbrennung der historischen und wissenschaftlichen Reichtümer von Löwen folgt, mißbilligen mit aller Energie einen Akt der Barbarei, der die ganze Menschheit in einem der edelsten Zeugen ihrer moralischen und künstlerischen Größe trifft.“
Unter den 123 Schweizer Intellektuellen, die sich hinter den Protest stellen, ist auch der 61-jährige Ferdinand Hodler.
Dessen nachgereichte Erklärung, er habe „das deutsche Volk, das ich hoch schätze“, nicht beleidigen wollen, ist chancenlos. Hodler, zuvor als „großer deutscher Meister“ in eine Reihe mit Dürer und Holbein gestellt, gilt nun als deutschfeindlich, seine Kunst als „undeutsch“. Ludwig Thoma beschimpft mit der ihm nun eigenen nationalistischen Unflätigkeit die „herzlose, öde Manier“ des „Monsieur Hodler“. Man werde sich an Menschen erinnern, „die sich in Tagen des schwersten Kampfes ohne Recht gegen uns gewendet haben“, drohen die *Münchner Neuesten Nachrichten* am 7. Oktober. Am selben Tag veröffentlicht die Zeitung einen offenen Brief des Berliner Bildhauers Ferdinand Klimsch, der bedauert, dass Hodler die ersten Augusttage nicht in Deutschland erlebt habe. Hodler hätte dann, so der Bildhauer, etwas

Hodlers „Auszug der Jenenser Studenten" entstand zum 350-jährigen Bestehen der Universität Jena; es zeigt Angehörige des Lützowschen Freikorps, einer der Keimzellen der deutschen Nationalbewegung.

von dem deutschen Geist verspürt, den sein Bild in Jena „so herrlich zum Ausdruck" bringe. Auch Kritiker der Aktion gegen das Bild – es sind wenige genug, unter ihnen die sozialdemokratische *Tribüne* und die linksliberale *Schaubühne* – geißeln Hodlers Protest als „Dummheit". Ihnen geht es um den künstlerischen Wert des Gemäldes, Zustimmung für den Künstler bleibt auch von ihrer Seite aus.

Es hilft nichts. Hodlers Jenaer Gemälde – ebenso ein weiteres in Köln – bleibt in „Schutzhaft". Der Maler erlebt seine Befreiung nicht mehr. Er stirbt am 19. Mai 1918 in Genf. Für den Kunstkritiker Ferdinand Avenarius ist das der Anlass zu fordern: „Wir bitten: Reißt die Bretter weg!" Es sei ein Irrtum gewesen, sie zur Strafe aufzustellen für einen Künstler, „weil er selbst in einem Gefühls-Irrtum feindlicher Täuschung unterlag. Das Bild war echt, als Hodler es schuf, war das Deutsche seines schweizerischen Volkstums selber in ihm lebendig." Doch es dauert noch fast ein Jahr, bis revolutionäre Studenten die Bretter wegreißen. Und selbst das bleibt umstritten: Beim Prorektor der Universität muss die Freideutsche Jugend um „Nachsicht gegenüber den studentischen Bildbefreiern" bitten.

MARTIN BERNSTEIN

Michael von Faulhaber, Bischof von Speyer, später Münchner Erzbischof, war von 1914 an stellvertretender Feldpropst der Bayerischen Armee; hier bei einem Truppenbesuch 1915.

Unser barmherziger Gott hat uns den Krieg geschickt

Sie trösteten die Hinterbliebenen, segneten die Soldaten und predigten die Schlacht: Warum die christlichen Kirchen auf keiner Seite die Kraft aufbrachten, sich dem Morden entgegenzustellen.

Die Professoren scheuten nicht Kosten noch Mühe. In zehn Sprachen ließen sie ihren Aufruf übersetzen, tausende Exemplare verschickten sie nach Europa, Amerika, Asien. „An die Kulturwelt" appellierten sie: Glaubt nicht den „Lügen und Verleumdungen, mit denen unsere Feinde Deutschlands reine Sache in dem ihm aufgezwungenen schweren Daseinskampfe zu beschmutzen trachten"! Der Deutsche Kaiser Wilhelm sei in seiner „unerschütterlichen Friedensliebe" unschuldig am Krieg; erst als „eine schon lange an den Grenzen lauernde Übermacht von drei Seiten über unser Volk herfiel", habe „es sich erhoben wie ein Mann". Und nicht die Deutschen hätten im besetzten Belgien das Kriegs- und Völkerrecht verletzt – die heimtückischen Belgier hätten sich die Strafaktionen selber zuzuschreiben.

Unter den 93 Gelehrten, die da im Oktober 1914 deutsche Kriegspropaganda betrieben, waren auch vier Professoren, die für ihre liberale Theologie berühmt waren: Adolf Deißmann, Adolf von Harnack, Wilhelm Herrmann und Friedrich Naumann. Die Begeisterung für den Krieg hatte 1914 in Deutschland auch die Kirchen, ihre Bischöfe und Theologen ergriffen, über die Konfessionen hinweg. In ganz Europa sahen die Vertreter der Christenheit, die doch eigentlich für den Frieden hätten eintreten sollen, bis auf wenige Ausnahmen den Kampf als gottgewollte Verteidigung von Heimat, Nation und Volk an. Ihre Predigten gaben den Regierungen und Oberbefehlshabern einen religiösen und ideologischen Überbau für den Krieg, ihre Militärgeistlichen stärkten den Kampfeswillen an der Front, in der Heimat versuchten Pfarrer, die Seelenlage der Bevölkerung zu stabilisieren. Wenn man sieht, wie viele Bücher Historiker der Rolle der Kirchen im Nationalsozialismus gewidmet haben, ist dieses Kapitel des kirchlichen Versagens überraschend wenig aufgearbeitet.

Frontenübergreifend: Ein deutscher Feldprediger unterhält sich 1916 nach dem Gottesdienst mit flämischen Bäuerinnen.

Die allgemeine Kriegsbejahung speiste sich aus recht unterschiedlichen kirchlichen Interessen. Die evangelische Kirche in Deutschland, die orthodoxe Kirche in Russland oder auch die anglikanische in England waren eng mit dem jeweiligen Regenten verbunden – da lag es nahe, als gottgewollt darzustellen, was der aus Gottes Gnade heraus regierende Kaiser, König oder Zar tat. Die Katholiken in Deutschland wiederum sahen nach Jahrzehnten der Konflikte mit

Mit Gott in den Tod: Im August 1914 segnet in München ein katholischer Priester die an die Front ziehenden Soldaten (oben). Unten besucht im selben Jahr ein Geistlicher (mit Armbinde des Roten Kreuzes) belgische Soldaten an ihrem Schützengraben.

der preußisch-protestantischen Obrigkeit den Krieg als Chance, endlich als treue Bürger anerkannt zu werden. Vom damaligen Speyerer Bischof und Militärdekan Michael Faulhaber heißt es, er wäre am liebsten selber mit dem Gewehr in der Hand in den Schützengraben gesprungen. In Frankreich wiederum schlossen der laizistische Staat und die katholische Kirche, die sich bis dahin heftig befehdet hatten, einen Burgfrieden; die schärfsten antideutschen Predigten jedoch kamen von den Protestanten, die fürchteten, als Agenten ihrer Glaubensbrüder im Deutschen Reich zu gelten.

Scharf und hasserfüllt waren viele Predigten, die gerade in den Anfangsjahren des Krieges gehalten wurden. Das erste Mal hatte der Krieg ein ganzes Land erfasst, und erstmals wurde auch die Kriegspropaganda totalitär. Die Prediger ermahnten nicht mehr nur die Gläubigen zu Demut, Gebet und Pflichterfüllung, dazu, das Leid zu tragen und tapfer für die gottgewollte Obrigkeit zu kämpfen. Nun wurde der Krieg zum Kampf des Guten gegen das Böse, des Christlichen gegen den Teufel – und der Teufel, das waren die Anderen. „Wir ziehen in den Kampf für unsere Kultur gegen die Unkultur, für deutsche Gesittung wider die Barbarei, für die freie, deutsche, an Gott gebundene Persönlichkeit wider die Instinkte der ungeordneten Masse", verkündete der Berliner Oberhofprediger Ernst Dryander. Der Franzose ist falsch, der Russe unzivilisiert, der Engländer ein kalter Zyniker und Krämer – so tönte es tausendfach von den Kanzeln des Reiches. „Welche Barmherzigkeit unseres Gottes, dass er diesen Krieg uns gesandt", schrieb ein Greifswalder Professor, sein bayerischer Kollege stimmte ins Lob des Kampfes ein: „ein heiliger Krieg nach Anlass und Anfang fürwahr!"

In Frankreich dagegen galt es, das Land vor den deutschen Barbaren zu bewahren – das Land, die „französische Seele" war angegriffen worden und musste sich in einem gerechten Krieg verteidigen, gegen die mordlüsternen Deutschen in ihrer „moralischen Inferiorität". Die katholische Zeitschrift *La Croix* dichtete das Vaterunser um: „Ich glaube an die Macht des Rechts, an den Kreuzzug der Zivilisierten und an

Protestanten, Katholiken, Orthodoxe (von oben): Jede christliche Konfession sandte Priester mit den Soldaten ins Feld.

das ewige Frankreich." Kindern wurden bestimmte Frontabschnitte zugewiesen, die sie mit ihren Gebeten beschützen sollten. „Ihr Gott ist nicht der unsere", sagten die französischen Calvinisten über die Deutschen, „wir verabscheuen ihn." Eine der furchtbarsten Predigten auf alliierter Seite sollte jedoch am ersten Advent 1915 der Londoner Bischof Arthur Winnington-Ingram halten. Ja, man müsse die Deutschen töten, sagte er, „nicht um des Tötens willen, sondern um die Welt zu retten. Getötet werden sollen die Guten ebenso wie die Bösen; getötet werden sollen diejenigen, die sich gegen unsere Verwundeten freundlich verhielten wie auch jene Unmenschen, die den kanadischen Feldwebel kreuzigten (...). Sie sind zu töten, weil andernfalls die Zivilisation der Welt getötet würde."

Doch, es gab Gegenstimmen. Es gab in Deutschland wie in Frankreich Pfarrer, die im August 1914 ihren Bischöfen berichteten, dass die Landbevölkerung keinesfalls die Kriegsbegeisterung vieler Bürger und Intellektueller in den Städten teile. Je länger der Krieg dauerte, je mehr Menschen im Stellungskrieg verreckten, desto weniger verfing das Pathos, desto nachdenklicher wurden die Predigten, die des mittlerweile zum Münchner Erzbischof aufgestiegenen Faulhaber genauso wie die des Londoner Bischofs Winnington-Ingram. In Rom mahnte Papst Pius XV. zum Frieden, mit so drastischen wie erfolglosen Worten. Auch seine Friedensinitiative im Jahr 1917 bewirkte nur, dass 1919 die Siegermächte den Vatikan aus den Friedensverhandlungen ausschlossen. Die Kriegsgegner blieben in der Minderheit, auch in England, wo Friedenskirchen wie die Quäker konsequent jede Beteiligung am Kampf ablehnten – Pazifismus und Christentum, das schloss sich in den Augen der meisten Bischöfe und Theologen schlicht aus.

Noch am 3. August hatten sich 70 evangelische Christen aus Europa und den USA in Konstanz zu einer Friedenskonferenz versammelt, da war der Krieg zwei Tage alt. Gescheitert sei nicht „die christliche Idee des Friedens und der Versöhnung", sondern ein „System, das versucht hatte, Sicherheit auf ein immer weiter gesteigertes Wettrüsten zu gründen". Man versprach einander feierlich, geistlich verbunden zu bleiben. Doch das Versprechen verhallte im Kriegslärm.

MATTHIAS DROBINSKI

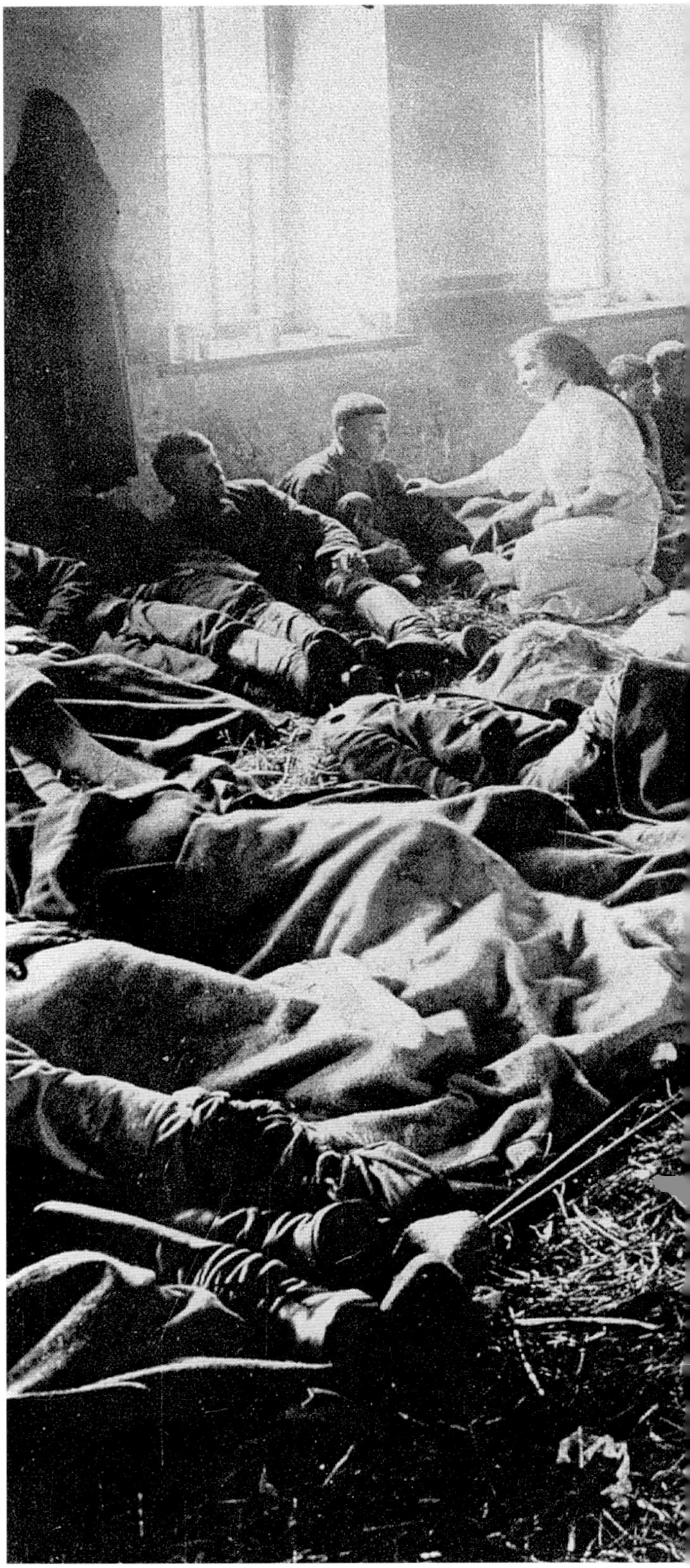

Trost im Glauben: Ein Pope predigt 1915 verwundeten russischen Soldaten in einem Lazarett in Suwalki, nördlich von Białystok.

Der Krieg macht auch vor den Kirchen nicht Halt: Ein österreichisch-ungarischer Soldat betrachtet eine zerstörte Marienstatue in einem Ort an der Piave, 1918.

Das entmenschlichte Gesicht des Gaskrieges: Ein deutscher Soldat mit Schutzmaske holt 1918 Essen für Kameraden in einem Unterstand.

„Liebe Eltern! Ich glaube, ich muss sterben"

Verblutet bei Langemarck, geopfert bei Verdun: Schon 1914 erstarren die Fronten, über Jahre schicken die Generäle ihre Männer auf aussichtslose Sturmangriffe gegen befestigte Stellungen.

Walter Limmer hatte keine Ahnung von dem Grauen, das noch bevorstand, und er erlebte es auch nicht mehr. „Immer noch wütet diese fürchterliche Schlacht, nun schon den vierten Tag!", schrieb der Jurastudent am 9. September 1914 an seine Eltern. „Diesen Brief schreibe ich aus einem grabenartigen, etwa 40 cm tiefen, selbstgeschaufelten Lager der Schützenlinie."

Die „fürchterliche Schlacht", von der Limmer berichtete, war die Erste Schlacht an der Marne, in der Briten und Franzosen Anfang September 1914 den Ansturm der deutschen Truppen kurz vor Paris aufhielten. Der Erste Weltkrieg war damals gerade einen Monat alt – und doch war die Erste Marneschlacht bereits ein Wendepunkt: Mit ihr endete der Bewegungs- und begann der Stellungskrieg an der Westfront. Der deutsche Angriff kam zum Stehen, nach einem kurzen Rückzug der Deutschen gruben sich die Armeen ein, die Front bewegte sich bis zum Kriegsende 1918 kaum noch. Jene „grabenartigen, selbstgeschaufelten" Deckungslöcher, von denen Limmer schreibt, wurden für die kommenden vier Jahre für Millionen Soldaten zu ihrem neuen Zuhause – oft genug auch zum Grab.

Auch Limmer überlebte nicht. Am 16. September 1914 wurde er bei Châlons-sur-Marne verwundet, am 24. September starb er in einem Lazarett. Limmers letzter Brief von der Front ist in dem Buch *Kriegsbriefe gefallener Studenten* abgedruckt, eine Sammlung, die bereits 1915 zum ersten Mal herausgegeben und in den Jahren danach immer wieder ergänzt und neu aufgelegt wurde. Die Gedanken und Erlebnisse der jungen Männer nachzulesen, ist noch heute erschütternd. „Liebe Eltern! Ich liege auf dem Schlachtfeld mit Bauchschuss. Ich glaube, ich muss sterben", schrieb der Theologiestudent Johannes Haas am 1. Juni 1916. Wenig später war er tot, verblutet vor Verdun. Der ganze Krieg

Versteckspiel mit dem Tod: Deutsche Infanteristen vor einem Angriff während der Frühjahrsoffensive in der Picardie 1918.

Überleben und Sterben an der Westfront: Reiterpatrouillen wie diese 1918 mussten nicht nur sich, sondern auch ihre Pferde vor Giftgas schützen (oben); unten deutsche Soldaten im Kampf mit Granaten und Maschinengewehr.

Das Rückgrat der Nachrichtentechnik an der Front waren Brieftauben: Allein auf deutscher Seite waren 25 000 Vögel im Einsatz. Sie benötigten weder Strom noch Kabel, waren unauffällig und zuverlässig – allerdings anfällig gegen Giftgas. Die Soldaten steckten sie daher in Schutzkästen (Aufnahme von 1917).

Kaum Platz, keine Privatsphäre, dafür halbwegs sicher vor Beschuss: Deutsche Infanteriesoldaten posieren auf ihren engen Betten im Unterstand nahe der Front.

ist in diesen Briefen abgebildet, vom heiter-aufgeregten Ausrücken im August 1914 bis zum Zusammenbruch im November 1918.

Im Spätsommer 1914 spricht aus vielen Briefen noch Freude. „Hurra! Endlich habe ich meine Beorderung“, schreibt Walter Limmer. Es ist die gleiche Stimmung, die auch in den Filmaufnahmen aus jener Zeit herrscht: In Kolonnen marschieren blumengeschmückte Soldaten an jubelnden Bürgern vorbei zum Bahnhof und klettern in Waggons, auf denen „Nach Paris!“ steht. Nicht alle ziehen mit Begeisterung in den Krieg. Aber das Gefühl, dem Vaterland an der Front dienen zu müssen, sitzt tief. Der Jurastudent Franz Blumenfeld schreibt seiner Mutter am 1. August 1914: „Ich kann mir nichts Schrecklicheres vorstellen als irgendwo untätig zu Hause bleiben zu müssen, wenn draußen Krieg und Kampf ist.“ Und immer wieder findet sich in den Briefen die Mahnung an die Daheimgebliebenen: Trauert nicht um mich, wenn ich falle. Beklagt meinen Tod nicht. Wenn ich sterbe, dann für die Heimat, für Euch.

Doch es dauert nicht lange, bis sich der Ton ändert. Schon Ende 1914 ist von Kriegsromantik kaum mehr etwas zu lesen, Entsetzen löst die patriotische Schwärmerei ab. Die ersten großen Schlachten des Krieges sind geschlagen, an der Marne, in Flandern. Hunderttausende Männer sind bereits tot oder verstümmelt, ganze Regimenter vernichtet. Bei Langemarck in Belgien fallen im November 1914 bei einem Angriff auf französische Stellungen einige Tausend junge deutsche Soldaten, kaum ausgebildet und schlecht ausgerüstet an die Front geschickt.

Zwei Dinge prägen den Grabenkampf an der Westfront, die es in dieser Form in keinem Krieg zuvor gegeben hat. Das eine sind die grauenhaften Bedingungen, unter denen die Soldaten über Jahre hinweg an der Front leben, kämpfen und sterben. Das andere ist der Irrsinn der Generäle, die vier Jahre lang einer gescheiterten Strategie folgen und dafür Millionen Soldaten mit dem Leben bezahlen lassen. Zwar wird die Taktik des Stellungskriegs in dieser Zeit stetig weiterentwickelt. Doch im Grunde steckt während des ganzen Krieges hinter jeder Offensive die immer gleiche Idee – einen Durchbruch zu schaffen und den Feind an der Flanke zu packen, damit die Front endlich wieder in Bewegung gerät.

Mensch gegen Maschinengewehr

Doch mit Ausnahme einiger weniger Erfolge scheitern alle diese Offensiven. Aus den einfachen Schützengräben des Jahres 1914 werden im Lauf des Krieges fest ausgebaute, verschachtelte, mit Stacheldraht bewehrte Abwehrstellungen, oft mehrere hintereinander, mit tiefen Bunkern, in denen die Verteidiger sicher sind vor dem tage-, manchmal wochenlangen Trommelfeuer, das Angriffen vorausgeht. In diesen Abwehrstellungen bleiben die Angreifer nach ein paar Kilometern hängen wie in einer feuerspeienden, stählernen Hecke. Die blutige Gleichung Mensch gegen Maschinengewehr bestimmt die Schlachtfelder 1914 ebenso wie 1918, und immer verliert der Mensch. So kommt es, dass die Front im Westen vier Jahre lang an den meisten Stellen nur einige Kilometer, mancherorts nur wenige Hundert Meter hin und her wandert – immer wieder über das gleiche zerschossene, blutgetränkte Terrain hinweg. Die Trichterfelder, welche die eine Seite im Sommer bei einer Offensive einnimmt, erobert die andere Seite im Herbst wieder zurück.

Die Soldaten machen dabei Unmenschliches durch. Hunger, Durst, Todesangst, Granaten, Gas, Ruhr, Ratten. „Sturmangriff auf Dixmuiden. Furchtbar!“, schreibt Kurt Peterson im Oktober 1914 in einem Brief. „Wieder gescheitert an dem furchtbaren Maschinengewehrfeuer.“ Helmut Zschuppe schreibt im Oktober 1916: „Nach einem Angriff in einem Laufgraben mit Handgranaten und Flammenwerfern ist man gebrandmarkt an der Seele.“ Richard Schmieder berichtet im März 1915 aus einem Schützengraben bei Vaudesincourt: „Es war ein großes

Ein deutsches Jagdflugzeug Fokker D.VII überfliegt eine deutsche Maschinengewehrstellung (oben). Unten die Bergung eines Verwundeten 1916 bei Verdun.

Aussichtslos: Eine französische Abteilung für Aufräumarbeiten sichtet 1917 die Ruinen von Bezonvaux nördlich von Verdun. Das Dorf wurde auch nach Kriegsende nicht wieder aufgebaut.

Ein französischer Posten bewacht 1916 den Eingang zur von deutscher Artillerie zerschossenen Festung Souville nordöstlich von Verdun.

Morden. In drei Tagen hatten wir auf einer Strecke von 200 Metern 909 Mann Verluste, der Feind Tausende. Die Toten lagen stellenweise so hoch, dass man hinter ihnen Deckung vor Artillerie nehmen konnte."

Von Leichen und Leichenteilen, von unbeerdigten Gefallenen, „stinkend und fliegenübersät", die zwischen und in den Gräben liegen oder im Stacheldraht hängen, ist in vielen Briefen die Rede: „Vor unserem Graben lag bis vor kurzem noch eine Menschenhand mit Fingerring, ein paar Meter davon ein Unterarm, von dem zuletzt nur noch der Knochen übrig war", schreibt Hugo Müller im Oktober 1915. „Ich eile durch die Stellung, nach den Leuten zu sehen", notiert im August 1916 während der Somme-Schlacht Friedel Dehme. „Entsetzt erkenne ich, dass ich vorhin über Leichen gelaufen bin, die im Wasser herumliegen." Und August Hopp schreibt im März 1915 nach einem Gefecht: „Die Nacht ging vorüber, wir saßen auf Leichen, es bekümmerte einen nicht; wenn man nur nicht im Schlamm sitzen musste!"

Auch der Schlamm ist allgegenwärtig. Von Flandern bis zu den Vogesen verwandelt sich die von Granaten umgepflügte, aufgerissene Erde entlang der Front bei Regen in Morast. „Schlamm und Wasser füllen den Schützengraben", notiert Karl Uldag im Januar 1915. „Ich kann gestehen, dass oft Ekel mich ergreift gegen dieses Leben in Schlamm und Dreck." Soldaten, die in die vorderen Stellungen marschieren, verlieren im zähen Dreck ihre Stiefel und gehen barfuß in den Kampf. Bei Angriffen bleiben Nachschub und frische Truppen stecken. Die sorgsam ausgearbeiteten Pläne der Stäbe, die bei Offensiven oft genau vorschreiben, in wie vielen Minuten die einzelnen Kompanien wie weit vorzustürmen haben, sind wertlos.

Trotzdem geht der Krieg Jahr um Jahr weiter. Viele der Briefe kommen von Frontabschnitten, in denen Deutsche, Briten oder Franzosen wieder und wieder versuchen, durch Großoffensiven jenen vermeintlich entscheidenden Durchbruch zu erzwingen, der dem Stellungskrieg ein Ende macht. Nach tagelangem Trommelfeuer ist der Beginn des Angriffs, wenn der Feind endlich durch Rauch und Feuer sichtbar wird, oft eine Erleichterung. „Endlich die Erlösung!", schreibt Karl Gorzel im Oktober 1916. „Wie ein Hagelschauer fliegen unsere Handgranaten in den anstürmenden Feind." Die Regimenter stürmen und stürmen, das Blut fließt in

Mit mehr als einer Million getöteter oder verwundeter Soldaten gilt der Kampf um die Somme als verlustreichste Schlacht des Krieges. Ergebnis des bedenkenlosen Dahinschlachtens war letztlich ein um wenige Kilometer verschobener Frontverlauf.

Strömen, doch die Angriffe schlagen fast alle fehl. Es gibt die Erste und Zweite Marneschlacht, die Erste, Zweite, Dritte und Vierte Flandernschlacht, die Winterschlacht in der Champagne und die Herbstschlacht in der Champagne, die Herbstschlacht bei Arras und die Frühjahrsschlacht bei Arras, die Schlacht um Verdun und die Schlacht an der Somme. Es ist ein einziges fürchterliches Schlachten im Westen, doch die Front hält fast bis Ende des Krieges.

„Erstickender Qualm – Gas - Erdklumpen – Fetzen in der Luft: Das ist Verdun."

Brief des Soldaten Paul Boelicke, März 1918

Einige der letzten Briefe, die in dem Buch dokumentiert sind, kommen von dort, wo das Massentöten seinen Höhepunkt findet, wo es bewusst, fast lustvoll betrieben wird, weniger mit dem Ziel, Gelände zu erobern, sondern um den Feind auszubluten: Verdun. „Trommelfeuer – Schlachtfelder, auf denen nichts mehr zu sehen ist, als erstickender Qualm – Gas – Erdklumpen – Fetzen in der Luft: das ist Verdun", schreibt Paul Boelicke im März 1918. Ein halbes Jahr später, im Oktober, ist der Theologiestudent wieder dort im Einsatz. Schon der Name Verdun erfüllt ihn mit Schrecken. Jeder weiß, dass das Ende des Krieges nahe ist, jeder hofft, nicht noch kurz vor dem Ende zu fallen. „Man wundert sich, dass die Leute noch durchhalten. Aber es ist ein Jammer, sie stöhnen zu hören, weil sie fast nicht mehr können", notiert Boelicke. Und dann, als ahne er sein Schicksal, schreibt er: „Mein Verderben wird dieses Verdun noch werden." Er behält Recht. Paul Boelicke fällt am 12. Oktober 1918 vor Verdun, einen knappen Monat vor Kriegsende.

Das große Sterben an der Westfront dauerte etwas mehr als vier Jahre, zwischen drei und vier Millionen Soldaten kamen um. Sieger war am Ende nur der Tod.

HUBERT WETZEL

Bombentrichter füllen sich mit Grundwasser: In einer Kraterlandschaft in Flandern haben deutsche Soldaten 1918 Unterstände errichtet.

Teuer erkaufte Erfolge:
In der Region Oise in der Picardie haben französische Soldaten 1917 eine deutsche Stellung eingenommen.

W 1353 – Nos soldats sur la position allemande du Balcon
23-10-17

Ein apokalyptischer Irrtum

Anerkennung nach dem Krieg: Im Jahr 1919 erhielt Fritz Haber rückwirkend den Chemie-Nobelpreis von 1918.

In ihren Labors und Forschungsstätten gewannen Wissenschaftler Ende des 19. und Anfang des 20. Jahrhunderts Erkenntnisse, die unser Weltbild erschütterten. Doch ihr Wissen verwendeten manche dazu, Waffen zu entwickeln. Einer der wichtigsten und zugleich tragischsten dieser Forscher war Fritz Haber. Der 1868 geborene deutsche Chemiker hatte vor dem Krieg herausgefunden, wie sich Ammoniak synthetisieren ließ. Mit dem Industriellen Carl Bosch entwickelte er ein Verfahren, Kunstdünger herzustellen. Diese Arbeit bewahrte Millionen Menschen vor dem Hungertod. Doch von 1914 an stellte Haber – wie viele andere Forscher – sein Wissen in den Dienst des Militärs. Dank seiner Ammoniaksynthese konnte Deutschland Munition produzieren, obwohl die Alliierten den Salpeter-Nachschub aus Chile blockierten. Ohne Habers Arbeit hätte man bald kapitulieren müssen, und Millionen von Soldaten wären nicht gestorben.
Haber aber war Patriot. Er sah es als seine Pflicht, seinem Vaterland im Kampf dort zu dienen, wo er am meisten leisten konnte: im Chemielabor. Angesichts des Stellungskrieges schlug er früh den Einsatz von Chlorgas vor.
Der Kernphysiker Otto Hahn, damals Habers Mitarbeiter, sagte später, Haber sei davon ausgegangen, dass sich unzählige Menschenleben retten ließen, wenn sich der Krieg so – natürlich siegreich – schneller beenden ließe.
Er hing ähnlich falschen Vorstellungen an wie vor ihm Alfred Nobel. Der schwedische Industrielle und Dynamit-Erfinder hatte gehofft, vernichtende Waffen würden abschreckend wirken. Ergebnis war das Gegenteil: Alliierte und deutsche Artillerie gruben mit gigantischen Mengen Sprengstoff ganze Landstriche um – immer wieder, vier Jahre lang.
Im Frühjahr 1915 konnte Haber seine Waffe an der Front ausprobieren. Als der Wind am 22. April 2015 bei Ypern in Richtung Gegner blies, öffneten seine Leute Stahlflaschen mit Chlor. Eine riesige Wolke Giftgas wurde in die französischen Stellungen geweht. Tausende Soldaten erstickten. Unter Haber entwickelten die Experten der Chemischen Abteilung im Preußischen

Kriegsministerium danach immer effektiveres Gas, Gasgranaten und Gasmasken. Aber auch die Alliierten setzten nun auf chemische Kampfstoffe. So sorgten die Wissenschaftler für eine grausame Variation des Leidens, nicht für ein schnelles Kriegsende. Nach dem Krieg suchten die Alliierten Haber als Kriegsverbrecher, ließen die Anklage aber fallen. Er erhielt 1919 den Nobelpreis für die Ammoniaksynthese. Tragisch wirkte sich seine Arbeit auf seine Frau Clara aus. Die einst erfolgreiche Chemikerin war nicht nur gezwungen, sich auf eine Rolle als Ehefrau und Mutter zu beschränken. Habers Arbeit mit Giftgas kritisierte sie als „Perversion der Wissenschaft". Wenige Tage nach dem Angriff bei Ypern tötete sie sich mit Habers Dienstwaffe.

Haber, hier mit einem Assistenten 1918 im Labor, leitete im Krieg die „Spezialtruppe für Gaskampf".

Der Dank des Vaterlandes, der Haber so wichtig war, endete mit der Machtübernahme der Nationalsozialisten. Als Jude sah er sich gezwungen, Deutschland zu verlassen. Er folgte einem Ruf an die Universität in Cambridge, Großbritannien. Im Jahr darauf starb er. So blieb ihm das Wissen erspart, dass Deutsche bald erneut Giftgas einsetzen würden. In den Gaskammern der Konzentrationslager.

MARKUS C. SCHULTE VON DRACH

Habers Werk im Feldversuch: Deutsche Infanteristen üben hinter der Front in Flandern den Angriff mit Kampfgas, 1918.

Otto Wetzel (rechts) steht in einer Reservestellung bei der französischen Stadt Albert. Die Aufnahme sandte er mit einem Feldpostbrief an die Eltern.

Großvater und der Krieg

Zweimal wird Otto Wetzel an die Front geschickt: 1918 und 1942. Ein Leben voller Gewalt, ein deutsches Leben, so schildert er es in seinen Erinnerungen. Sein Enkel hat sie noch einmal gelesen.

Meinen Großvater habe ich nie kennengelernt. Otto Wetzel starb 1967 nach einer verpfuschten Operation in einem Krankenhaus in Tübingen, die meisten seiner fünfzehn Enkel waren damals noch nicht geboren. Im Wohnzimmer meiner Großmutter hing ein Bild von ihm, aufgenommen kurz vor seinem Tod: ein streng blickender Herr mit scharfer Nase und Falten um den Mund.

Otto Wetzel war einer jener Millionen deutscher Männer, die der Krieg geprägt hat. Er wurde 1898 in Crailsheim im damaligen Königreich Württemberg geboren. Er war alt genug, um schon im Ersten Weltkrieg für Kaiser und Vaterland zu kämpfen; und jung genug, um im Zweiten Weltkrieg für Volk und Führer noch einmal an die Front zu müssen. Der Krieg packte meinen Großvater als jungen Mann, er zog ihn in seine blutigen Tiefen und spuckte ihn aus ins Chaos von Niederlage, Revolution und Wirtschaftskrise. Und gerade als es etwas Sicherheit im Leben meines Großvaters gab, als er studiert, geheiratet und eine Familie gegründet hatte, kam erneut der Krieg und riss ihn wieder hinab.

Im Winter 1946, als alles vorbei war, hat Otto Wetzel seine Kriegserlebnisse aufgeschrieben. *Lebenserinnerungen Teil II. Meine militärische Laufbahn* ist der etwas ungelenke Titel des Manuskripts, das lange in einer Schreibtischschublade bei meiner Großmutter lag. Abgeschrieben und ausgedruckt sind es gerade mal 50 Seiten. Für uns Enkel klang das abenteuerlich, und mein Vater hat uns vor Jahrzehnten einmal daraus vorgelesen. In Erinnerung blieb damals aber nur die gespenstische Mahnung am Ende der Aufzeichnungen: „Möge deutsches Blut nicht wieder Dünger auf fremdem Acker sein!“

Wenn man die Erinnerungen heute liest, stechen einzelne Worte heraus. Und jedes dieser Worte, jeder Ortsname, jedes Ereignis, jede Wegmarke im Leben meines Großvaters ist

Ein junger Veteran: Wetzel war 19, als er an die Front musste. Das Bild zeigt ihn 1924.

zugleich eine Seite im finstersten Kapitel der deutschen und europäischen Geschichte. Es beginnt mit Verdun und schlammgefüllten Gräben vor der Höhe 304. Die Somme kommt vor und eine Reihe nordfranzösischer Ortschaften, eine nach der anderen, erbittert umkämpft, erobert, wieder aufgegeben: Albert, Cappy, Villers-Bretonneux. Dann die Revolution 1918. Otto Wetzel schreibt von Verrat, Volksgemein-

Viele Ortschaften wie diese in der Picardie gerieten immer wieder zwischen die Fronten. Die Schrecken des Krieges waren Otto Wetzel nur wenige Zeilen wert, aber sie sprechen aus seinen Bildern.

schaft, bald auch von „braunen Kolonnen". Die Jahre nach 1939 – wieder Krieg und wieder ferne Orte: Witebsk, Litauen, Ostpreußen. Bischofsburg, Heiligenbeil, Pillau. Tote Menschen und tote Pferde. Das Leben meines Großvaters war voll unfassbarer Gewalt. Es war ein normales deutsches Leben.

Sie mähten alles nieder

Angefangen hat alles mit Begeisterung. Als im August 1914 der Erste Weltkrieg ausbricht, ist Otto Wetzel 16 Jahre alt. Natürlich will er sich freiwillig zum Militär melden, wie alle; es ist für ihn, so schreibt er, „ausgemachte Sache, zu den Waffen zu eilen wie so mancher Kamerad". Doch sein Vater lässt ihn nicht, der Sohn muss vorerst weiter in die Schule gehen. Erst Anfang 1917 wird er eingezogen und kommt zum Württembergischen Reserve-Infanterieregiment Nr. 248. Die Ausbildung der Rekruten ist hart, rau, zuweilen gemein, oft stupid. „So erhielt die jugendliche Begeisterung Stoß um Stoß", schreibt Otto Wetzel, „das Gerechtigkeitsgefühl wurde aufs Tiefste verletzt, und Soldatsein wurde im Laufe der Zeit zur Qual".

Um dem Stumpfsinn zu entkommen, meldet sich Otto Wetzel freiwillig zur Ausbildung als Maschinengewehrschütze. Im Januar 1918 wird er der 1. Maschinengewehr-Kompanie des Württembergischen Infanterieregiments Nr. 479 zugeteilt, das Stellungen bei Verdun besetzt hält. Die Kameraden sind ruppig, sie begrüßen ihn als „Sau-Rekrut", und als er im Schützengraben anfängt zu politisieren und Kaiser Wilhelm II. „gegen allerlei Anwürfe" in Schutz nimmt, drohen sie ihm Prügel an.

Die Waffe, an der mein Großvater ausgebildet wurde, das schwere Maschinengewehr MG 08, war eine der verheerendsten, die im Ersten Weltkrieg zum Einsatz kamen. MG-Kugeln haben an der Westfront weit mehr Menschen getötet als Giftgasgranaten. Die Maschinengewehre waren ein Hauptgrund für die immensen Verluste bei Angriffen. Das MG 08 konnte 400 bis 600 Schuss pro Minute verfeuern, eine Stellung, die mit diesen Waffen verteidigt wurde, war für anstürmende Infanteristen fast uneinnehmbar.

Mein Großvater berichtet in seinen Erinnerungen nur selten Einzelheiten von Gefechten. Eine der ausführlichsten Beschreibungen jedoch schildert die fürchterliche Wirkung von

Einst eine Allee: Wetzel hielt 1918 das zerstörte Nordfrankreich in Bildern fest.

MG-Feuer: „Plötzlich krachen die Granaten dicht um uns. Hier und da ein Schrei. Alles sucht Deckung. Englische Geschütze fahren sechsspännig auf der Straße vor, als wäre kein deutscher Schütze um den Weg. Nichts wie raus aus dem Graben. Unsere zwei MG-Züge mit sechs Gewehren schwenken ein und lassen ihre Garben in die Gespanne sausen. Sie mähten alles nieder, was nicht in wilder Flucht sein Heil fand." Dieser Überfall ereignet sich im März 1918, während der deutschen Frühjahrsoffensive an der Westfront, der „Kaiserschlacht". Die Kämpfe gehören zu den schwersten, die Otto Wetzel, damals gerade 19 Jahre alt, im Ersten Weltkrieg mitmacht. Nach dem Sieg über Russland versucht das deutsche Heer im Frühling 1918, die britischen und französischen Linien an der Somme zu durchbrechen. Mit horrendem Blutzoll werden wertlose Geländegewinne erkauft. Während der zwei Wochen dauernden „Operation Michael", an der das Regiment meines Großvaters teilnimmt, fallen 35 000 deutsche Soldaten, 23 000 weitere werden danach vermisst. Doch die Deutschen erobern nur „altes Trichter- und Grabengelände" und einige Dörfer, in denen es Wein, Hühner und Altarkerzen zu plündern gibt. Im Sommer treiben die Alliierten die Deutschen zurück.

Vom Grauen dieser Tage, von den Tausenden Toten, vom Terror des Trommelfeuers, von der Todesangst, die auch ihn gepackt haben muss, findet sich wenig in den Aufzeichnungen von Otto Wetzel. Was die Soldaten durchmachen, erzählt er nüchtern. Granaten, Flammenwerfer, Gasschwaden über dem Schlachtfeld, strömender Regen über zerstampftem Gelände. Die Kämpfe und die schrecklichen Verluste handelt er knapp ab, in Sätzen wie aus dem Heeresbericht: „Zu neuem Einsatz kamen wir bald in der Gegend von Combles und schließlich bei Villers-Bretonneux. Hier ging's nochmals vorwärts, wenn auch unter großen Opfern und Mühen."

Vielleicht war die Erinnerung an das Gemetzel an der Somme beim Aufschreiben 1946 schon verblasst; vielleicht waren die Bilder des zeitlich näherliegenden Gemetzels in Ostpreußen stärker. Vielleicht wollte sich mein Großvater auch einfach nicht mehr allzu genau erinnern. Erschöpfung und Hunger sind die einzigen Gefühlsregungen, die er überliefert. Er beschreibt, wie die Soldaten sich von getöteten Pferden „die schönsten Happen" abschneiden. Er schwärmt von erbeuteten britischen Fleischkonserven oder „einem Stück vom Regen aufgeweichtes Weißbrot", das er vor seinem Unterstand findet: „Es schmeckte köstlich." Und er ist stolz, als er während einer Ruhepause zum Unteroffizier befördert wird und das Eiserne Kreuz erhält.

Am Ende rettet ihn der Urlaub

Einige der gefallenen Kameraden notiert mein Großvater mit Namen, vermerkt ihren Tod aber meist ohne Bedauern. Das große Sterben nimmt er äußerlich ohne Erschütterung hin. „Bald hier, bald dort schrie ein Kamerad auf oder sank lautlos zusammen", schreibt er. Wer fällt, der fällt; der findet „den Heldentod", den „deckt der kühle Rasen", der an der Somme freilich längst nur noch blutiger Schlamm ist.

Das Ende des Krieges erlebt mein Großvater daheim im schwäbischen Göppingen. Er ist auf Urlaub, als in Frankreich seine Einheit weitgehend vernichtet wird – und in Deutschland die Revolution ausbricht. Er versucht noch, zurück an die Front zu fahren, kommt aber nicht weit: „In Stuttgart wurde ich von einer Matrosen-Wache ziemlich unsanft empfangen, entwaffnet und wieder nach Hause geschickt. Das war das Ende vom Lied 1914-1918."

Es ist schwer zu verstehen, warum Männer, die diese Apokalypse überlebt hatten, nicht auf ewig zu Pazifisten wurden. Warum sie sich im November 1918 nicht wenigstens jenen Soldaten anschlossen, die gegen den sinnlosen Krieg revoltierten. Warum sie nicht heimgingen zu Frau und Kindern, um fortan in Frieden zu leben. Und warum sie nicht jedem misstrauten, der ihnen später wieder vom Heldentod erzählte. Schwer zu verstehen – und doch findet man in dem, was mein Großvater über das Kriegsende und die ersten Jahre danach schreibt, die Umrisse einer Erklärung. Der zweite große schwarze Strudel beginnt schon damals, sich langsam zu drehen.

Otto Wetzel will keinen zweiten Krieg. Dennoch marschiert er hinter einem Führer her, der nichts mehr will als die Revanche.

Wie viele andere Heimkehrer glaubt auch Otto Wetzel gern das Märchen vom Dolchstoß in den Rücken der Soldaten, vom Verrat an der unbesiegten Truppe. Was deutsche Soldaten eigentlich in Belgien und Frankreich verloren hatten, auf „fremdem Acker", diese Frage stellt mein Großvater sich nie; auch später nicht, in Russland oder Polen. Stattdessen: „Ich konnte und wollte nicht glauben, dass Deutschlands stolze Wehr so sang- und klanglos, so schändlich verraten nach all den Opfern und Ruhmestaten an allen Fronten untergehen und abtreten sollte vom Schauplatz der Geschichte." Und wie viele andere ist auch er angewidert, wen die Niederlage nach oben bringt. „Die Schieber und Raffkes, die künftigen Herren Neureich nutzten die Not der breiten Masse und die Anständigkeit der Mitbürger weidlich aus."

Otto Wetzel ist kein Militarist, kein Reaktionär, kein Feind der Demokratie. Hass auf Franzosen oder Russen äußert er nicht in seinen Aufzeichnungen. Ebenso wenig Hass auf Juden; den Holocaust erwähnt er mit keinem Wort. „Das Rasseln mit dem Säbel und das Herrenmenschentum, das ich bei den Freicorps und anderen Bünden und auch im Stahlhelm verkörpert fand, lag mir nicht", schreibt er. Er kommt gut zurecht im Zivilleben, studiert und wird wie sein Vater Lehrer. Aber er glaubt immer noch an die alten Parolen – und jetzt sind es die Parolen der Nazis: Kameradschaft, Wehrgeist, Volksgemeinschaft. Otto Wetzel, national und sozial gesinnt, geht zur SA.

Man kann meinem Großvater glauben, wenn er versichert, dass er keinen zweiten Krieg wollte. Dennoch marschiert er hinter einem Führer her, der nichts mehr will als die Revanche auf dem Schlachtfeld.

Als der deutsche Staat Otto Wetzel im August 1942 wieder in den Krieg schickt, ist es für Reue zu spät. Aber es gibt auch keine Begeisterung mehr. Mein Großvater ist inzwischen ein verheirateter Mann und Vater von vier Kindern. Er ist 44 Jahre alt und Schulrektor in Rottenburg. Er weiß, was ihn an der Front erwartet. Und vielleicht ahnt er, dass er seine Portion Soldatenglück eigentlich längst verbraucht hat. Aber natürlich rückt er ein. Zunächst ist der Dienst erträglich, als Sanitäter begleitet er Truppentransporte an die Ostfront, später wird er für einige Monate noch einmal nach Frankreich verlegt. Doch das Glück hält nicht lange. Im Winter 1944/45 erlebt mein Großvater, inzwischen Sanitätsfeldwebel in einem Feldlazarett, im eisigen, eingekesselten Ostpreußen zum zweiten Mal einen militärischen Zusammenbruch.

Der Untergang verschont niemanden. An der Somme kämpften Soldaten gegen Soldaten, blutige Handwerker unter sich, Zivilisten gab es dort nur wenige. In Ostpreußen geraten hingegen am Ende des Zweiten Weltkriegs Millionen Alte, Frauen und Kinder zwischen die Fronten. Die Konvois der zurückweichenden Wehrmacht und die Flüchtlingstrecks verkeilen sich auf den Straßen, in den Ortschaften, Wäldern und an den Ostsee-Stränden. Die Rote Armee greift pausenlos an. „Männer und Frauen, Groß und Klein, stellten sich im Lazarett ein zur ärztlichen Hilfe", schreibt Otto Wetzel. „Nah und fern gab es Tote und Verwundete in Menge. Von der Straße weg wurden sie zu uns in die Aufnahme geschleppt. Sie sah bald mehr einer Wurstküche gleich, das Blut lief am Boden hin."

Alle paar Wochen zieht das Lazarett um, es bleibt immer so lange an einem Ort, bis alles zerschossen ist, die Ärzte nur noch im Keller operieren können und die Toten unter Lebens-

Eine Trophäe für die Eltern: Diese Feldpostkarte Otto Wetzels zeigt einen zerstörten britischen Panzer. Was Panzerfahrzeuge anging, waren die Deutschen ihren Feinden hoffnungslos unterlegen.

gefahr im Hof verscharrt werden müssen. Doch die Front kommt nach. „Wir rücken ab gen Rosenberg über Trümmer und Leichenfelder längs der Straße hin. Nach kurzem Querfeldeingang kommen wir zur Küste. Hier liegt ein unabsehbarer Park von Wagen und Geschützen, mit und ohne Bespannung, brauchbar und defekt, alles durcheinander. Jede Bombe, jede Granate, die hier einschlägt, hält grausame Ernte!“ Die Namen der Toten, die er kennt, notiert mein Großvater gewissenhaft.

Anfang 1945 schlägt sich das Lazarett in den Hafen von Pillau durch. Ein Schiff soll die Verwundeten und Sanitäter über die Ostsee abtransportieren. Am Kai herrscht Faustrecht, Tausende Soldaten und Zivilisten drängen zu den rettenden Booten. Und dort, im Hafen von Pillau, trifft mein Großvater eine Entscheidung, die vermutlich einen anderen Menschen das Leben kostet, sein Leben aber rettet. „Ich versuchte, noch einen Schwerverwundeten von der Mole aus an Bord zu bringen, aber ohne Rücksicht machte der Prahm los, und ich musste, wollte ich nicht selbst zurückbleiben, meinen Schützling zurücklassen, mein Gepäck an Bord werfen und in kühnem Sprung den Abstand zwischen Schiff und Landebrücke überwinden. Hätten sich mir nicht gleich ein paar feste Kameradenhände entgegengestreckt, wer weiß, ob ich nicht, wie so mancher andere Landser, lautlos in der See versunken wäre.“

Über Dänemark kehrt Otto Wetzel nach Deutschland zurück, im November 1945 ist er wieder zu Hause in Rottenburg. Die französischen Besatzungsbehörden werfen den ehemaligen Parteigenossen und SA-Mann aus dem Schuldienst und ziehen ihn zur Arbeit im Steinbruch ein.

Vom Militär hat mein Großvater nach seiner Heimkehr genug. Er sieht sich als Betrogenen, getäuscht von anderen und sich selbst. Seine Söhne erzählen, dass er sich später weder für Veteranenvereine noch für Bekannte aus Kriegstagen interessiert habe. Er hat auch nichts aufgehoben aus der Militärzeit, außer einer Nickelbrille der Wehrmacht. Nach einiger Zeit durfte er wieder unterrichten. Er hatte überlebt.

HUBERT WETZEL

Stille Nacht, Holy Night

„Stille Nacht", das kannten sie alle, Engländer wie Deutsche. Weihnachten ist der Krieg vorbei, hatten die Soldaten im August 1914 geglaubt, doch nun war der Heilige Abend da, und der Krieg hatte sich festgefressen in den Schützengräben, die manchmal so nah beieinanderlagen, dass man hören konnte, was beim Feind geschah. Eine eigentümliche Nähe entstand im Dezember 1914, vor allem zwischen den deutschen und den britischen Soldaten, deren Länder der Krieg nicht verwüstete. Man war einander nahe genug, um sich nach kurzem Sprint das Bajonett in den Bauch zu stoßen – und nahe genug, um gemeinsam zu singen. Silent night, holy night. In der Gegend von Ypern soll er begonnen haben, der Weihnachtsfriede von 1914, genau kann man das nicht mehr rekonstruieren, man ist auf die Erzählungen längst gestorbener Menschen angewiesen, und offiziell gab es diesen Frieden nie.

Aber er war da, der Friede, in vielen Briefen, Tagebuchaufzeichnungen und Zeitzeugenberichten ist von ihm die Rede. Auf einmal war da wieder eine Ahnung von Zivilisation, die in den Monaten zuvor untergegangen zu sein schien. Weihnachten machte die Herzen weich und die Sehnsucht groß. Es hatte auf beiden Seiten der Front Weihnachtspäckchen gegeben, privat und vom Staat, jeder Engländer erhielt eine blecherne Princess-Mary-Box, die deutsche Oberste Heeresleitung hatte Mini-Weihnachtsbäume an die Front geschickt. Parlamentäre riefen der jeweils anderen Seite zu, man werde jetzt unbewaffnet aus dem Graben kommen und die Toten bergen. Irgendwo fielen letzte Schüsse, dann war es still, ohne dass die Stille von oben angeordnet worden wäre. Der unendliche Regen, der den ganzen Herbst über die Front zu einem einzigen Schlammloch gemacht hatte – für diesen Heiligabend hatte er aufgehört. Dann standen sie da, einander gegenüber, tauschten, was ihnen aus der Heimat geschickt worden war, zeigten einander Familienbilder, sangen Stille Nacht, Holy Night. Ein deutscher Offizier ließ die von der Heeresleitung zugeteilten Tannenbäumchen auf die Wälle vor dem Graben pflanzen, die Engländer applaudierten. Und einer von ihnen hatte einen Fußball mit in den Krieg genommen, den kickten sie hinüber und herüber; ob es wirklich das legendäre Fußballspiel gab, das die Deutschen mit 3:2 gewannen, lässt sich nicht mehr belegen.

Vielleicht hält es der Mensch einfach nicht aus, immer nur unmenschlich zu sein, nicht einmal im Krieg mit all seiner Hasspropaganda und dem Soldaten von der anderen Seite, dem seine Vorgesetzten befohlen haben, einen selber totzuschießen. Auch im amerikanischen Bürgerkrieg sollen die Soldaten gelegentlich miteinander Karten gespielt und geangelt haben, bevor sie tags darauf wieder an ihr Handwerk gingen und dem Karten-Kumpan von gestern eine Kugel in den Kopf schossen. Viele Tausende Soldaten, Leutnants und Offiziere eingeschlossen, sollen jenen denkwürdigen Weihnachtsfrieden von 1914 gehalten haben; am 26. Dezember dann hätten die Briten eine Fahne mit der Aufschrift „Merry Christmas" geschwenkt, die Deutschen eine mit „Thank You" – vor dem Krieg hatten viele von ihnen Englisch gelernt, die Sprache der Verwandten ihres Kaisers. Auf beiden Seiten wurde dreimal in die Luft geschossen. Dann ging der Krieg weiter.

Dezember 1914: Deutsche Soldaten feiern Weihnachten im Schützengraben.

Hier wie dort gab es keine Disziplinarstrafen für den Weihnachtsfrieden, der im Grunde eine Befehlsverweigerung war; man verschwieg lieber, was geschehen war. Fürs nächste Jahr aber hatte die Generalität vorgesorgt: Verbrüderungen zu Weihnachten wurden ausdrücklich verboten und mit Strafe belegt. Der Krieg hatte sich ohnehin geändert: Der Grabenkrieg war zur Maschine mutiert, in dem man den Feind mit Trommelfeuer sturmreif zu schießen versuchte. Für das Jahr 1915 sind keine Versuche mehr überliefert, zu Weihnachten im Feind den Menschen zu sehen.

MATTHIAS DROBINSKI

Vom Fliegen und Fallen

Es ist das Jahr, in dem der Krieg beginnt. Die Wirtschaft blüht, Erfindungen und Entdeckungen durchdringen den Alltag. Ein kaum zu erschütternder Fortschrittsglaube macht sich breit. Doch der Weg führt in die Katastrophe.

Am 4. Februar 1912 erklimmt Franz Reichelt die unterste Plattform des Eiffelturms. Ein Bein stellt er auf einen Hocker, ein Bein auf das Geländer, dann zögert er. Sein Atem kondensiert vor dem schnurrbärtigen Gesicht zu kleinen Wolken. Neben ihm surrt eine Kamera, Reichelt hat an diesem Tag eine Menge Journalisten eingeladen. Sie sollen zu Zeugen werden. Denn er hat Großes vor.

Franz Reichelt, gebürtiger Wiener, plant einen Rekordsprung: Mit selbstgeschneiderten Flügeln will er den Pariser Eiffelturm hinab, dieses damals höchste Bauwerk der Welt, das wie kein anderes für die neue Zeit steht. Es ist ein würdiger Ort für eine tollkühne Idee, denn Reichelt hat einen Fallschirm ganz neuer Art erdacht, mit ausgebreiteten Armen will er herabfliegen wie ein moderner Ikarus. Die Journalisten äußern Bedenken, immerhin hat Reichelt seinen Anzug nie mit Erfolg getestet. Aber der Erfinder wischt alles beiseite, es gibt kein Zurück. Der Fledermausanzug spannt sich wie ein flatterndes Zelt hinter seinem Rücken, das Gewicht zieht ihn nach hinten, Reichelt lehnt sich nach vorn. Doch bevor er springt, hält er den Atem an, nur für einen Augenblick.

Alles scheint möglich in diesem Moment. In den vergangenen Jahren haben bahnbrechende Erfindungen und Entdeckungen das Leben der Menschen umgekrempelt und den Glauben an einen nie endenden Fortschritt geschürt. Flugzeuge aus Holz und Leinen stellen immer neue Rekorde in Weite, Höhe und Zahl der transportierten Gäste auf. Die Fliegerei ist Smalltalk-Thema Nummer zwei, gleich nach dem Wetter. Man bespricht die Flugschauen und bejubelt deutsche Luftpioniere wie Hans Grade oder August Euler. Warum nicht selbst fliegen? Es scheint wie selbstverständlich, der nächste Schritt. Wer will da zweifeln? Es geht doch voran, überall.

Franz Reichelt demonstriert seine Erfindung: ein Fallschirmanzug, gedacht für Piloten.

Gerade Deutschland floriert. Zu Beginn des Jahres 1914 rechnet Vizekanzler Clemens Delbrück im Reichstag vor, dass die deutsche Wirtschaft im Export Frankreich und die Vereinigten Staaten von Amerika überrundet habe. Außerdem staunt man über die Fortschritte in der Medizin. Mikroskope haben seit Anfang des Jahrhunderts Keime und Krankheitserreger sichtbar gemacht, es gibt Bluttransfusionen und erste Gehversuche in der Strahlentherapie. Und der Physiker Wilhelm Conrad Röntgen hat den menschlichen Körper für Ärzte durchsichtig und analysierbar gemacht.

Am Ende desselben Jahres, als Granaten, Minen und Maschinengewehre an der Front Arme,

Heimarbeit für den Krieg im Jahr 1914: In der Münchner Residenz nähen Mitglieder des Bayerischen Frauenvereins des Roten Kreuzes Wäsche für Verwundete (oben); den Soldaten an der Front sandten die Daheimgebliebenen jede Menge Kisten und Pakete mit Zigarren.

Die Männer sind an der Front:
Eine Frau schleppt Bierflaschen der Hochschulbrauerei in Berlin, 1916.

276 Meter Größenwahn: Die Vaterland, ein Transatlantik-Schiff der „Imperator"-Klasse, gilt bis heute als das größte deutsche Passagierschiff der Geschichte, hier auf einer Postkarte von 1914.

Beine, Hände zerfetzen, wird es andere Erfindungen geben: Prothesen. In den USA tüftelt man an ersten beweglichen Modellen aus Holz und Metall.

Aber das ist noch weit weg. In Hamburg wird 1914 ein pechschwarzes Rekordschiff zu Wasser gelassen: Die *Vaterland* ist ein 276 Meter langer Transatlantikliner, in diesem Jahrhundert wird es kein größeres Passagierschiff unter deutscher Flagge, kein größeres Dampfschiff mit Kohlefeuerung geben. Was jetzt zählt, ist der Rekord. Die Nation ist stolz. Bei Kriegsausbruch im Sommer schippert die *Vaterland* durch amerikanische Gewässer. Sie wird aus dem Verkehr gezogen, bleibt in New York und wird 1917 als Truppentransporter *Leviathan* für US-Soldaten eingesetzt. So wird sie zum Symbol für den Niedergang des stolzen, alten Europa.

Neben Fortschritt und Pioniergeist spricht man 1914 – mal lauter, mal leiser – auch über Sex. In Gesprächen über Sigmund Freud etwa, der gerade *Totem und Tabu* veröffentlicht hat und mit seinen Theorien über das Unbewusste die Seele des Bürgertums seziert. Oder in Gesprächen über die Kunst: Denn viele Maler brechen gerade mit den Anstandsregeln der alten Malerei, allen voran die österreichische Avantgarde. Auf Gemälden von Egon Schiele oder Gustav Klimt räkeln sich junge Körper; nackt, unzensiert, obszön. Und Kondome aus elastischem Kautschuk erobern den Markt; vor zwei Jahren hat Gummifabrikant Julius Fromm in seiner Hinterhoffirma in Berlin eine Methode erfunden, sie nahtlos herzustellen. Mit der Verhütung verändert sich ganz konkret die Bedeutung von Sex.

Auch sonst kracht es im morschen Geschlechtergefüge. Frauen fordern politische Rechte, sie gehen arbeiten, steigen aufs Fahrrad. Am 8. März 1913 versammeln sich viele von ihnen auf den Straßen, um für ihr Wahlrecht zu demonstrieren. Es ist der dritte Weltfrauentag in der Geschichte – und wird für die nächsten Jahre der letzte sein, in dem es um Frauenrechte geht. Die folgenden wurden vielmehr als Aktionstage gegen den Krieg genutzt. Erst 1918 werden Frauen in Deutschland wählen dürfen; 16 Jahre nach Australien, ein Jahr nach dem islamischen Aserbaidschan.

Von 1914 an wird erst einmal der Krieg die Geschlechterrollen diktieren. Tausende Männer räumen ihre Arbeitsplätze in Industrie, Staats-

Gegen den Hunger: Schülerinnen einer Höheren Töchterschule bestellen 1915 Brachland in Berlin-Charlottenburg, um dort Lebensmittel anzubauen.

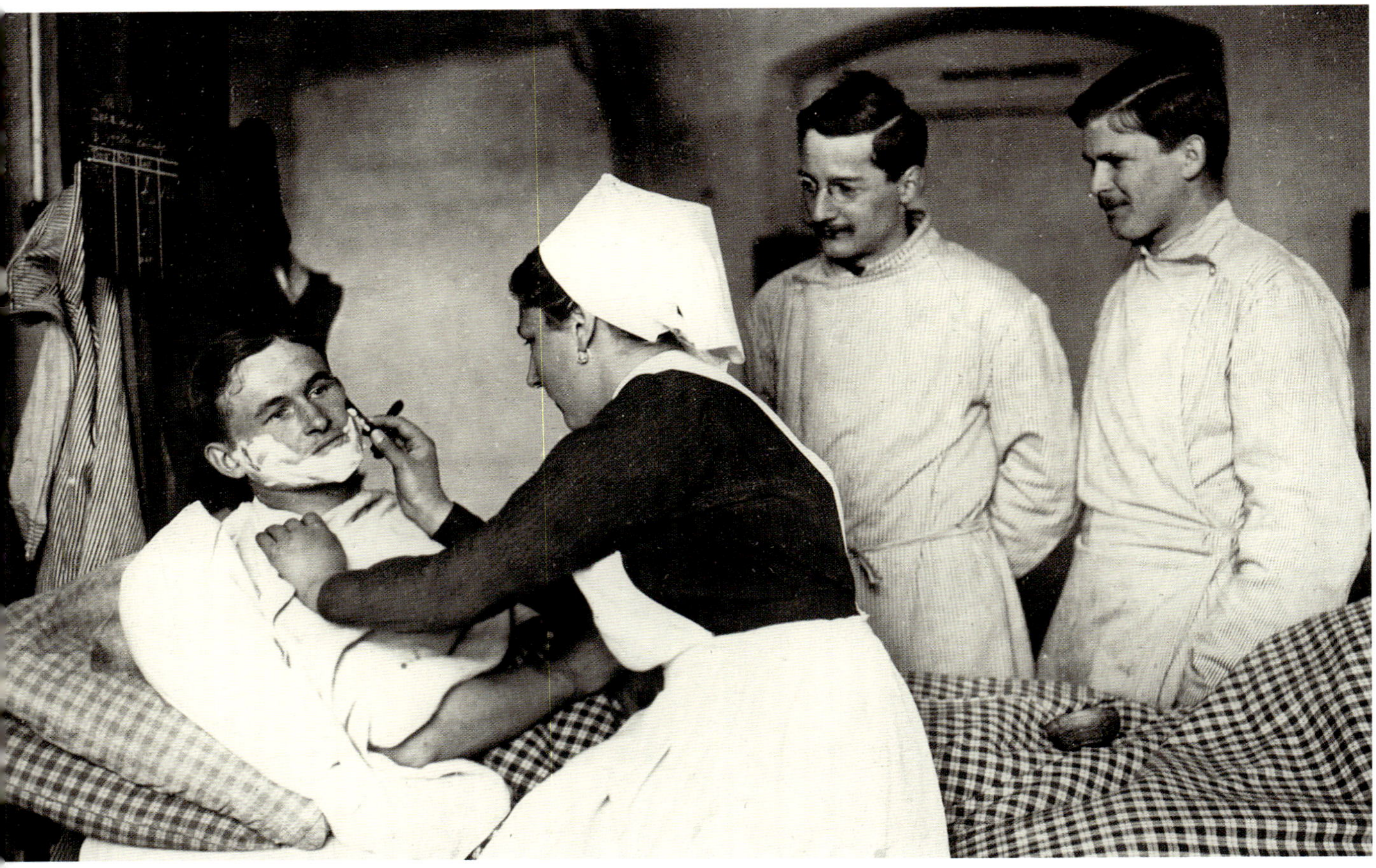

Um verletzte Soldaten zu versorgen, war das Reich zunehmend auf freiwillige Helfer angewiesen. Eine Krankenschwester rasiert einen Verwundeten, 1917.

dienst und Landwirtschaft, sie ziehen an die Front. Der Staat zahlt den Familien der Soldaten einen Unterhaltsbeitrag, aber der reicht kaum zum Leben. Deshalb schließen sich Frauen in Vereinen zusammen, sammeln Geld und Sachspenden, organisieren Mahlzeiten für Bedürftige und halten Vorträge über sparsame Haushaltsführung. Die Prostitution boomt, die Krankenpflege ebenfalls. Und viele Frauen beginnen in Berufen zu arbeiten, die vorher Männersache waren, etwa als Briefträgerinnen, Schaffnerinnen oder Straßenarbeiterinnen. Erstmals haben sie ein eigenes Einkommen, sind aber trotzdem vor allem eines: billige Ersatzkräfte.

Frauen verdienen in der Regel höchstens 40 Prozent des Männerlohnes. Sie seien nicht so belastbar, nicht so leistungsfähig, heißt es. Arbeiterinnen in der Rüstungsindustrie, in Munitions-, Pulver- und Stacheldrahtfabriken, schuften unter Lebensgefahr bis zu 13 Stunden täglich, auch nachts, auch sonntags, Überstunden werden nicht bezahlt. Unfälle, Krankheiten und Fehlgeburten häufen sich. Nachts liegen viele von ihnen wach, aus Sorge um Väter, Brüder und Söhne im Krieg. Mit dessen Ende kehren die überlebenden Soldaten in ihre Berufe zurück und lösen die weiblichen Ersatzkräfte wieder ab. Kriegswitwen sind dann nur noch Bittstellerinnen, angewiesen auf Almosen.

Schon in den Kinderzimmern sind die Rollen bislang klar verteilt. Mädchen in Kleidchen frisieren Puppen, Jungs in Hosen hetzen Zinnsoldaten auf Teppichschlachtfeldern aufeinander. In den Regalen stehen Grimm- und Andersen-Märchen. Doch auch hier nimmt der Krieg im-

Jugend im Krieg: Ein Junge des „Jungsturms“ wird 1915 während einer vormilitärischen Übung in Grunewald verbunden.

Vorkriegs-Exotik: Die Firma Liebig bewarb vor 1914 ihren Fleischextrakt mit Sammelbildchen wie diesem: Es zeigt eine Goldmine im südafrikanischen Burenstaat Transvaal (oben). Die Zigarettenmarke „Omar" warb mit orientalischen Szenen.

mer größeren Platz ein. „Des Kriegers Abschied" wird zum Topos: Auf Postkarten, auf gestickten Wandbildern oder in Gestalt einer Figurengruppe aus Porzellan klammert sich eine wehmütig schmachtende Frau an einen strammen, uniformierten Bewaffneten. Der Krieger ist Held, der Krieg ist Abenteuer.

In den Regalen der Läden liegen Anfang 1914 Zigaretten aus Amerika, Rindfleisch aus Uruguay und Kupfer aus Peru. Die Welt hat sich in ein modernes Warenhaus verwandelt. Züge und Schiffe haben Transportwege geschaffen, die für frühere Generationen undenkbar gewesen sind. Ein Drittel der in Deutschland konsumierten Lebensmittel stammt aus dem Ausland, das Reich ist der weltweit größte Importeur von Agrarprodukten. Eingekauft wird schon damals nach dem Treueherzen-Prinzip: Die Firma Liebig zum Beispiel bietet seit 1875 Fleischextrakt in Dosen mit Sammelbildchen an. Kurz vor dem Krieg reißen sich die Kunden um Militärmotive wie das erste Luftschiff der britischen Armee.

Schweine und ein feister Soldat: Diese 1915 gestempelte Postkarte sollte den Deutschen Mut zusprechen. In Wahrheit litt die Zivilbevölkerung schwer unter der britischen Seeblockade.

In der zweiten Jahreshälfte werden sich die Warenpreise vervielfachen, schließlich bleiben die Regale in den Läden leer. Importe aus Russland, Polen und Übersee fehlen. Deutsche Bauern kämpfen an der Front, statt ihre Felder zu bestellen. Brot und Kartoffeln fehlen als erstes. Ab 1915 wird die Regierung Lebensmittel rationieren und Lebensmittelmarken ausgeben. Die „Reichskartoffelstelle" legt als Bedarf für einen erwachsenen Menschen ein Pfund pro Tag fest. Im Jahr darauf wird sich der Hunger noch verschärfen. Die Ernte wird um die Hälfte zurückgehen, die Städte werden ihre Bewohner mit Steckrüben versorgen, um sie vor dem Hungertod zu bewahren. Der Winter ist hart, schon die Zeitgenossen sprechen vom „Steckrübenwinter". Steckrüben sind eigentlich Viehfutter. In der Kälte sterben Hunderttausende Menschen an Hunger oder an anderen Folgen von Unterernährung.

Aber noch ist 1914, noch kauft man Fleisch und sammelt Luftschiffbildchen. Ein Luftschiff wird es sein, das den Luftkrieg eröffnet: Der Flug eines deutschen Zeppelins nach Lüttich in den frühen Morgenstunden des 6. August ist der erste Luftangriff des Krieges. Neun Zivilisten sterben, getötet von Bomben aus der Luft. In den folgenden Jahren werden Bomber und Jagdflugzeuge über den Himmel jagen. Das Flugzeug, eben noch Symbol einer höhenflug- und rekordschwindeligen Nation, verleiht dem Krieg eine neue Dimension.

1914 ist auch das Jahr, in dem die Nation noch mit einem Heer in Paradeuniform funkelt, und in dem die Bevölkerung ihren militärischen Stubenschmuck poliert. Soldaten marschieren mit glänzenden Pickelhauben an die Front, dazu tragen sie taillierte Uniformjacken: silbergeknöpft, rotgesäumt, mit Schulterklappen. Scharen von Bürgern treten in vom Staat geförderte Kriegsvereine ein, die eine militärfromme, nationale und monarchische Gesinnung pflegen und die Mitglieder gegen die Sozialdemokratie immunisieren sollen. Der antisozialistische „Kyffhäuserbund" etwa hat fast drei Millionen Mitglieder.

Kriegskitsch von 1914: Porzellanfigur „Kriegers Abschied" (links). Der Rohstoffmangel während des Krieges führt dazu, dass zum Beispiel Schuhe aus Papier und Holz gefertigt werden. Die Sohlen haben Scharniere.

Die Begeisterung wird später umschlagen, als Zerstörung, Hunger und Tod das Land beherrschen. Während der ersten beiden Kriegsjahre gibt es nur wenige Proteste, die Menschen glauben an einen kurzen, dann zumindest an einen siegreichen Krieg. Diese Illusion bröckelt mit jeder Woche. Und als Karl Liebknecht nach einer Antikriegsrede am 1. Mai 1916 festgenommen, des Hochverrats angeklagt und zu vier Jahren und einem Monat Zuchthaus verurteilt wird, strömen in Berlin massenhaft Menschen für den Frieden auf die Straßen.

Im April des darauffolgenden Jahres, im lang ersehnten Frühling nach dem „Steckrübenwinter", legen zahlreiche Frauen in der Industrie ihre Arbeit nieder und streiken für eine bessere Versorgung mit Lebensmitteln. Ausgezehrt, müde, hungrig. Ihr Protest bricht ohne nennenswerten Erfolg zusammen. Im Januar 1918 gehen abermals Hunderttausende Arbeiter auf die Straßen. Für ein sofortiges Kriegsende, für Demokratie und bessere Arbeits- und Lebensbedingungen. Mit der Verehrung des militärischen Ideals ist es vorbei. „Des Kriegers Abschied", die Porzellanfigur aus vergangener Zeit, hat sich gewandelt: vom heroischen Vorbild zur Schreckensvision: Zu viele Krieger sind niemals heimgekehrt.

Jene Porzellanfigur aus dem Jahr 1914, aber auch Zinnsoldaten und Röntgengeräte erzählen die Geschichte eines gewaltigen Höhenfluges, von Fortschritt, Aufschwung, Selbstbewusstsein. Gleichzeitig erzählen sie die Geschichte von Irrtümern und Selbstüberschätzung. Sie erzählen eine Geschichte, die der österreichische Erfinder Franz Reichelt zwei Jahre zuvor im Kleinen vorweggenommen hat.

Reichelt steht lange auf der Brüstung des Eiffelturms, gehüllt in seinen Fledermausanzug, und blickt nach unten. Vielleicht erfassen ihn selbst leise Zweifel, niemand weiß es. Er atmet tief durch, breitet die Arme aus und macht einen Schritt nach vorne. Es ist kein Sprung mehr, es ist ein Fallenlassen. 57 Meter sind es bis zum Boden, weniger als vier Sekunden. Dann schlägt er ungebremst auf dem Boden auf und stirbt.

LAURA HERTREITER

Deutsche Demografie
Angaben in Tausend

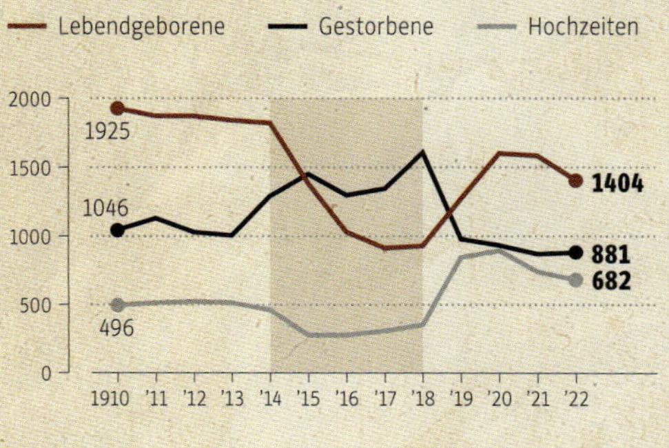

Weizenernte
Veränderung 1917 im Vergleich zu 1914 in Prozent

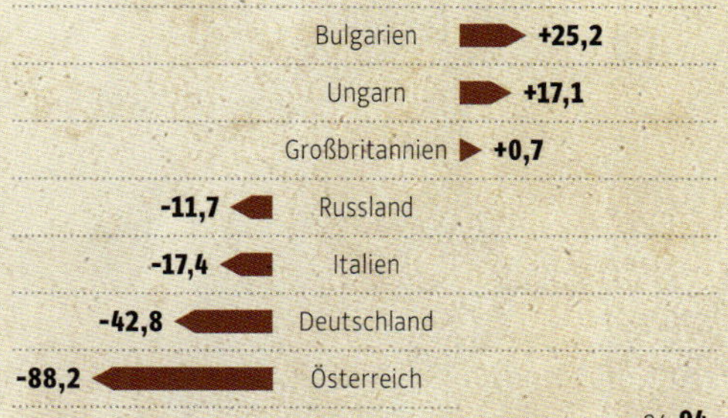

Gewicht der offiziellen deutschen Lebensmittelrationen
Relation zum Friedensverbrauch (Durchschnitt von 1900 – 1913) in Prozent

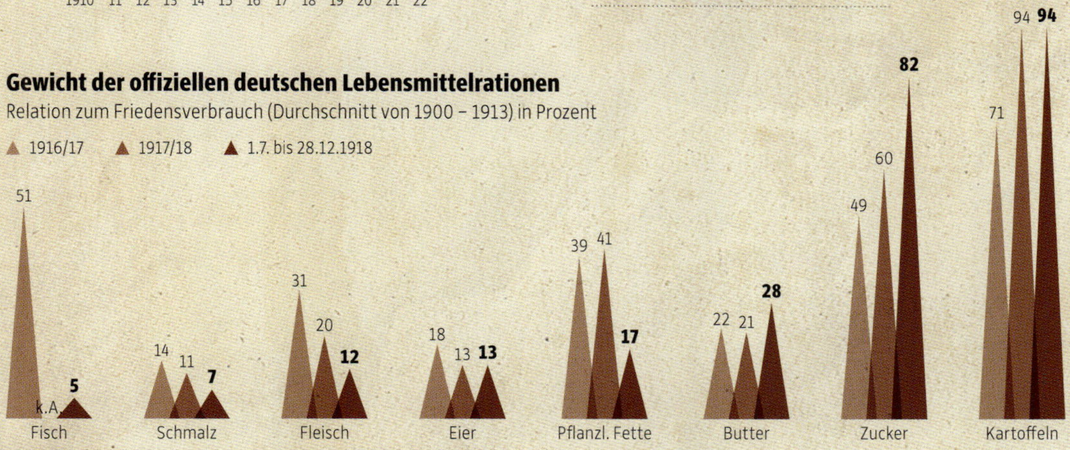

Deutsche Arbeiterinnen nach Industriezweigen
Index in Prozent, 100 = März 1914

Ernteerträge in Deutschland
Relation zur Friedensproduktion in Prozent, 100 = 1913

Die Herrschaft des Hungers

Das wohlhabende Deutschland ist nicht auf die alliierte Blockade vorbereitet: Die Lebensmittel werden knapp, der Staat reagiert hilflos. Essen wird rationiert, es gibt „Kriegskost". Doch Kälte und Hunger fordern Hunderttausende Tote.

Rot und rund ist die Rübe, sehr kalorienarm, mit weißlichem Fleisch und geringem Eigengeschmack – klingt wenig verlockend? Und doch: Als der „Verein der Berliner Volksküchen" auf den Straßen eines Berliner Arbeiterviertels Steckrübensuppe verkauft, herrscht großer Andrang. Es wirkt, als wäre die Rübensuppe eine Delikatesse, um die sich die Menschen reißen. Aber sie haben schlicht Hunger.

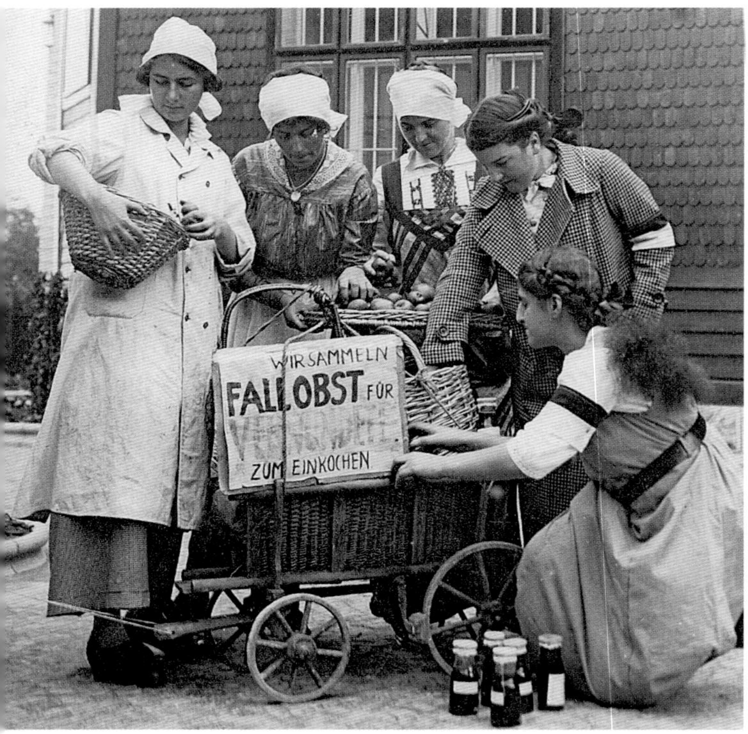

Nichts wird weggeworfen, nichts verschwendet: Wiener Frauen sammeln 1914 Fallobst für Verwundete.

Millionen Deutsche sind im Winter 1916/1917 auf die Kohl- oder Steckrübe angewiesen. Sie schneiden das Gemüse in Scheiben, dünsten es und versuchen, ihm mit Mehl und Gewürzen ein wenig Geschmack zu verleihen. Kohlrüben zum Frühstück, Kohlsuppe zum Mittag- und Abendessen. Vielfalt ist nicht mehr.

Als im Krieg die Nahrung knapp wird, greifen die Behörden zunächst auf Kartoffeln zurück: Kartoffeln strecken viele Speisen, auch Brot. Aber die Kartoffelernte 1916 fällt kümmerlich aus, es bleiben nur die Rüben, die eigentlich als Schweinefutter angebaut werden. Das Gemüse wird zu Kaffee, zu Marmelade, Kuchen, Kotelett, Frikadellen oder Suppe verarbeitet. Und doch gehören bald ausgemergelte Menschen mit Hungerödemen und aufgeblähten Bäuchen zum Alltag. 700 000 Deutsche sterben im Ersten Weltkrieg an Unterernährung.

Schon wenige Monate nach Beginn des Kriegs herrschte Hunger. Das Deutsche Reich war nicht auf einen langen Krieg eingestellt, die britische Seeblockade von August 1914 an verschärfte die Lage dramatisch. Deutschland importierte etwa ein Viertel der benötigten Lebensmittel. Diese Waren fehlten jetzt, und die Lebensmittelproduktion im Land stockte. Die Männer waren an der Front, in den Fabriken und auf den Feldern mussten die Frauen anpacken. Pferde und Ochsen wurden für den Krieg konfisziert oder gegessen, also spannten Bäuerinnen sich selbst vor den Pflug.

Der Versorgung von Truppen und Rüstungsindustrie wurde alles untergeordnet, Lebensmittel wurden beschlagnahmt und rationiert. Getreide war knapp. Die Müller im Land erhielten die Order, Korn stärker als gewöhnlich auszumahlen. Bäckereien mussten Weizenmehl mit Kartoffel- und Roggenmehl strecken. Bereits im Frühjahr 1915 wurden Lebensmittelkarten für Brot ausgegeben. Im zweiten Kriegs-

Andrang: Ein städtischer Küchenwagen verkauft 1916 Rübensuppe an Hungernde in Berlin.

Zu viele Menschen für zu wenig Essen:
Die Gulaschkanone der Stadt Charlottenburg wird 1916 von hungrigen Berlinern umlagert. Es war ihre erste und einzige Fahrt.

jahr gab es auch Butter, Fleisch, Eier, Kartoffeln, Kaffee, Hülsenfrüchte, Tee, Zucker und Fleisch nur noch per Karte. 90 Gramm Fett, 150 Gramm Fleisch, 2 000 Gramm Brot und ein Ei für jeden mussten eine Woche reichen. Aber nach stundenlangem Anstehen vor den Läden war nicht einmal sicher, ob die Menschen wenigstens diese Waren bekamen. Ende 1915 kam es zu den ersten Krawallen und Plünderungen von Geschäften. 1918 deckten die mageren Lebensmittelrationen nur noch 60 Prozent des Kalorienbedarfs bei leichter Arbeit.

Im Gegensatz zur Kriegsindustrie versank die Ernährungswirtschaft im Chaos. Erst im Mai 1916 wurde das Kriegsernährungsamt für die Versorgung der Zivilbevölkerung gegründet – und konkurrierte fortan mit dem Militär um Nahrungsmittel. Bauern mussten ihre Erträge abgeben, und wer auf dem Land hamsterte, musste scharfe Strafen fürchten. Gegen Kriegsende wurden ganze Schulklassen abkommandiert, um Felder zu bestellen oder Beeren, Pilze und Bucheckern zu sammeln.

Die Propaganda versuchte, den Mangel in bewussten Verzicht umzumünzen. Fleischlose Kost sei gesünder und schwarzes Brot genauso nahrhaft wie Weißbrot. „Auch der Nährwert von Eiern wird bedeutend überschätzt. Mäßige Verwendung von Backpulver ersetzt so manches Ei", schreibt Katharina Micheler im Kochbuch *Kriegskost*. Mit der „Anleitung zu zeitgemäßem Kochen" wollte sie Frauen zu Sparsamkeit anhalten. Das 70 Seiten starke Büchlein erschien 1915 im Diessener Josef C. Huber Verlag. Im

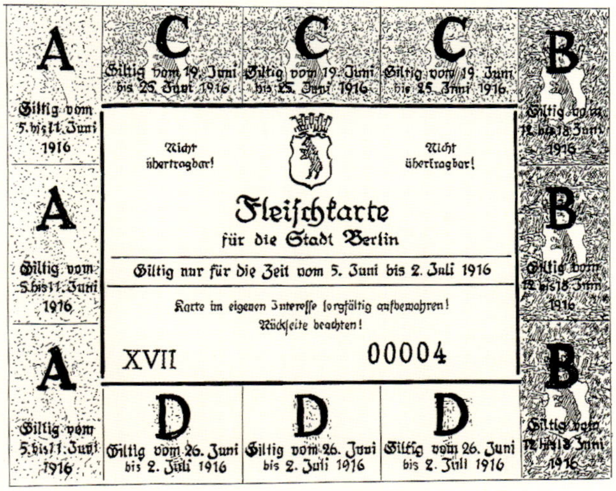

A Giltig vom 5. bis 11. Juni 1916	C Giltig vom 19. Juni bis 25. Juni 1916	C Giltig vom 19. Juni bis 25. Juni 1916	C Giltig vom 19. Juni bis 25. Juni 1916	B Giltig vom 12. bis 18. Juni 1916
A Giltig vom 5. bis 11. Juni 1916	Nicht übertragbar!	**Fleischkarte** für die Stadt Berlin	Nicht übertragbar!	B Giltig vom 12. bis 18. Juni 1916
A Giltig vom 5. bis 11. Juni 1916	Giltig nur für die Zeit vom 5. Juni bis 2. Juli 1916. Karte im eigenen Interesse sorgfältig aufbewahren! Rückseite beachten! XVII		00004	B Giltig vom 12. bis 18. Juni 1916
	D Giltig vom 26. Juni bis 2. Juli 1916	D Giltig vom 26. Juni bis 2. Juli 1916	D Giltig vom 26. Juni bis 2. Juli 1916	

Notmaßnahmen: Essensmarken, eine Bäckerei für Kriegsbrot, eine mobile Kriegsküche (von oben) und Almosen an hungernde Kinder.

Lebende Vorratskammer: Während seine Schwester strickt, füttert ein deutscher Junge die Kaninchen im Schuppen der Familie, 1917. Die schwindenden Lebensmittelrationen zwangen Familien dazu, sich selbst mit Fleisch zu versorgen.

ländlichen Gebiet am Ammersee südlich von München herrschte in dieser Zeit weniger Not als in den Großstädten.

Micheler setzte auf Gemüse, Rüben und Kraut oder Kartoffeln. Brot wurde mit Kartoffeln gestreckt, Milch mit Wasser verdünnt. Weil Kaffeebohnen fehlten, kochte Micheler Kaffee aus geröstetem Getreide, Feigen oder Nüssen. Wäre es freiwilliger Verzicht gewesen, könnten einige Rezepte auch heute in den Zeitschriften stehen. Getreidekaffee gibt es heute in jedem Supermarkt, und das Kriegsbrot schmeckt durchaus, auch wenn es durch die hineingeriebenen Kartoffeln feuchter ist als gewohnt. Ungewohnter lesen sich Michelers Rezepte mit Blut: Um fleischlose Zeiten zu überbrücken, kam Blut etwa in Semmelkuchen und in Gemüsepudding, oder es wurde geröstet.

Als die Weilheimerin Barbara Wörner 1917 in München ihr Kriegskochbuch schrieb, war der Mangel bereits drastischer. Sie arbeitete als Köchin und Gesellschafterin in einem herrschaftlichen Haushalt. Fleischpflanzerl bereitete sie aus Hafer, Leberknödel mangels Leber und Fleisch mit „Schwammerl" zu. Der Topfenstollen zu Weihnachten 1917 bestand aus einem Pfund Topfen, einem Pfund Kriegsmehl, 2 Paketen Backpulver und einer Prise Salz. Kaum vorstellbar, dieses Gebäck unterm Baum zu essen, wenn einem der Geschmack von butterigem Stollen mit Rosinen, Mandeln und kandierten Früchten auf der Zunge liegt. Sogar der Bierverbrauch musste um 35 Prozent verringert werden, die Stammwürze des Kriegsbiers wurde laut einer Meldung des *Weilheimer Tagblatts* auf 3,5 Prozent herabgesetzt. Heute sind bei Vollbier zwischen 11 und 15,9 Prozent üblich.

Nach Kriegsende waren mehr als 10 000 Ersatzlebensmittel zugelassen, darunter allein 800 Ersatzwürste – mit dem Original hatte der Ersatz meist wenig zu tun. Selten waren wurstähnliche Zutaten verarbeitet. Den Hunger konnten auch die Suppenküchen in den Städten kaum lindern. Immer wieder entzündeten sich Proteste von Frauen und Arbeitern, die sich von Polizeigewalt nicht mehr beeindrucken ließen. Die Folge: Demonstrationen, Aufstände und Streiks – gegen den zehrenden Krieg.

ANNA GÜNTHER

Mitleid mit den Schwächsten: Österreichische Soldaten verteilen im letzten Kriegsjahr in Venetien Suppe an italienische Kinder. Ähnliche Darstellungen zierten viele Ansichtskarten. Sie sollten nicht zuletzt Sympathien mit der Armee wecken: in der Heimat ebenso wie im Ausland.

Rezepte aus der Kriegsküche

Berliner Metzger arbeiten an der Herstellung von „Einheitswurst". Sie wird hauptsächlich aus Blut hergestellt und im Krieg mittels Fleischmarken verteilt.

Geröstetes Schweinsblut (für 4 Personen):
2 Semmeln oder eineinhalb Einheitsbrote
1/4 Liter kalte Milch
1/4 Pfund Schweinespeck
2 kleine Zwiebeln
3/4 Liter Schweinsblut
Majoran, Salz, Pfeffer

Semmeln aufschneiden, in Milch einweichen lassen und etwas zerdrücken. Speck würfeln, mit geschnittenen Zwiebeln im Rohr braten, aber nicht braun werden lassen. Die zerdrückten Semmeln einige Minuten mitrösten, dann alles mit Schweinsblut übergießen und würzen. Häufig wenden, bis das Blut gestockt und dunkel ist – nicht länger, sonst wird es trocken.

Weiße Rüben (für 4 Personen):
8-10 weiße Rüben
3 Löffel erhitztes Fett
1/2Teelöffel Kümmel
1 Löffel Petersilie
1 Löffel Mehl
Fleischbrühe, Salz

Rüben in Stiftchen schneiden und in erhitztes Fett geben, oft umrühren. Kümmel, Petersilie und Salz zugeben, nach Bedarf Fleischbrühe darüber gießen. Alles weichkochen. Mehl mit Wasser anrühren, einlaufen und aufkochen lassen oder über das Gemüse stauben und einrühren.

Berge von Weißkohl: In der städtischen Trockengemüse-anstalt in Berlin wird 1917 Kohl gebeizt, um die Bevölkerung zu ernähren.

Kriegsbrot (für 4 Personen)
6 Kartoffeln
(am Vortag kochen)
1 Pfund Roggenmehl
1 Pfund Kriegsmehl
(60 % Weizen, 30 % Roggen,
und 10 % Kartoffeln)
Presshefe (Trockenhefe)
1/2 Löffel Zucker
2 Löffel Fett oder Butter
Milch, Salz

Alles Mehl in eine Schüssel geben. Hefe in einer Tasse lauwarmer Milch und Zucker auflösen. Hefe in eine Vertiefung im Mehl geben, etwas umrühren. Zudecken und aufgehen lassen. Kartoffeln reiben und mit einem Viertel Liter kochender Milch anbrühen, schaumig rühren. Kartoffeln lauwarm in die Schüssel geben, dazu Fett oder Butter, Salz und soviel lauwarme Milch, wie der Teig braucht. Teig fester kneten als gewöhnlichen Hefeteig. Schüssel wieder zudecken, eine Stunde aufgehen lassen. Backblech mit Fett bestreichen und mit Mehl bestreuen. Aus der Masse einen Stollen formen, auf das Blech legen, eine halbe Stunde aufgehen lassen. Den Stollen mit kaltem Wasser bestreichen und bei mäßiger Hitze ca. eineinhalb Stunden backen.

Rezepte aus:
Katharina Micheler: Kriegskost. Anleitung zu zeitgemäßem Kochen nebst Anhang über Blutzusatz zu Nahrungsmitteln. Diessen, 1915.

Ein Spaziergang im Frieden: Gertrud Dyck (Zweite von links) mit ihrem Mann Gerhard (rechts) und dessen Eltern.

„In Rixdorf ist Musike, da gibt's ne Pferdebahn"

Als Gertrud Dyck geboren wird, herrschte Kaiser Wilhelm II. über die Deutschen. Als der Erste Weltkrieg ausbricht, kommt sie gerade in die Schule. Was ein kleines Mädchen in Berlin vom Krieg mitbekam: Eine 105-Jährige erinnert sich.

Wenn Gertrud Dyck Geschichten aus ihrem Leben erzählt, springen ihre Gedanken. Wie hüpfende Kinder, von einem Stein zum nächsten. Und mit jedem Sprung fällt ihr eine neue Anekdote ein. Vergessen ist das kleine Zimmer in einem Altenheim am Stadtrand von München, wo sie seit Jahren lebt.

Gertrud Dyck ist eingetaucht in ihre Kindheit. Und sie singt: „In Rixdorf ist Musike, da gibt's ne Pferdebahn. Det eine Pferd, det zieht nicht, det andre, det is lahm. Der Kutscher, der is bucklig, die Deichsel, die is krumm. Und alle fünf Minuten, da kippt die Karre um." Als Gertrud Dyck ein kleines Mädchen war, erklang in Küchen und Kneipen dieser Gassenhauer – vor mehr als 100 Jahren. Berlin-Neukölln hieß noch Rixdorf. Über die Deutschen herrschte Wilhelm II., Kaiser von Gottes Gnaden. 1908 wurde Gertrud Dyck in Berlin-Friedrichshain geboren, zu Beginn eines Jahrhunderts, das so verheißungsvoll begann und dann von zwei Weltkriegen geprägt war. Sie hat Hunger und Kälte erlebt, die Berichte von der Front sehnsüchtig erwartet. Die schönsten und wichtigsten Nachrichten lauteten: Er lebt noch. Im Ersten Weltkrieg bangte sie um den Vater, im Zweiten um ihren Ehemann. Erfahrungen, die Spätgeborene erschaudern lassen und Fragen aufwerfen, wie man selbst all das überstanden hätte – und das zwei Mal.

Gertrud Dyck mit 105 Jahren im Altenheim. Die bis zuletzt lebensfrohe Frau ist im Februar 2014 verstorben.

Vier kleine Kinder, kaum Geld, und der Vater steht im Krieg

Doch die heute 105-Jährige strahlt eine Lebensfreude aus, kichert und macht Scherze, als hätte ihr all das nichts anhaben können. Selektives Erinnern? Vielleicht ist Weglachen die einzige Möglichkeit, die Bilder zu verdrängen. Als 1914 der Erste Weltkrieg ausbricht, kam Trudl Bandow, wie sie damals noch hieß, gerade in die Schule. Zwei Monate später wurden ihr jüngerer Bruder Heinz geboren und ihr Vater Fritz nach Belgien abkommandiert. Mutter Lina war allein mit vier kleinen Kindern und musste sehen, wie sie die Familie durchbrachte. Wie ihre Mutter das damals geschafft hat, fragt sie sich noch heute. Darüber gesprochen haben sie nie.

Der Malermeister Fritz Bandow war in die Hauptstadt Preußens gekommen, um dort sein Glück zu machen. Die Familie lebte – wie viele Handwerker und Arbeiter aus Ost- und Westpreußen, Brandenburg, Schlesien oder Pom-

Endlich normales Brot (oben): Die Erinnerung an das klebrige Kriegsbrot verfolgte Dyck bis zuletzt. Im Familienalbum immer wieder Aufnahmen von Männern in Uniform.

mern – in Friedrichshain, unweit der Fabriken, ein klassisches Arbeiterviertel, Hochburg der SPD und nach 1918 auch der Kommunisten.

Für die Geschwister waren die Mietskasernen mit den verschachtelten Hinterhöfen rund um die Cotheniusstraße 7 ein riesiger Spielplatz. Mit den Nachbarskindern tollten sie im Park umher, bauten Hütten aus Laub, machten Ausflüge zum Märchenbrunnen oder besuchten Bekannte zum Beerenpflücken. Die Zeiten waren nicht leicht, die Kinder frei; jedenfalls in ihrer Erinnerung.

Dann kam der Krieg. Vater Fritz war an der Front, in der Wohnung lebten fremde Leute. Um etwas Geld einzunehmen, vermietete Mutter Lina Zimmer an Menschen, die aus den Regionen im Osten geflohen waren, dort, wo die Front war.

Der Krieg hatte viele traumatisiert. Eine Mieterin schrie im Schlaf, träumte von glühenden Kohlen, die auf ihren Kopf prasselten. Mutter Bandow musste der Frau kündigen, das konnte sie ihren Kindern nicht antun. Die Geschwister ärgerte eher, dass plötzlich Türen verschlossen blieben und sie nicht mehr durch alle Räume toben konnten. Das große Zimmer mit Balkon bewohnte ein Mann aus dem Polnischen, dessen Essgewohnheiten irritierten. Er strich Leberwurstbrote mit Marmelade. „Brrr, das hat uns geschüttelt, aber frech wie wir waren, wollten wir trotzdem auf den Balkon", sagt die alte Dame, beinahe trotzig, wie ein kleines Mädchen. Richtige Gören seien sie gewesen, sagt Dyck.

Die Schwiegermutter überlässt alle Essensmarken ihren Kindern

Doch das Geld war knapp, der Hunger war ein ständiger Begleiter. Oft standen die Bandow-Kinder mit knurrenden Mägen am Fenster und warteten auf die Mutter, wenn diese Lebensmittel suchte. „Das war nicht immer einfach, und die Mama wollte auch mal was essen", sagt Dyck. Die schlimmsten Erinnerungen habe sie an das letzte Kriegsjahr, an Schwarzbrot. „Das war scheußliches Zeug, das klebte an der Zunge, wenn man da reingebissen hat." Aber es kam etwas in den Magen, nur das zählte.

Ihre spätere Schwiegermutter habe im Ersten Weltkrieg morgens immer Kohlrüben gegessen, damit der Magen voll wurde, erzählt Dyck. Was auf den zugeteilten Essensmarken stand, bekamen ihre Kinder. Als die Familie entdeckte, dass

Die Bilder ihres Elternhauses in der Cotheniusstraße 7 in Berlin hütete die alte Dame wie einen Schatz.

die alte Frau unterernährt war, hatte sie bereits einen Buckel vom Nährstoffmangel.

Neben dem knurrenden Magen gehörte auch die Kälte zur Kindheit im Krieg. Gas war rar und teuer. Bevor die Kinder froren, musste Mutter Bandow improvisieren. Als ihr die Groschen ausgingen, um die Gas-Zufuhr zu öffnen, schraubte sie den Zähler auf, nahm Münzen heraus und warf sie oben wieder ein. Der Schwindel flog auf, aber der Kontrolleur zeigte Verständnis und mahnte bloß. Ihrer Tochter hat sich sogar der Tonfall des Mannes eingebrannt: „Frau Bandow, das dürfen Sie nicht machen", sagt Dyck mit verstellter Stimme. Sie kichert vergnügt. Vergessen konnte sie es nie.

Und dann war da die Sorge um den Vater. Jeder Brief wurde sehnlichst erwartet. Aus Belgien schrieb er von erwachsenen Männern, die auf der Straße Murmeln spielten. Heute noch schüttelt Dyck vergnügt den Kopf, Boule kannten sie in Friedrichshain damals nicht. Einmal im Jahr durften die Soldaten nach Hause. Beim letzten Heimaturlaub des Vaters im November 1918 hatte die Familie Glück. Am Tag vor seiner Rückkehr zur Truppe schwiegen die Waffen an den Fronten.

Mit dem Waffenstillstand von Compiègne am 11. November 1918 endeten die Kampfhandlungen im Ersten Weltkrieg. Zuvor hatten im Reich die Arbeiter und Soldaten revoltiert. Die

Gerhard Dyck hinterließ zahlreiche Porträts seiner Frau Gertrud. Wenn er sie nicht fotografierte, zeichnete er sie.

Republik wurde ausgerufen, Kaiser Wilhelm II. und die anderen deutschen Fürsten dankten ab. In den Straßen von Berlin herrschten bürgerkriegsähnliche Zustände. Linke und Rechte bekämpften sich, die Kommunistenführer Rosa Luxemburg und Karl Liebknecht wurden ermordet. Gertrud Dyck will von alledem nichts mitbekommen haben. Ein „Revolutiönchen" sei das gewesen, behauptet sie: „So wild war das nicht." Der Familie war anderes wichtig. „Wir waren vor allem froh, dass der Papa wieder da war", so empfand es die damals Zehnjährige. Politik habe zu Hause sowieso nie eine Rolle gespielt, sagt Dyck heute und blickt auf ihre Hände. Kapitalisten seien ihre Eltern keine gewesen, eher ein bisschen links, SPD-Klientel.

Ihre Kindheit endet, als der Vater plötzlich stirbt

Geld für einen Teppich hatten sie nicht, also malte ihr Vater einfach einen Perser auf den Wohnzimmerboden. „Den Papa" idealisiert die alte Dame auch mit 105 Jahren, wie es viele Mädchen tun, besonders wenn sie sich früh von ihrem Vater trennen mussten. Der Vater, der sang, wenn er Bilder malte, weil es keine Aufträge gab. Die Wände in dem kleinen Altenheimzimmer sind voll von seinen Bildern. „Wir hatten sogar eine nackte Jungfrau im Flur hängen", sagt Gertrud Dyck und gluckst vergnügt. „Eine nackte Frau, die aus dem Wasser steigt."

Das Glück, dass der Vater den Krieg überlebt hatte, währte nicht lange. Fritz Bandow starb an einem Schlaganfall, als seine Tochter 14 Jahre alt war. Die Tränen kann sie auch 90 Jahre später kaum zurückhalten. Mit dem Tod des Vaters 1922 endete ihre Kindheit, sie brach die höhere Schule ab. „Ich wollte unbedingt Geld verdienen und die Mama unterstützen", sagt Dyck.

Sie begann eine Ausbildung in einem jüdischen Konfektionshaus. Neun Jahre blieb sie dort. Mit 18 lernte sie ihren Mann Gerhard kennen, mit 22 heiratete sie und gab 1930 ihren Job auf. Was aus den Kaufleuten wurde, weiß die alte Dame nicht. Einer der beiden sei nach Palästina ausgewandert, sagt sie, „das war ein intelligenter Mann, der traute den Nazis nicht." Sein Kollege blieb. Er glaubte, dass ihn der Dienst im Ersten Weltkrieg und das Eiserne Kreuz schützen würden.

Geschichte wiederholt sich für Dyck, als der Zweite Weltkrieg ausbricht. Als Kind bangte sie um ihren Vater, als Erwachsene um ihren Mann. Zu kurz war die unbeschwerte Zeit zwischen den Kriegen. Dycks Mann Gerhard war im Zweiten Weltkrieg in Norwegen stationiert, sie blieb mit den Töchtern Margarete und Dorothea zurück. Die Mädchen sind 1935 und 1937 geboren. „Nazizeit", so nennt Gertrud Dyck die Jahre, in denen sie erneut Ängste und Krieg erlebte. Sprechen will sie lieber nicht darüber. Als Gertrud Dyck im Alter von 98 Jahren ins Altenheim zog, hatten andere Senioren Gesprächskreise über die Kriegszeiten gegründet. Dyck weigerte sich: „Ich habe mir geschworen, nie wieder! Da redest du nicht drüber, aus und vorbei. Wenn du da was sagst, bist du noch verfeindet mit den Leuten."

Aus dem brennenden Dresden flieht sie nach Bayern

Ein bisschen erzählt sie doch: „Anhänger waren wir nie, wir mussten immer aufpassen." Ihr Mann und die Mädchen waren Mennoniten, Mitglieder einer evangelischen Freikirche, sie selbst blieb Protestantin. Im Februar 1945 entging sie auf der Flucht gerade noch den Angriffen, „als Dresden aus der Luft zerschmettert wurde". In Starnberg kam die Familie wieder zusammen. Dycks Mann kam aus amerikanischer Gefangenschaft, kohlrabenschwarz, er reiste auf einem Kohlewagen nach Bayern. Den ersten Anblick hat sie nie vergessen: der Schwager schrubbte „den Nackedei" in der Wanne ab. Gerhard Dyck arbeitete wieder als Lehrer. Die Familie blieb in Bayern. 1977 starb er, 55 Jahre waren die beiden verheiratet. Ihre Fröhlichkeit, ihr Strahlen hat Gertrud Dyck nie verloren. Ihre Töchter, fünf Enkel und acht Urenkel besuchten sie regelmäßig, um ihre Geschichten zu hören. Und die Lieder aus der so fernen Zeit, als der Kaiser noch das Land regierte.

Gertrud Dyck als junge Frau: Mit ihrem Mann teilte sie die Liebe zum Reisen und Wandern.

Anfang Januar hat Dyck einen Schlaganfall erlitten, erholte sich wieder und konnte ins Altenheim zurückkehren. Am 21. Februar 2014 ist sie gestorben. Gertrud Lina Luise Dyck wurde 105 Jahre alt.

ANNA GÜNTHER

Seelsorger für die Juden im Heer: Ein deutscher Armeerabbiner, gewappnet für die Kälte an der Ostfront, im Jahr 1916.

Der Undank des Vaterlands

12 000 jüdische Soldaten sterben in deutscher Uniform an der Front – doch ihr Patriotismus wird ihnen nichts nützen. Die Rechte sieht in ihnen einen willkommenen Sündenbock für den verlorenen Krieg.

Im Winter 1914 kommt der Krieg nach Stuttgart. In die Hölderlinstraße. Es ist ein Krieg der Knöpfe, ein paar Buben haben vor einem leer stehenden Haus einen Schützengraben ausgehoben und einen kleinen Unterstand gezimmert. Sie haben das Ganze auch verstärkt mit echtem Stacheldraht, und als die ersten Jugendbanden aus der Nachbarschaft zum Angriff pfeifen, da holen sich die Grabenkämpfer sogar Verstärkung aus anderen Vierteln. „So kam es", erinnert sich später einer, der dabei war, „dass sich eines Morgens fast zweihundert Jungen gegenüberstanden, bewaffnet mit Stöcken, die zum Teil mit rostigen Nägeln versehen waren... Der Kampfeslärm war schrecklich." Und die Jungen waren begeistert.

Der Junge, der dies erzählt, wärmt sich anschließend im Kerzenschein des Sabbat-Abendessens. Er ist jüdisch, wie viele andere in seinem Viertel. Wie auch der 11-jährige Fritz Bauer, ein Mitschüler am örtlichen Gymnasium. Die Geschichte seiner jüdischen Familie in diesem Krieg ist besonders gut dokumentiert, weil der Sohn später ein bekannter Jurist wird – aber es ist eine wie Tausende.

Eine deutsche Familie vor dem Weltkrieg: Fritz Bauer (rechts) mit Vater Ludwig, Mutter Ella und Schwester Margot.

In der Familie werden die jüdischen Feste gefeiert. Zu Pessach im Frühling sitzen Fritz, seine Schwester Margot und die Eltern also an der gedeckten Tafel und gedenken bei vielen Gängen, Wein und Liedern des Auszugs aus Ägypten; zu Neujahr im Herbst tunken sie Apfelschnitze in Honig; zum Lichterfest Chanukka im Winter zünden sie acht Tage lang Kerzen an, jeden Abend eine mehr, bis acht Flämmchen leuchten. Zugleich ist der Ton deutschnational. Fritz steht nicht beiseite, als seine Mitschüler die Wände des Klassenzimmers mit Europakarten schmücken, auf denen sie den jeweils aktuellen Frontverlauf einzeichnen. Als er einmal mit Scharlach im Bett liegt, betrübt ihn das vor allem deshalb, weil er so nicht mehr in der Lage ist, die schwarz-weiß-roten Fähnchen auf der riesigen Europakarte vorwärts zu rücken. „Zunächst", so erinnert er sich später, „war es die Schuld von Scharlach, später leider Gottes auch die Schuld von der Marneschlacht, die verlorenging."

Der Vater, Ludwig Bauer, ist ein autoritärer Mann mit gezwirbeltem Kaiser-Wilhelm-Bart. Bei Tisch, so erinnert sich der Sohn später, gilt der Ausspruch: „Setz dich hin und halt's Maul. Wenn der Papa spricht, hast du nichts zu sagen."

Jüdische Soldaten der österreichisch-ungarischen Armee feiern im Oktober 1917 am Isonzo den Feiertag Simchat Thora (Thorafreude): An diesem Tag werden die letzten Abschnitte der fünf Bücher Moses gelesen, dann wird von vorne begonnen. Daheim ist es ein beliebtes Familienfest.

Ludwig Bauer lebt seinen Kindern vor, dass zu einer Existenz als anerkannter Bürger nicht nur Fleiß und Tüchtigkeit gehören, sondern auch zur Schau getragener Patriotismus. Schon als 22-Jähriger im Jahr 1894, zu einer Zeit also, als Juden noch nicht Offiziere werden durften, hat er sich zum ersten Mal freiwillig zum Militär gemeldet, ein Jahr lang hat er damals die Uniform der 11. Kompanie des württembergischen Grenadier-Regiments „Königin Olga" getragen, bevor er sich in Stuttgart als Kaufmann niedergelassen hat. Nun, als der Krieg ausbricht, meldet er sich erneut. Und er kommt wieder zum selben Regiment.

Die Hoffnung, dass der Krieg die sozialen Grenzen zwischen jüdischen und nichtjüdischen Deutschen verwischen werde, bewegt jetzt viele Juden. 1914 ist der „Centralverein der Juden in Deutschland" einer der ostentativ schärfsten Befürworter der Mobilisierung. Seine Verbandszeitung, die *Allgemeine Zeitung des Judentums*, besteht sogar stolz darauf, dass der jüngste deutsche Kriegsfreiwillige ein 14-jähriger jüdischer Junge aus Allenstein in Ostpreußen sei.

In Stuttgart sind die Juden voll des Optimismus: Als ihnen das württembergische Kriegsministerium die lang ersehnte Erlaubnis erteilt, als jüdische Soldaten vor einem Geistlichen ihrer eigenen Konfession vereidigt zu werden, da feiern sie dies bereits voreilig als Ende der Benachteiligung. Die Zeremonie, bei der jüdische Rekruten im Beisein eines Rabbiners auf den Degen eines Reichswehr-Offiziers vereidigt werden, findet am 16. Juli 1916 in der Ludwigsburger Synagoge statt.

Aus der kleinen jüdischen Gemeinde in Stuttgart und Cannstatt melden sich insgesamt 520 Männer. Die Namen der 98 jüdischen Gefallenen werden später in eine Metallplatte graviert und als Denkmal in einem Ehrenhain des israelitischen Friedhofs in Stuttgart aufgestellt – auch als ein sichtbares Zeichen gegen die bald aufkommende Unterstellung, Juden hät-

Hoffnungen 1914: Eine jüdische Postkarte wirbt für die Waffenbrüderschaft zwischen Deutschen und Österreichern. Beide abgebildete Soldaten tragen einen Tallit, einen jüdischen Gebetsschal.

Die einen gleichen sich an, die anderen halten an ihren Traditionen fest, doch sie alle wünschen sich Anerkennung: Traditionell gekleidete Juden vor der „Krakauer Fleischhalle" in Berlin, vor 1914.

כשר
Krakauer
EISCH HALLE
des Rabbinats der Isr.: Synag. Gemeinde
Adass Isroel
עדת ישראל
כשר
פלייש
Pufeles

78 Jahrgang Nr. 35 — Berlin, 28. August 1914

Allgemeine Zeitung des Judentums.

Ein unparteiisches Organ für alles jüdische Interesse

Diese Zeitung erscheint wöchentlich. Abonnements-Preis: durch den Buchhandel oder die Post (in Berlin und Vororten durch unsere Vertriebsstellen) bezogen vierteljährlich 3 M. — Postscheckkonto 324.

Begründet von Rabbiner Dr. Ludwig Philippson
Unter Leitung des
Geheimen Regierungs-Rats Professor Dr. Ludwig Geiger
Verlag: Rudolf Mosse, Berlin, Jerusalemer Strasse 46-49

Alle Zusendungen für Redaktion und Expedition sind an die Adresse: Verlag der „Allgem. Zeitung des Judentums", Berlin SW, Jerusalemer Straße 46-49, zu richten. Verlag von Rudolf Mosse, Berlin.

Inhalt: Als Deutsche und als Juden. — Die Kunst des Wartens. Von Ludwig Geiger. — Die Woche. — Kriegsallerlei. — Die Flucht der ausländischen Juden aus Norderney bei der Mobilmachung. Von Lehrer Adolf Rothschild. — Professor Emanuel Leser. Von L. G. — Feuilleton: Ferdinand Lassalle und seine Mutter. Von Dr Adolf Kohut. — Literarische Mitteilungen. — Sprechsaal. — Druckfehlerberichtigung.

Der Gemeindebote (Beilage zur „Allgemeinen Zeitung des Judentums"). Berlin, Danzig, Posen, Breslau, Dresden, Achim-Bremen, Hamburg, Hannover, Malmö, Sofia. — Von Nah und Fern.

Als Deutsche und als Juden.

Attentaten und Mörderhänden sind zahlreiche Mitglieder des Hauses Romanow — das lehrt die Geschichte des Zarenreiches — zu Opfern gefallen. Für die fluchwürdige Abscheulichkeit solcher Bluttaten, so sollte man meinen, dürfte der Herrscher aller Reußen ein besonders tiefes Verständnis haben. Das hinderte aber die russischen Machthaber nicht, die ganzen Machtmittel des Zarenreiches und sein Prestige nun einzusetzen zum Schutze der Schuldigen und Mitschuldigen des feigen Meuchelmordes in Serajewo, dem das österreichische Thronfolgerpaar zum Opfer gefallen ist. Mag sein, daß dem asiatischen Barbarentum, dessen Gegenwartsgeschichte das ungesühnte Schandmal der zahlreichen blutigen Morde von Kischinew usw. anhaftet, das Bewußtsein der moralischen Verworfenheit, die sich in der Mordtat und in dem Schutze von Mördern dokumentiert, vielfach abgeht. Aber daß sich Kulturstaaten, wie Frankreich und England zu Bundesgenossen des asiatischen Barbarentums herabwürdigen konnten, ist viel beschämender, ist eine Todsünde gegen Kultur und Moral, gegen die Menschheit überhaupt. Wir Juden, wo immer wir weilen mögen, sind durchdrungen von der festen Ueberzeugung, daß das Walten der Gerechtigkeit sich auch in der Weltgeschichte und der Geschichte der Völker manifestiert. Indem England und Frankreich sich zu Mitbeschützern der serbischen Mordbande auf die Seite Rußlands stellten, haben sie ihr Schicksal mit demjenigen des Halbasiatentums und der Barbarei verknüpft. Die Weltgeschichte wird ihnen die Sühne dieser schweren Schuld gewiß nicht erlassen. Was wiegen die Ponderabilien nationaler Diplomatik und Politik gegenüber den unwandelbaren ethisch-moralischen Werten, die, unbesiegbar und unbeugsam, ihre Siegerspur in die Geschichtsbücher der Menschheit eingetragen haben!

So zeigt sich schon, frei von jeder nationalen Perspektive, auf welcher Seite in dem gewaltigen Weltkriege, dessen blutige Fackel sich an dem Wahnwitz einer kleinen Rotte serbischer Soldateska entzündete, Frevel und Schuld und auf welcher Seite Recht und Gerechtigkeit sich befinden. Unser geliebtes deutsches Vaterland, der Hort der höchsten Güter der Menschheit, der Gesittung und Ordnung, der Künste und Wissenschaften, ist im Bunde mit der habsburgischen Monarchie in dem blutigen Weltringen der Verteidiger und Schützer der europäischen Zivilisation und der höchsten Kulturgüter gegen finsteren Barbarismus und Unkultur. Gibt es für das Empfinden eines Kulturmenschen einen schrecklicheren Gedanken als denjenigen, es könnten die europäischen Völker unter die Knutenherrschaft des zarischen Despotismus, des Halbasiatentums geraten? Und dazu reichten Frankreich und England ihre Hand!

Die helle Begeisterung und die selbstlose Opferwilligkeit, die die gesamte deutsche Nation ohne jeden Unterschied der Parteiungen und Konfessionen in so rührend erhebender Weise betätigt, bezeugt, wie alle Glieder des Volkes beseelt sind von der wurzelechten tiefsten Liebe zum Vaterland, zu dessen Schutz mit der Waffe in der Hand sich die kaum dem Knabenalter entwachsene Jugend und die an der Schwelle des Greisenalters stehenden Männer mit der Blüte der Manneskraft drängt. Und was uns Deutsche jüdischen Bekenntnisses zu ganz besonderer Genugtuung gereicht und mit hoher Freude erfüllt, ist die feststehende Tatsache, daß unsere deutschen Glaubensbrüder vom heiligen Eifer und dem schönen Willen sich beseelt zeigten, in der Hingabe von Blut und Gut für das geliebte Vaterland, für Kaiser und Reich allen anderen womöglich voranzugehen. Es bedurfte kaum der Aufrufe, die von verschiedenen jüdischen Organisationen ausgingen, um unsere waffenfähigen Glaubensgenossen zu veranlassen, in hellen Haufen unter die Fahnen zu eilen. Aber als historische Dokumente der patriotischen vollen Hingabe der deutschen Juden haben diese Aufrufe dennoch ihre Bedeutung. War doch der „Zentralverein deutscher Staatsbürger jüdischen Glaubens" im Verein mit dem „Verband der deutschen Juden" vielleicht die erste, sicher aber eine der ersten Organisationen und Vereinigungen, die einen solchen Aufruf zum freiwilligen Eintritt in das Kriegsheer erlassen haben. Und sehr schnell folgten die gleichen Aufrufe vom Verband der jüdischen Jugendvereine, von der jüdischen studentischen Vereinigung der KCer, von den jüdischen Turnvereinen, von den zionistischen Vereinigungen. Und das Wertvollere gilt es festzustellen, daß die Deutschen jüdischen Bekenntnisses diesem Rufe folgten.

Wir stehen erst am Beginne des gewaltigen Völkerringens, aber schon finden wir in den bisher veröffentlichten Verlustlisten Namen jüdischer Kämpfer, die ihr Leben oder ihre Gesundheit für das Vaterland hingegeben haben. Unsere religiösen Gemeinwesen, humanitären Vereine und sonstigen Institutionen entfalten den edelsten Wetteifer mit allen unseren Mitbürgern in der Liebesarbeit für unsere wackeren Soldaten im Felde, für die zurückgebliebenen Frauen und Kinder der in den Krieg Gezogenen, in der sozialen Fürsorge für die Notleidenden, in dem guten Beispiel, soweit Mittel und Möglichkeiten dies zulassen, über die drückenden Verhältnisse unseres nationalen Wirtschaftslebens den am schwersten davon betroffenen Erwerbsschichten hinwegzuhelfen. Der größte Teil der jüdischen Krankenhäuser ist den Militärbehörden als

Die „Allgemeine Zeitung des Judentums" feiert am28. August 1914 nicht nur „unser geliebtes deutschesVaterland", sondern auch die jüdischen Freiwilligen, die „für Kaiser und Reich" in den Krieg gezogen sind.

Alltägliche Straßenszene im Vorkriegs-Wien: auf dem Karmeliterplatz begegnen sich um 1910 orthodoxe jüdische Österreicher (links). Das patriotische Abzeichen rechts zeigt im schwarz-goldenen Davidstern den österreichisch-ungarischen Kaiser Franz Joseph I.

ten sich gedrückt. Denn statt der erhofften Emanzipation in den Schützengräben folgt auf die sich abzeichnende deutsche Niederlage eine Suche nach Sündenböcken. Die Diskriminierung der Juden lässt nicht nach, sondern wird schärfer.

Der deutsch-jüdische Politiker Walter Rathenau notiert damals gallig: „Je mehr Juden in diesem Krieg fallen, desto nachhaltiger werden ihre Gegner beweisen, daß sie alle hinter der Front gesessen haben, um Kriegswucher zu betreiben." Von Oktober 1916 an muss die kleine jüdische Minderheit die dröhnende Ankündigung des preußischen Kriegsministers ertragen, man werde im Militär eine peinlich genaue „Judenzählung" durchführen. Der Minister werde klären, welcher Anteil der jüdischen Soldaten an der Front diene und welcher nur im Windschatten dahinter. Das Ergebnis dieser Zählung wird dann nie veröffentlicht – angeblich um „jüdische Gefühle zu schonen". In Wirklichkeit passt das Ergebnis schlicht nicht zum Vorurteil. Die Zählung ergibt, dass 80 Prozent an der Front dienten. Bis November 1915 sind 710 deutsche Juden Offiziere geworden. 12 000 jüdische Soldaten werden in deutscher Uniform sterben.

Schon lange bevor die antisemitische Dolchstoß-Legende aufkommt, merkt auch der Stuttgarter Junge Fritz, wie der Krieg den Judenhass verstärkt. Als die Versorgungslage in Stuttgart schlechter wird, beginnen Mitschüler einen Schwarzhandel mit Zucker und altem Gold, und Fritz' jüdischer Mitschüler Manfred Uhlmann erinnert sich: „Nur eine kleine Gruppe von Jungen nahm an solchen Aktivitäten teil, und darunter waren keine Juden. Was hätte das für einen Aufstand gegeben, wenn ein jüdischer Junge darin verwickelt gewesen wäre!" Mit anderen Worten: Man stand unter besonderer Beobachtung.

Der Vater, Ludwig Bauer, kommt am Ende unversehrt aus dem Krieg zurück. Das Abzeichen seines Regiments wird er dann lange nicht mehr anziehen. Auch mit den Behörden wird er lange nichts mehr zu tun haben. Erst 1938 wieder, als die Nazis ihn zwingen, aufs Amt zu kommen und den zusätzlichen Vornamen „Israel" in seinen Pass eintragen zu lassen.

RONEN STEINKE

Hilfe für den Feind: Ein russischer Kriegsgefangener (links) und ein österreichischer Sanitäter stützen an der Ostfront einen deutschen Verwundeten, 1915.

Unter den Waffen schweigen die Gesetze

So viele Härten die Kriegsgefangenen 1914 bis 1918 auch ertragen müssen: Ihre Behandlung ist humaner als im Zweiten Weltkrieg. Noch gibt es so etwas wie eine gemeinsame Wertebasis, aber der Wandel zum Schlechteren ist schon zu spüren.

Eine Bahnfahrt im Schnee, von Moskau nach Berlin. Der Krieg ist gerade vorbei, als der deutsche Diplomat Gustav Hilger aus den Fenstern seines Zuges diese unwirkliche Szene beobachtet: abgemagerte Männer, die zu Zehntausenden nach Osten wandern, wortlos. Europaweit sind sie kaserniert gewesen, ohne Waffen und oft schon seit Jahren besiegt; ein gigantisches Geisterheer, das sich jetzt erst in Bewegung setzt.

„Unser Zug musste nachts oft anhalten, weil es an Brennstoff fehlte und die Lokomotiven versagten“, erinnert sich Hilger später. „Ich höre noch heute das Vorbeischlurfen der Tausenden, rechts und links am Zug entlang. Viele von ihnen brachen vor Hunger, Kälte oder Erschöpfung zusammen und blieben am Wege liegen, und ich kann es einer kleinen Schar dieser Unglücklichen nicht verdenken, daß sie den Versuch machten, mit Gewalt in unsere geheizten Wagen einzubrechen.“ Mindestens sieben Millionen, wahrscheinlich eher acht bis neun Millionen Männer waren im Ersten Weltkrieg als Kriegsgefangene interniert gewesen, so viele wie noch nie zuvor. Und die größte Gruppe, 3,4 Millionen, waren Russen, die jetzt endlich nach Hause wollten.

So groß war die Zahl der Gefangenen, dass sich zum ersten Mal in der Geschichte ein regelrechter Tauschhandel zwischen den Kriegsherren entwickelt hatte: mit vollgepackten Eisenbahnen, die quer durch Europa rollten, mit einem roten Kreuz auf dem Dach, das Kampfpiloten abhalten sollte. Und so groß war die Aufmerksamkeit für das Schicksal der Kriegsgefangenen geworden, dass sich auch im Ethos der europäischen Feldherren etwas veränderte. Wer als Soldat in die Hände seines Feindes fiel, für den war der Krieg nicht mehr einfach vorbei. Sondern er wurde nun Teil eines neuen Spiels, bei dem es wieder um Macht ging. Aber auch um Fairness.

Bis zum Anfang des 20. Jahrhunderts hatte es in Europa noch überhaupt keinen geregelten Schutz für Kriegsgefangene gegeben. Unter den Waffen schweigen die Gesetze, hatte Cicero geschrieben, im Krieg war alles erlaubt. Erst in den 1860er Jahren, als in den USA der Bruderkrieg zwischen Nord- und Südstaaten tobte, war diese neue Idee erstmals real geworden, hatten

Als mögliche Spione und Saboteure festgesetzt: Deutsche Soldaten bewachen nach Kriegsausbruch in Berlin internierte russische Studentinnen; eine trägt ein Neugeborenes.

Während der zwölften Isonzo-schlacht geraten 1917 auf einen Schlag etwa 300 000 italienische Soldaten in Kriegs-gefangenschaft. Die Aufnahme zeigt einen Teil von ihnen im Lager von Soca.

Für sie ist die Schlacht vorbei: Mit erhobenen Händen ergeben sich russische Soldaten an der Ostfront, 1917. Insgesamt gingen im Krieg etwa 3,4 Millionen Russen in deutsche oder österreichisch-ungarische Kriegsgefangenschaft.

sich beide Seiten erstmals über die Schlachtfelder hinweg auf eine humane Behandlung ihrer Gefangenen geeinigt. Ein *Gentlemen's Agreement* unter Amerikanern: Respektierst du meine Gefangenen, dann respektiere ich auch deine. Der Hintergedanke: Man wollte später wieder zusammenwachsen können zu einer Nation. 1914 machte auch Europa einen Anfang mit diesem Prinzip.

Der Entwurf für ein europäisches *Gentlemen's Agreement* lag schon fertig in der Schublade, vorbereitet von Philanthropen und Diplomaten in einer weltpolitisch ruhigen Stunde, im Jahr 1907. In ihrer „Haager Landkriegsordnung" hatten sie kein Detail ausgespart. Kriegsgefangene sollten künftig genauso untergebracht werden wie die eigenen Soldaten. Offengeblieben war nur die entscheidende Frage, ob beim nächsten Krieg irgendjemand diesen Entwurf aufgreifen und sich tatsächlich daran halten würde.

Das Jahr 1914 brachte die Antwort. Das Internationale Komitee vom Roten Kreuz durfte nun erstmals Beobachter in Kriegsgefangenenlager schicken. Davon versprachen sich alle Kriegsparteien einen zivilisierenden Effekt. Die Berichte der Rot-Kreuz-Mitarbeiter waren zuverlässiger und aktueller als die Erzählungen flüchtiger Gefangener, auf die man sich bisher verlassen musste – und so entstand ein Anreiz für Armeen, sich hinter Stacheldraht fair zu zeigen. Der Kriegsgegner hätte es einem sonst sofort heimzahlen können.

Wie human wurden die in Frankreich internierten Deutschen behandelt? Das hing von nun an davon ab, wie, umgekehrt, die in Deutschland internierten Franzosen behandelt wurden. So entstand ein wackeliges Gleichgewicht, ein

Russische und französische Zivilisten erhalten Essen im Internierungslager Döberitz in Brandenburg (links); die Aufnahme stammt aus den ersten Kriegsmonaten. Rechts verteilt ein deutscher Militärarzt Zigaretten an gefangene Senegalesen.

Fortschritt immerhin gegenüber der gefährlichen Gleichgültigkeit, die in früheren Kriegen geherrscht hatte.

Auf diese Weise näherten sich überall in Europa die Zustände in den Kriegsgefangenenlagern an. Aber so schaukelte sich andererseits auch bald die Vergeltung hoch. Denn Vergeltung war das einzige Mittel, mit dem man den Kriegsgegner dazu anhalten konnte, seine Gefangenen nicht zu treten.

Als im Oktober 1914 eine Rot-Kreuz-Mission die harschen Zustände in deutschen Gefangenenlagern enthüllte, da entschied sich die französische Armeeführung, im Gegenzug die Fleischration für deutsche Gefangene um 100 Gramm zu reduzieren. Kurz darauf kürzte sie auch den Lohn, den sie bis dahin deutschen Offizieren in Gefangenschaft gezahlt hatte – spiegelbildlich zur Praxis des Kriegsgegners. Als die Deutschen wiederum die Richtlinien für Kriegsgefangene verschärften, da zog Frankreich nach, indem es den Briefverkehr deutscher Gefangener einschränkte, ihr Essen kürzte, ihre Pakete blockierte, Offiziere zur Arbeit zwang, die Entlohnung gefangener Sanitäter einstellte, Wasser-und-Brot-Strafen einführte und sich weigerte, die Namen von in Fabriken eingesetzten Gefangenen offenzulegen oder Gerichtsurteile gegen Gefangene zu begründen. Spiegelbildlich.

Als die Deutschen wiederum, im Frühjahr 1915, von den Lebensbedingungen ihrer Landsleute in französischer Gefangenschaft in Nordafrika erfuhren, da schickten sie als Repressalie 23000 französische Gefangene zu schwerer Zwangsarbeit ins ostfriesische Moor. Sie forderten sie auf: „Benachrichtigen Sie Ihre Familien über den Grund dieser Maßnahme: Die

Abgefertigt: Auf einem Sammelplatz in der Etappe warten verwundete russische Kriegsgefangene 1917 auf einen Lazarettzug, der sie nach Westen bringen soll.

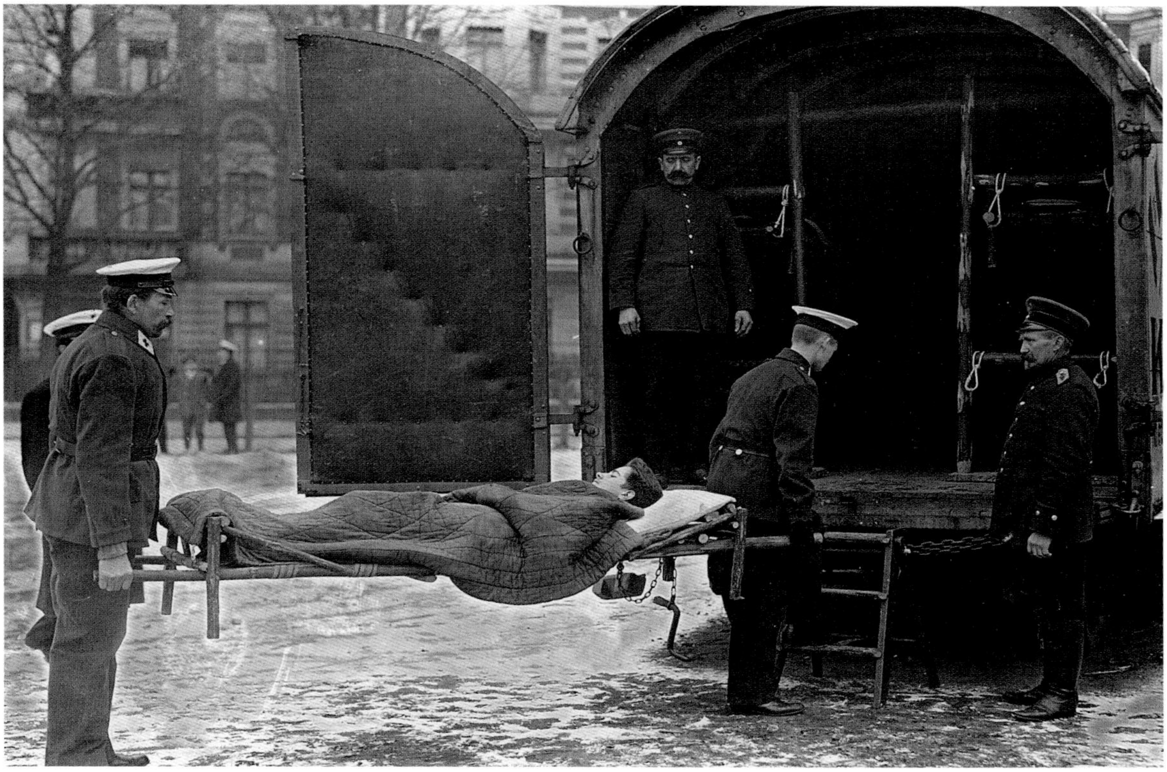

Gut betreut: Fünf Sanitäter heben einen jungen verletzten deutschen Soldaten 1914 in einen zum Krankentransporter umgebauten Möbelwagen. Die Aufnahme entstand bei der Sanitätswache in Berlin-Friedenau.

deutsche Regierung betrachtet es als unmenschlich und entwürdigend, daß die Gefangenen deutscher Nationalität in Dahomey und in Marokko von Negern bewacht werden. Wenn Sie die schwarze Rasse als ebenbürtig ansehen, so hat diese nach deutschem Verständnis in etwa das Niveau von Affen."

Vergeltung und Gegenvergeltung, Beschwerden und Gegenbeschwerden, Missbrauch und Gegenmissbrauch: So wurden die Bedingungen für Gefangene mit jedem Jahr des Krieges schlechter, schreibt die französische Historikerin Annette Becker, und so entfernte sich die Realität des Krieges immer weiter vom ursprünglichen Ideal der Haager Landkriegsordnung. Wobei die Deutschen, so schildert es die amerikanische Historikerin Isabel V. Hull in ihrem im Mai 2014 erschienenen Buch über das Völkerrecht im Ersten Weltkrieg, ihre besonders zahlreichen Gefangenen auch für besonders heftige und besonders häufige Vergeltungsmaßnahmen nutzten. Die Reichswehr unterhielt ganze Lager, die nur zu Vergeltungszwecken dienten. Am Ende verlegte sie Gefangene auch direkt an die Front, wo sie deutsche Schützengräben befestigen und als menschliche Schutzschilde dienen mussten; die größte denkbare Demütigung für Soldaten des Gegners.

Am 23. Februar 1917 schrieb ein französischer Soldat: „Sehr geehrter Herr Präsident des Roten Kreuzes, zweifellos wissen Sie nicht um die traurige Situation, in der wir uns als Vergeltung befinden, 7 oder 8 km von der vordersten Front entfernt. Die Behandlung, der wir unterworfen sind, ist unbeschreibbar. Welches Entsetzen, welche Barbarei der Krieg doch hervorruft. Eingezwängt in eine offene Baracke, die keinen Schutz vor Regen und Wind bietet, können wir uns aus Platzmangel lediglich hinhocken zum Ausruhen. Von dort aus begeben wir uns jeden Morgen an die Front..., um Befestigungsmaterial zu transportieren. Lasttiere sind weniger

Ein Rest an Menschlichkeit:
Im Februar 1915 verteilt ein deutscher Sanitäter heiße Getränke an gefangene russische Soldaten.

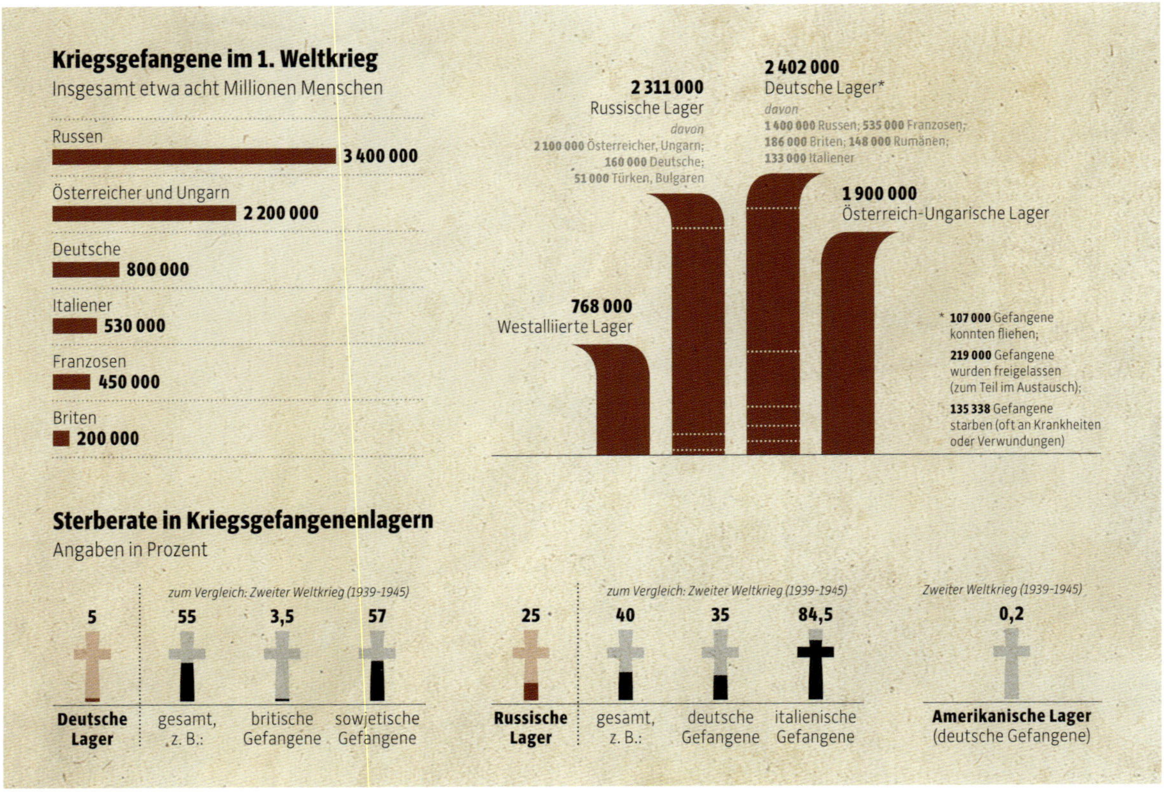

erschöpft als wir. Das traurigste Schauspiel, dessen ich Zeuge wurde, war es, erleben zu müssen, wie die stärksten unserer Kameraden vor Erschöpfung zusammenbrachen. Die Nahrungsversorgung ist sehr unzureichend: morgens schwarzer Kaffee, abends eine stets sehr dünne Suppe, 1 Stück Brot von etwa 3-400 Gramm und ein kleiner Löffel Marmelade. Obendrein werden Einsatzort und Quartier ständig bombardiert. Herr Präsident, haben Sie Erbarmen mit uns und setzen Sie sich für eine Verbesserung der Lage der Gefangenen auf beiden Seiten ein. Vielen Dank im Voraus. Albert Bard, Unteroffizier, Dritte Kompanie, Lager Kassel, Deutschland."

„Haben Sie Erbarmen mit uns!"

Das Leben der Gefangenen war oft von Scham geprägt und von der Angst, vergessen zu werden. Da war es eine bedeutende Neuerung, als das Rote Kreuz nun anfing, die Gefangenen auf Karteikarten zu registrieren: So konnten sie von ihren Angehörigen geortet werden, konnten Briefe und Päckchen erhalten. Dafür erhielt das Rote Kreuz nach dem Ende des Krieges den Friedensnobelpreis; und heute zählt dieser riesige Zettelkasten des Weltkrieges zum Unesco-Weltkulturerbe und erinnert daran, wie weit verbreitet die Erfahrung der Gefangenschaft für die Generation war, die nach 1918 das neue Europa aufbauen sollte. Karteikarte 64 178 zum Beispiel, Hauptmann Charles de Gaulle – seit März 1916 in deutscher Gefangenschaft.

So viele Härten die Gefangenen auch ertragen mussten, ihre Behandlung in Europa zwischen 1914 und 1918 war nicht annähernd so grausam wie später im Zweiten Weltkrieg. In Hitlers Weltanschauungskrieg sollte der Gegner nicht nur unterworfen, sondern an der Ostfront auch vernichtet werden, weshalb mehr als 100 000 sowjetische Soldaten von der Wehrmacht und der SS aufgrund des sogenannten Kommissar- und des Aussonderungsbefehls gleich 1941 als „politisch untragbar" liquidiert wurden. Der Oberkommandierende der Wehrmacht, Wilhelm Keitel, rechtfertigte dieses Verbrechen im Nürnberger Prozess mit der Erklä-

Misstrauen: Im Militärlager Roberts Heights in Pretoria werden deutschstämmige Südafrikaner und deutsche Einwanderer interniert. Diese Gefangenen stammen aus Berlin am Ostkap – und wehren sich dagegen, dass ihr Ort umbenannt werden soll.

rung, dies sei eben kein gewöhnlicher Krieg gewesen, sondern ein Kreuzzug gegen eine Weltanschauung. Von den mehr als fünf Millionen sowjetischen Soldaten, welche die Deutschen ferner in Gefangenschaft nahmen, wurden schließlich mehr als die Hälfte getötet oder man ließ sie einfach krepieren.

Im Ersten Weltkrieg hatte es zumindest einen solchen Vernichtungswahn noch nicht gegeben. Die Kriegsherren an Europas Kartentischen waren nicht durch Ideologien getrennt, ihr Krieg sollte nur Grenzen verschieben, zwischen Staaten, die kulturell und politisch sogar recht homogen waren – und im Übrigen auch zwischen Adelsfamilien, die schon öfters auf Hochzeiten miteinander getrunken hatten und dies auch fürderhin wieder zu tun gedachten. Wenn es für ein *Agreement* unter Feldherren eine gewisse gemeinsame Wertebasis braucht: Im Ersten Weltkrieg war sie noch halbwegs gegeben. Nur ganz am Ende, 1918, als die alte Ordnung des Kontinents sich bereits auflöste und in Russland die Kommunisten den Zar beseitigt hatten, da konnte man eine düstere Vorahnung davon bekommen, wie die Welt aussehen würde, wenn diese gemeinsame Wertebasis wegbrechen sollte. Eigentlich schrieb die Haager Landkriegsordnung vor, dass Gefangene unverzüglich nach Ende der Kampfhandlungen zurückzugeben seien. Aber Deutschland zögerte, denn in Berlin herrschte jetzt die Angst, dass die 270 000 noch verbliebenen russischen Gefangenen, wenn man sie nun gehen ließe, die Reihen der Roten stärken würden.

Es dauerte bis 1922, bis man die letzten Russen von ihren harten „Arbeitseinsätzen“ im Deutschen Reich zurückkehren ließ.

RONEN STEINKE

„Eden Theatre" in Puchheim

Es könnten Ausflügler sein, abgesehen von der Kleidung. Mit einem Besen und einem Schild mit der Aufschrift „Equipe des Bras-Retourne" posieren sie vor der Kamera. Das heißt soviel wie „die Mannschaft mit auf den Rücken gebundenen Armen" und verweist auf ihr Schicksal. Diese Männer waren Franzosen, die zusammen mit Tausenden von russischen sowie einigen britischen und italienischen Soldaten westlich von München in Puchheim interniert waren, dem zeitweise größten Kriegsgefangenenlager in Bayern. Um der Tristesse zu entrinnen, gründeten Gefangene ein Orchester und die Franzosen das „Eden Theatre", von dem Programmzettel und Couplets erhalten blieben, die sie in einer Theaterbaracke aufführten. Ihre Lyrik handelt vom Alltag der Soldaten, von Langeweile an Sonntagen und den allgegenwärtigen Läusen. Puchheim war ein verschlafenes Kaff, das Lager lag an einer Bahnstation mitten im Moor, weit entfernt vom Altdorf. Das Gelände südlich der Gleise diente der Stadt München als Müllkippe. Im Norden eröffnete eine „Akademie für Aviatik" 1910 den ersten Flugplatz Bayerns, eine kommerzielle Attraktion, die Zehntausende mit tollkühnen Vorführungen anlockte. Noch im Mai 1914 zeigte der Franzose Adolphe Pégoud seine Sturzflüge, Salti und Loopings einem begeisterten Publikum.

Zusammenhalt in Gefangenschaft: Französische Soldaten posieren 1916 im Lager Puchheim, wenige Kilometer westlich von München.

Keine fünf Monate später marschierten etwa 800 seiner Landsleute zum Flugfeld. Es waren die ersten Kriegsgefangenen, die auf Strohsäcken in den Hangars schliefen, während die deutsche Wachmannschaft in der großen Halle des Restaurationsbetriebes nächtigte, die zum Flugfeld hin offen war. Das Gelände war ideal für ein Gefangenenlager, das Moor dünn besiedelt und abgeschottet, aber mit der Bahn leicht zu erreichen. Praktischerweise umgab bereits eine vier Kilometer lange und zweieinhalb Meter hohe Mauer das Areal. Arbeiter und Gefangene bauten 40 Gefangenenbaracken, 20 Küchenbaracken, Kohlenmagazin, Schreinerei und Schmiede, Pferdestall, Leichenhalle, Metzgerei, Eis- und Kühlhaus sowie ein Transformatorenhaus. Muslimische Gefangene hatten einen Gebetsraum, jüdische Gefangene eine Synagoge ungefähr dort, wo heute ein Gymnasium steht. Das Lager war für etwa 13 200 Gefangene und 1400 Mann Bewachung gebaut. Im August 1917 waren mehr als 16 000 Menschen dort gemeldet, drei Viertel von ihnen waren Russen. Bei Kriegsende vermerkte eine Inspektion sogar 24 000 Gefangene, darunter 10 692 Franzosen.
Die meisten Kriegsgefangenen arbeiteten und lebten außerhalb des Lagers. Sie mussten das Moor kultivieren, legten Drainagen, bauten Straßen, kanalisierten den Gröbenbach und errichteten eine Brücke.

Für weiter entfernte Arbeitskommandos entstanden Außenlager. Einige Gefangene wurden im Kohlenbergwerk in Penzberg eingesetzt, manche als Streckenarbeiter bei der Bahn, andere bauten ein Acetonwerk für die Firma Wacker in Burghausen. Manche lebten auf Bauernhöfen, wie die zwei Russen in der Einöde Jexhof, die heute ein Museum beherbergt.
Der Lohn wurde in Lagergeld ausgezahlt, das nur in einer Verkaufsbude dort gültig war. Die Gefangenen kauften vor allem Postkarten, um ihren Angehörigen zu schreiben. Die Zensurstelle untersuchte die Karten intensiv und mit speziellen Chemikalien nach geheimen Botschaften, geschrieben zum Beispiel mit Zwiebelsaft.

Weitläufig: Mit Wohngebäuden, Koch- und Werkstätten, Lagerhallen und einem Feuerwehrschuppen war das Lager Puchheim eine Stadt für sich.

Im Sommer 1918 bekamen Russen auf den Bauernhöfen einen Tageslohn von 50 Pfennig, viel weniger als Kriegsgefangene in der Industrie mit drei Mark Tageslohn. Trotzdem waren Bauern als Arbeitgeber gefragt, weil es bei ihnen mehr zu essen gab. Allerdings verschlechterte sich die Versorgung im Ersten Weltkrieg analog zu der der Einheimischen. Im Puchheimer Lager aßen manche Kartoffelschalen.
Wenige Wochen nach der Novemberrevolution 1918 besuchte der neue bayerische Ministerpräsident Kurt Eisner (USPD) das Lager. Anschließend befasste sich der Ministerrat mit den Zuständen in Puchheim. Die sanitären Verhältnisse waren wegen der Überfüllung furchtbar und die Spanische Grippe grassierte. Immer mehr Gefangene flohen, und Kompaniechefs desertierten mit den Kassen. Auf Vermittlung Eisners konnten die französischen Gefangenen und etwa 8000 Russen im Dezember, noch vor Friedensschluss, mit der Bahn nach Hause fahren.
Als in München im April 1919 die Münchner Räterepublik ausgerufen wurde, lebten noch etwa 2000 Russen in Puchheim. Etwa 120 Männer schlossen sich der Roten Armee in München an. Die Regierungstruppen ermordeten fast die Hälfte von ihnen, 52 Russen wurden in einer Kiesgrube bei Gräfelfing erschossen.
Das Lager in Puchheim bestand bis 1921, manche Russen wollten wegen des Bürgerkrieges nicht in ihre Heimat zurück. Eine kleine Brücke über den Gröbenbach heißt bis heute Russenbrücke, und auf dem sogenannten Russenfriedhof in Puchheim haben etwa 550 alliierte Soldaten ihre letzte Ruhestätte gefunden. Ein Gedenkstein und der Name Lagerstraße erinnern an ihr Schicksal.

PETER BIERL

Zum Krieg kam die Kälte:
Ein österreichisch-ungarischer Beobachtungs-
posten im Jahr 1915 an seinem Fernrohr
in Montenegro.

„Peitscht sie, dass die Lappen fliegen!"

Das Grauen des Grabenkrieges im Westen dominiert die Erinnerung bis heute. Die Ostfront unterscheidet sich in allem von den Schlachtfeldern Frankreichs, nur in einem nicht: der Brutalität der Kämpfe.

Man muß schon ein gut Teil Gottvertrauen haben und auf die russische Revolution als Bundesgenossen rechnen, wenn man einigermaßen ruhig schlafen will." So schrieb, einigermaßen beunruhigt, am 23. März 1913 der deutsche Reichskanzler Theobald von Bethmann Hollweg an seinen Vertrauten Karl von Eisendecher, den preußischen Gesandten im Großherzogtum Baden. Bethmann Hollweg war soeben über das Kräfteverhältnis zwischen der deutschen und der russischen Armee informiert worden. Obwohl der Generalstab im Sommer 1914 Bethmann Hollwegs Sorge vor der „russischen Dampfwalze" teilte, hielten die Militärs doch an ihrem Plan fest, im Krieg alles auf eine Karte und damit auf den Aufmarsch der deutschen Armeen im Westen zu setzen. Man wollte Frankreich innerhalb weniger Wochen besiegen, um sich dann auf dessen Verbündeten Russland zu stürzen.

So stand am 1. August 1914 an der 900 Kilometer langen Ostgrenze Deutschlands, die das Kaiser- und das Zarenreich voneinander trennte – ein unabhängiges Polen sollte es erst 1918 wieder geben –, nur eine einzige deutsche Armee, die achte, deren Kommando der Generaloberst Maximilian von Prittwitz und Gaffron führte. Noch schneller als befürchtet, bereits Mitte August, marschierten zwei russische Armeen mit über 500 000 Soldaten in Ostpreußen ein – auch weil Frankreich, das sich so Entlastung erhoffte, darauf drang. Prittwitz wollte sich hinter die Weichsel nach Westen zurückziehen, was für ihn persönlich, aber auch welthistorisch Folgen hatte: Der General wurde abgelöst, an seiner Stelle aktivierte die Oberste Heeresleitung einen Ruheständler: den Generalobersten Paul von Hindenburg. Seinem Stabschef Erich Ludendorff, einem begabten Kriegstaktiker, gelang es Ende August, eines der beiden russischen Invasionsheere durch die

Über Nacht zugeschneit: ein deutscher Unterstand 1916 an der Ostfront.

achte Armee bei Tannenberg einzuschließen. Etwa 40 000 Soldaten des Zaren fielen, 92 000 gerieten in deutsche Gefangenschaft. General Alexander Samsonow, ihr Oberbefehlshaber, erschoss sich noch auf dem Schlachtfeld.

Für den Sieg der Deutschen war es nicht unerheblich, dass Ludendorff zum Transport seiner Soldaten auch das gut ausgebaute ostpreußische Eisenbahnnetz nutzte. Dieser logistische Einfall sowie sein strategisches Geschick sollten seinen Ruhm, der schon seit der Einnahme der Befestigungen der belgischen Stadt Lüttich groß war, weiter mehren. Noch größer war jedoch fortan der Mythos um den kommandierenden General Hindenburg. Er galt als Sieger der „Schlacht von Tannenberg“ und war nun der „Retter Ostpreußens“.

> **Seine Majestät sind durch die schwierige Lage im Osten sehr gedrückt. Beim Frühstück kommt mir die Gelegenheit, Ihm Mut zuzusprechen.**
> Kommandant Hans von Plessen, Tagebucheintrag

Mit großem Geschick verstand es Hindenburg in den kommenden Jahren, den Mythos zu pflegen. Das gelang auch deswegen, weil die Deutschen einen so spektakulären einzelnen Schlachtensieg im ganzen Krieg nicht wieder erringen sollten. Hindenburg hatte sogleich von „Tannenberg“ gesprochen. Die deutsche Presse in ihrem Siegestaumel übernahm die Formulierung. Sie verknüpfte den Sieg mit der Niederlage der Ritter des Deutschen Ordens 1410 bei Tannenberg gegen ein polnisch-litauisches Heer – die man nun als gerächt betrachtete, obwohl an der Schlacht im Spätmittelalter nur wenige Russen beteiligt gewesen waren.

Der Sieg war umso wichtiger, weil etwa zur gleichen Zeit die deutschen Armeen im Westen, an der Marne, einen ersten schweren Rückschlag erlitten und der geplante rasche Sieg gegen Frankreich damit hinfällig war. Die deutsche Kriegsstrategie des Schlieffen-Plans, der in den Wochen vor dem Krieg so viel zur Eskalation beigetragen hatte, erwies sich nun als Illusion. Die deutsche Propaganda schlachtete Hindenburgs und Ludendorffs Erfolg daher

Deutsche Infanteristen in Ostpreußen wärmen im Frühjahr 1915 ihre Hände über einem Lagerfeuer.

Alleingelassen: Der Osten wurde zunächst vor allem vom Landsturm (oben bei einer Übung) verteidig. Unten gefallene Russen im Juli 1915.

genüsslich aus, genauso wie die Vertreibung der anderen russischen Armee aus Ostpreußen. Nur während der kurzzeitigen Besetzung Ostpreußens standen im Ersten Weltkrieg feindliche Armeen auf Reichsgebiet; die deutsche Propaganda nutzte den Sieg geschickt und skrupellos aus, indem sie tatsächliche und angebliche Grausamkeiten der russischen Truppen gegenüber der Bevölkerung maßlos übertrieb, auch um von den Untaten deutscher Soldaten in Belgien und Frankreich abzulenken. In Deutschland erhob sich ein chauvinistischer Chor gegen die „russische Barbarei", in den selbst ein Mann wie der Journalist Alfred Kerr einstimmte, der später ganz anders dachte und schrieb:

„Hunde dringen in das Haus –
Peitscht sie raus!
Rächet Insterburg, Gumbinnen
Und vertobackt sie von hinnen.
(…)
Dürfen uns nicht unterkriegen –
Peitscht sie, dass die Lappen fliegen.
Zarendreck, Barbarendreck
Peitscht sie weg! Peitscht sie weg!"

Umgekehrt war man in Russland den Deutschen gegenüber nicht besser gestimmt. Viele Deutschbalten aus den Ostseeprovinzen des Zarenreichs wurden wegen ihrer Herkunft nach Sibirien deportiert, deutsche Schulen und Vereine geschlossen. Die Behörden verboten sogar, Deutsch – die Sprache der Gebildeten auch in St. Petersburg – auf der Straße zu sprechen. Die Stadt selbst wurde in Petrograd umbenannt. Auch die beiden kaiserlichen Cousins Nikolai II. und Wilhelm II., einst eng befreundet, wollten nichts mehr voneinander wissen. Das gute deutsch-russische Verhältnis war dahin.

Die schwere Niederlage der Russen nur einen Monat nach Kriegsbeginn bedeutete jedoch nicht das Ende des Krieges im Osten. Im Gegenteil. Wenige Tage nach Tannenberg erlebte das mit dem Deutschen Reich verbündete Österreich-Ungarn in Galizien eine desaströse Niederlage. 100 000 seiner Soldaten fielen in den beiden Schlachten bei Lemberg, genauso viele gingen in russische Gefangenschaft. Von einem solchen Schlag hätte sich selbst eine besser organisierte, ausgerüstete und geführte Armee nicht leicht erholt. Das Offizierskorps hatte hohe Verluste erlitten, die Moral des Vielvölker-Heeres war nachhaltig untergraben, wie sich an

Deutsche Husaren patrouillieren 1915 auf einer russischen Landstraße. Weil sie an der Front überflüssig waren, übernahmen Lanzenreiter häufig Aufklärungs- oder Polizeiaufgaben.

der großen Zahl von Deserteuren zeigte. Ein Brigadekommandeur erinnerte sich später an die Reaktionen seiner Offizierskameraden nach der Niederlage bei Lemberg im Frühherbst 1914: „Mancher brachte erst nach einiger Zeit knirschend die Worte über die Lippen, nun sei alles aus. Andere fluchten grimmig. Einmütig war die Überzeugung, dass die Führung versagt habe."

Erst als deutsche Truppen aus dem Westen zu Hilfe kamen, gelang es, die Front zu stabilisieren. An ein schnelles Kriegsende im Osten war jedoch nicht zu denken, auch wenn die russischen Truppen sich nach weiteren Niederlagen gegen die Deutschen zurückzogen. Hindenburg bat darum, auch die österreichische Armee seinem Kommando zu unterstellen, was der österreichische Kaiser Franz Joseph ablehnte. Hans von Plessen, Kommandant des deutschen kaiserlichen Hauptquartiers, notierte am 18. Oktober 1914 in sein Tagebuch: „Seine Majestät sind durch die schwierige Lage im Osten sehr gedrückt. Beim Frühstück kommt mir die Gelegenheit Ihm Mut zuzusprechen, was er gnädig annimmt."

Im November 1914 ernannte Wilhelm II. in Abstimmung mit Erich von Falkenhayn, dem neuen Chef der Obersten Heeresleitung, den populären Hindenburg zum „Ober-Ost" – zum Oberbefehlshaber aller deutschen Truppen an

Abgesessen: Eine deutsche Militärradfahrer-Abteilung muss 1915 auf einer schlammigen Straße in Polen schieben.

Ein Kosak der russischen Armee benutzt sein Pferd als Deckung und Gewehrauflage (oben). Beim Vormarsch auf Warschau ziehen österreichische Soldaten 1915 an einem brennenden Dorf im damals russischen Teil Polens vorbei.

Ausgelöscht: Ein Mann sitzt 1917 auf dem Grund eines Minentrichters. Österreichisch-ungarische Pioniere haben hier mehrere Tonnen Sprengstoff unter russischen Stellungen gezündet.

der Ostfront. Das Besatzungsgebiet, das die Deutschen nach Kräften wirtschaftlich ausbeuteten, in dem sie sich aber auch als „Kulturträger" verstanden, umfasste schließlich das spätere Litauen, Lettland, Weißrussland und die Ukraine. Sein eigentlicher Herrscher war Hindenburgs rechte Hand Erich Ludendorff, auch noch, als beide Männer 1916 die Oberste Heeresleitung übernahmen. Fortan waren sie faktisch die obersten Kriegsherren, und als der Krieg auch wegen ihrer harten Haltung verloren ging, schoben sie die Schuld den Demokraten zu.

Dem Kampf gegen das Zarenreich gab zunächst auch von Falkenhayn Priorität; später änderte er seine Ansicht, die deutsche Führung zerfiel in „Westler" wie ihn und „Ostler" wie Hindenburg und Ludendorff. Anfang Mai 1915 – in den Wintermonaten zuvor hatten die k.-u.-k.-Truppen bei ihrer Karpaten-Offensive ein weiteres Debakel erleben müssen – gelang es den Truppen Deutschlands und Österreich-Ungarns in der Schlacht von Gorlice und Tarnów, die Russen fast ganz aus Galizien, später im Sommer auch aus Russisch-Polen zu vertreiben. Die Armeen des Zaren ganz zu vernichten, misslang dem Strategen Ludendorff jedoch. Der Einbruch des Winters half den russischen Soldaten sich zurückzuziehen; mit ihnen musste die Bevölkerung, über drei Millionen Menschen, nach Osten zurückweichen. Der „Große Rückzug" erschütterte die Kriegsmoral im Zarenreich erheblich. Und die Mittelmächte waren weit nach

Angepasst: Eine deutsche Ski-Patrouille überquert im Frühjahr 1915 eine Balkenbrücke im russischen Teil Polens.

Albanische Soldaten ziehen 1916 vor Durrës in den Kampf für Österreich-Ungarn.

Osten vorgedrungen: Im Herbst 1915 verlief die Front 300 Kilometer weiter östlich, von Riga im Norden bis nach Rumänien im Süden.

Die nächsten Monate dienten dem Zarenreich zur Erholung, während Deutsche und Österreicher gemeinsam gegen das unterlegene Serbien vorgingen. Währenddessen arbeitete die russische Rüstungsindustrie Tag und Nacht, um sicherzustellen, dass wenigstens in Zukunft jeder russische Soldat ein Gewehr haben würde – anders als in den Schlachten des Sommers 1915. Der russische Oberbefehlshaber Alexej Brussilow setzte zudem auf moderne Kriegführung und verbot „kavalleristische Abenteuer". Anfang Juni, die Österreicher hatten schon lange begonnen, einen Teil ihrer Soldaten aus Galizien an die Alpenfront gegen Italien zu verlegen, ließ er die österreichisch-ungarischen Truppen bei Luck südlich der Pripjat-Sümpfe angreifen. Zwei k.-u.-k.-Armeen wurden fast völlig vernichtet, die Russen machten fast 200 000 Gefangene und erbeuteten hunderte Geschütze. Es war die größte Schlacht des Krieges an der Ostfront.

Nur das Eingreifen der Deutschen, das der österreichische Oberkommandierende Franz Conrad von Hötzendorf schließlich erbeten hatte, wendete eine völlige Niederlage ab. Im Gegenzug bestand das deutsche Oberkommando auf dem Befehl über die Reste der österreichisch-ungarischen Einheiten. Etwa 1,5 Millionen Soldaten der k.-u.-k.-Armee waren getötet, verwundet oder gefangen genommen worden. Die letzte große Offensive des Zarenreiches hatte aber auch die russische Armee unvorstellbare Verluste gekostet – wohl über eine Million Soldaten hatten ihr Leben gelassen. Am Ende war das Ziel doch nicht erreicht.

Der Krieg im Osten unterschied sich in vielem von den Schlachten im Westen: Die Fronten waren nicht erstarrt, es gab große Geländegewinne und -verluste. Aber der Krieg war nicht weniger mörderisch.

Das Scheitern der Brussilow-Offensive ließ die überall spürbare Unzufriedenheit mit dem zaristischen System anwachsen, die Lebensbedingungen der Arbeiter wurden immer schlechter, Streiks und Demonstrationen nahmen zu. Im März 1917 brach die 300-jährige Herrschaft der Romanows zusammen. Der Krieg aber ging auch unter der neuen provisorischen Regierung und ihrem Kriegsminister, dem späteren Ministerpräsidenten Alexander Kerenski weiter. Erst

Während der Winterschlacht in den Karpaten mühen sich österreichisch-ungarische Soldaten in Schneemänteln über eine Pass-Straße.

als dieser im November 1917 von den Bolschewisten gestürzt worden war, gab es Verhandlungen der neuen Machthaber mit den Mittelmächten über einen Separatfrieden. Im März 1918 kam dieser schließlich in Brest-Litowsk zustande, nicht zum Vorteil Russlands, das große Gebiete abtreten musste. Der Frieden war so hart, dass die Westalliierten umso weniger Neigung zeigten, zu einer Verständigungslösung mit dem Reich zu kommen, das zu dieser Zeit wie der Sieger aussah – eine fatale Illusion, denn bald darauf sollte es sich der geballten Macht Großbritanniens, Frankreichs und der USA beugen müssen.

Aber im Osten war die Revolution tatsächlich zum Bundesgenossen der Deutschen geworden. Es begann die Zeit der Ideologien, unter deren Einfluss der nächste Krieg in Osteuropa alle Schrecken der Jahre 1914 bis 1918 um ein Vielfaches übertreffen sollte.

CORD ASCHENBRENNER

Gefallene Russen in der Nähe von Riga, 1915. Um den Beerdigungskommandos die Arbeit zu erleichtern, wurden die Gewehre der Toten neben sie in den Boden gesteckt.

Umsturz in Russland

So hatte er es sich vorgestellt, ein Auftritt vor der Menge. Soldaten, die mit beiden Händen das Bajonett umgreifen, Arbeiter, die eng aneinandergepresst dastehen mit ihren Schirmmützen und zu ihm hinaufblicken, ihm zuhören, was er zu sagen hat über den Krieg, den Niedergang des Adels, das Ende des Zarenreiches und die Revolution. Lenin, in Anzug und Krawatte, spricht 1917 in den Tagen der Oktoberrevolution in Petrograd, dem heutigen St. Petersburg, vor Arbeiter- und Soldatenräten. Ein Mann, den der Krieg nach vorn geschoben hat an die Macht. Ein russischer Revolutionär, der die Umwälzungen in seinem Land schon lange vorhergesehen hatte.

Gründer eines neuen Imperiums: Wladimir Iljitsch Lenin spricht 1917 in Petrograd vor Arbeiter- und Soldatenräten.

Lenin spekulierte schon 1914, dass ein Krieg für Russland den Niedergang der Monarchie und der Zarenarmee bedeuten könnte. Aber der Zar, hin- und hergerissen zwischen Bündnispolitik mit Serbien und Frankreich, der Chance auf neuen russischen Patriotismus einerseits und der Sorge vor dem militärischen und wirtschaftlichen Risiko andererseits, entschied sich im Sommer für die Teilmobilmachung. Und für den Eintritt in den Krieg.

Anfangs lief es gut aus Sicht des Zaren. Militärisch konnte er der russischen Bevölkerung Erfolge präsentieren, in Ostpreußen, in Galizien, im Kaukasus. Aber diese Erfolge der ersten Monate täuschten und sollten sich bitter rächen. Denn immer stärker zeigte sich, dass die Zarenarmee auf den Krieg nicht wirklich vorbereitet war. Kein anderes Land in Europa hatte eine derart schlechte Infrastruktur – wie zum Beispiel ein äußerst dürftiges Schienennetz –, über das der Nachschub an Lebensmitteln und Kleidung, Waffen und Munition herbeigebracht werden musste. Es folgten Niederlagen, Rückzüge, Gefangenschaften, Verwundete, Tote. Da deutete sich schon an, dass Lenin Recht haben könnte mit seiner Theorie, Russland sei das schwächste Glied in der Kette des Imperialismus.

Für Russland wurde der Krieg zunehmend zu einem Teufelskreis, in Gang gehalten durch die Führungsschwäche des Zaren, die Unerfahrenheit der Heeresführer und die darbende Wirtschaft. Schaffte es die Rüstungsindustrie doch einmal, den Nachschub für die Front einigermaßen aufrechtzuerhalten, fehlte es dafür an Gütern für die russische Zivilbevölkerung. Die Stimmung im Land trübte sich gewaltig ein. In Zeiten der Not, in denen es an Eiern und Brot fehlt, macht auch Patriotismus die Menschen nicht satt.

Das Ansehen der Monarchie sank weiter, als der Zar auch noch den Oberbefehl über die Armee übernahm. Von nun an verband sich jede militärische Niederlage, jeder gefallene Soldat unmittelbar mit seinem Namen.

Weit mehr als eine Million Soldaten fielen in der ersten Kriegshälfte. Manche mussten sich Waffen von Toten nehmen, um sich zu rüsten für die Kämpfe. Und so wie die Streitkräfte des Zaren zunehmend an den Fronten zerrieben wurden und zerfielen, so geschah es auch mit dem Staat. Er musste ein riesiges Reich zusammenhalten und konnte es doch nicht. Es brodelte an vielen Rändern des Imperiums. Streiks breiteten sich aus, die Partei der Bolschewisten, der Anhänger Lenins, gewann an Zulauf, und mit den sozialen Erschütterungen sah Lenin seine Chancen steigen: die Chancen einer Revolution.

Sie war nur der Auftakt: Die Februarrevolution 1917 beendete die jahrhundertealte Zarenherrschaft der Familie Romanow.

Lenin, der bei Ausbruch des Krieges nicht in Russland war, kehrte 1917 aus dem Schweizer Exil in die Heimat zurück. Da hatte Zar Nikolaus II. in Folge der Februar-Revolution, die als Hungerrevolution galt, schon abgedankt. Lenin versprach Frieden, nutzte die Sehnsucht der Menschen nach einer neuen Ordnung, nach dem Ende der korrupten Elite. Überall bildeten sich Arbeiter- und Soldatenräte. Die Schwäche der inzwischen eingesetzten Provisorischen Regierung stärkte den Schwung des Umbruchs. Der Umsturz manifestierte sich, als die Bolschewisten am 8. November 1917 den Winterpalast stürmten, die Provisorische Regierung festsetzten und mit dem Rat (Sowjet) der Volkskommissare Lenin an die Macht brachten. Es war der Beginn einer neuen Epoche, nicht nur für Russland – sondern für ganz Europa.

FRANK NIENHUYSEN

„Mein letztes Wort wird Heimat sein"

Eine Familie gerät zwischen die Fronten: Josef und František Dus sind Brüder, sie lieben sich, doch der Krieg macht sie zu Feinden. Wo ihre Gräber liegen, weiß niemand – doch ihre Briefe an die Eltern erzählen ihre Geschichte.

Was der Legionär Josef Dus wohl zuletzt sah? Gras vergilbte, erste Blätter welkten an diesem Spätsommertag. Traumhaft schön soll die Umgebung gewesen sein, erzählten seine Mitstreiter später. Wälder, von Wasserläufen durchzogen und von Lichtungen geteilt, der Boden war morastig. Der Trupp war in ein Dorf gekommen, das tief im größten Moorgebiet Europas verborgen lag, den Pripjatsümpfen. Friedlich war es dort, ganz anders als die neun Monate zuvor, in denen die Männer gekämpft, getötet und überlebt hatten. Bald dürften sie Urlaub machen, hatte man ihnen gesagt, ein paar Wochen leben ohne Krieg. Doch alles Brot war gegessen, die Ablösung kam nicht. Drei Tage warteten sie. Dann zogen Josef und Kamerad Maurer los.

Es stand nicht gut im September 1915 für Russland, auf dessen Seite Josef kämpfte. Nach anfänglichen Erfolgen hatten die Mittelmächte Deutschland und Österreich-Ungarn die Armee des Zaren zurückgeworfen bis ins heutige Weißrussland, bis zu den Sümpfen. Wie weit der Feind vorgedrungen war und wo die Ablösung blieb, das sollten Dus und Maurer auskundschaften. Doch die Späher wurden entdeckt und beschossen. Eine Kugel traf Josef in den Bauch. Maurer wurde leicht verletzt und lief davon, Hilfe holen. Den nächsten Tag suchten die Kameraden nach Josef, erfolglos. Im Dezember fanden russische Soldaten seine Leiche. Er war wohl verblutet. Josef war gerade 24 Jahre alt geworden.

Dass er den Krieg nicht überleben würde, ahnte er lange vorher. „Es wäre äußerst verwunderlich, wenn ich zurückkäme", schrieb er seinen Eltern. Josef berief sich auf „göttliche Vorsehung", die über sein Schicksal entscheide. Es ist der Klang des Kompromisslosen, der auch 100 Jahre später noch überall auf der Welt zum Repertoire fanatischer Nationalisten gehört. Er wolle stolz und treu sein, hieß es in Josefs letztem Brief, den er in den Wochen nach Kriegsausbruch verfasst hatte.

Es war ein Krieg, in den auch František ziehen musste. Er wollte in Prag alles ordentlich hinterlassen. Als leitender Angestellter in einem Bauunternehmen freute er sich, dass gerade noch ein Lagerhaus in Brod fertiggestellt worden war,

Der jüngere Bruder: Josef, Jahrgang 1891, im Turnanzug. Im „Sokol" wurde auch das nationale Gemeinschaftserlebnis kultiviert.

Das Elternhaus in Velký Vřešťov nördlich von Königgrätz (heute Hradec Králové), aufgenommen wohl in den 1920er Jahren. Unten der ältere Bruder František (links), Jahrgang 1887, als einjähriger Freiwilliger.

wie er in einem Brief an die Eltern am 1. August schrieb. Am letzten Tag vor der Abfahrt an die Front kümmerte er sich um die Buchführung und tröstete seine Verlobte, „das arme Kind“. František wollte nicht in den Krieg, von dem er fürchtete, dass er „gnadenlos“ werden würde. Aber er gehorchte dem Ruf der k.-u.-k.-Militärverwaltung: „Was sein muss, lässt sich nicht umgehen“, schrieb er nüchtern. Er hoffe, dass der Krieg „schnell und ruhig ausgeht“. Am Ende seines Briefes sandte er „viele Küsse an alle“.

Es sind zwei Briefe von Soldaten verfeindeter Mächte, aber sie waren an dieselben Empfänger gerichtet: an die Eheleute Dus, die im nordböhmischen Velký Vřešťov lebten. Viel mehr als aus den Schreiben erfuhren sie nicht über den Verbleib ihrer Söhne František und Josef. Der Kaisertreue kämpfte gegen den Russenfreund, bis der Krieg sie beide verschlang.

„Mein letztes Wort wird Heimat sein“, schrieb der Bruder Josef im August 1914 in seinem letzten Brief an die Eltern. Heimat, das war Tschechien, ein Teil des österreichischen Vielvölkerstaats. Über das morsche Imperium herrschte der greise Kaiser Franz Joseph I. Als der Monarch beschloss, Serbien den Krieg zu erklären, und damit den Weltenbrand entfachte, brodelte es in Böhmen und Mähren längst. Die Verhandlungen über einen Ausgleich im Sprachen- und Nationalitätenstreit waren gescheitert, Separatisten erhielten starken Zulauf.

Widersacher: Exiltschechen marschieren für die Zarenarmee (oben). Franz Conrad von Hötzendorf war 1914 k.- u.-k.-Generalstabschef.

In der Tschechoslowakischen Legion

Josef Dus war einer von denen, die von einem unabhängigen tschechischen Staat träumten. Schon vor dem Krieg war er nach Moskau ausgewandert, seine Freizeit verbrachte er oft im „Sokol“, einer nationalistischen Turnvereinigung. Anfang August 1914, als der Krieg ausbrach, organisierten sich Josef und andere in Russland lebende Tschechen zur „Česká družina“, der Tschechischen Gefolgschaft. Die Exilanten erreichten, im zaristischen Heer kämpfen zu dürfen, als eine Einheit, die später die „Tschechoslowakische Legion“ genannt wurde. In den Folgejahren sollte sie durch rekrutierte Kriegsgefangene zu einer Armee von mehreren zehntausend Mann anwachsen. Die Truppe kämpfte an der Front, lieferte sich Scharmützel im russischen Bürgerkrieg und kehrte schließlich in die Heimat zurück, die nun Tschechoslowakische Republik hieß.

Nach der Februarrevolution 1917 übernimmt Tomáš Garrigue Masaryk (sitzend, zweiter von rechts) die Organisation der „Tschechoslowakischen Legion" in Russland. Sie wird zum Gründungsmythos des tschechoslowakischen Staates – und Masaryk dessen erster Präsident.

Im Sommer 1914 umfasste sie nicht mehr als 1000 Mann, eine kleine Truppe, die wild entschlossen war zu kämpfen. Propaganda putschte die jungen Männer auf, von deutschen Gräueln gegen Tschechen war die Rede. „Das Blut braust", schrieb Josef, „die Hand hebt sich gegen die rohe teutonische Oberherrschaft". Der Augenblick sei gekommen, „mit Hilfe des russischen Riesen den Deutschen die alte Schuld zurückzuzahlen, auch mit Zinsen".
Anfang September 1914 wurden die Tschechen nach Kiew verlegt, später ging es an die Front nach Galizien, wo das Russische Reich an Österreich-Ungarn grenzte. Und Josef machte sich Gedanken um seine Familie. In seinem Brief erkundigte er sich nach Franta, wie sein Bruder František zu Hause gerufen wurde: „Es interessiert mich auch das Schicksal des Bruders Franta, ebenso auch der beiden Schwager", meinte er. „Sind sie auch Soldaten?" Seine Verwandten würden im Krieg nun gegen Russen kämpfen, gegen „Brüder nach dem Blut – oh Schreck". Er bat seine Geschwister und damit auch Bruder František: „Denkt an mich nur mit Liebe."

Russische Offensive: Infanteristen der Zarenarmee marschieren 1914 in Lemberg ein.

Nach der Eroberung von Lemberg 1914 feiern russische Soldaten in den Straßen, hinter ihnen stehen gefangene österreichische Infanteristen (links). Verwundete ungarische Soldaten verlassen die Front per Zug.

Zuletzt hatte Josef František 1912 gesehen. Während der Olympischen Spiele in Stockholm war der Turnwart noch einmal in die böhmische Heimat gefahren, zum Allslawischen Sokol-Kongress, einer Großveranstaltung, mit der die Tschechen ihren Willen zur Unabhängigkeit demonstrierten. Josef besuchte auch noch einmal sein Elternhaus in Velký Vřešťov nahe Königgrätz, das vor allem deswegen bekannt ist, weil dort die Preußen 1866 den Österreichern eine vernichtende Niederlage zugefügt haben.

František Dus bestieg am 2. August 1914 in Prag den Zug, der ihn an die Ostgrenze des Habsburger-Reiches brachte. Als Zielort nannte er im Brief Stanislaw, eine Stadt, die heute in der Ukraine liegt und den Namen Iwano-Frankiwsk trägt. Es ist der letzte gesicherte Aufenthaltsort von František Dus. Als Fähnrich wäre er wohl zum Offizier befördert worden, wenn er länger gelebt hätte. Böhmen und Mähren stellten zwar ungefähr 13 Prozent der Gesamtbevölkerung des Reiches, doch der Anteil der Tschechen am Offizierskorps lag lediglich bei fünf bis acht Prozent. Der Grund für dieses Missverhältnis lag auch an dem zweifelhaften Ruf, den die Tschechen in der Armeeführung hatten. Tschechische Soldaten galten schon vor Kriegsbeginn als unzuverlässig, manchem Militär gar als potenzielle Verräter. Das Misstrauen ging so weit, dass die Justiz wegen prorussischer Umtriebe hart durchgriff und Todesurteile vollstrecken ließ. Das Armeeoberkommando verlangte von der Regierung sogar, das Standrecht über Böhmen und Mähren zu verhängen.

Mit den Niederlagen wuchs das Misstrauen. Die militärischen Lenker um Generalstabschef Franz Conrad von Hötzendorf waren siegesgewiss gegen Serbien und Russland in den Krieg gezogen. Doch ihre Überheblichkeit und schlechte Truppenführung kostete allein in den ersten zehn Kriegsmonaten mehr als 180 000 Armeeangehörige das Leben. 1914 lag die Zahl der Verluste – Tote, Verletzte, Kranke und Gefangene – wohl bei mehr als einer Million Soldaten. Es war ein Aderlass, von dem sich Österreich-Ungarn nicht mehr erholen sollte.

Das Kriegerdenkmal von Velký Vřešťov: Nichts weist daraufhin, dass die Brüder František und Josef auf verschiedenen Seiten der Front kämpften. Die Familie trauerte um beide.

Ein Soldat der österreichisch-ungarischen Armee verlegt Kabel an der galizischen Front, 1917.

Abstimmungsprobleme mit den Verbündeten und unfähige Offiziere: Etwa eine Million österreichisch-ungarische Soldaten werden allein im ersten Kriegsjahr an der Ostfront verwundet oder getötet. Das Bild zeigt einen gefallenen Infanteristen 1914.

Um die eigene Inkompetenz zu überspielen, lasteten die Führer der k.-u.-k.-Streitkräfte die Schuld an Rückschlägen mitunter tschechischen Einheiten an. So auch bei den Kämpfen in Galizien 1914, die sich zur Katastrophe auswuchsen. Generalstabsoffizier Theodor Ritter von Zeynek behauptete etwa, die besonders bittere Niederlage bei der Schlacht von Lemberg und Grodek sei durch das Versagen einer Division verschuldet worden, die einen besonders hohen Anteil an Tschechen aufwies. Die Schlacht war eines der furchtbarsten Gemetzel in dieser Phase des Krieges. „Sterbende Krieger, die wilde Klage Ihrer zerbrochenen Münder", dichtete Georg Trakl über das Grauen, das er als Sanitätsleutnant in Grodek sehen musste. Vor seinem Feldlazarett hingen die Leichen von Ukrainern in den Bäumen – die Österreicher hatten sie verdächtigt, gemeinsame Sache mit den Russen zu machen. Im Lazarett musste Trakl dem Sterben tatenlos zusehen. Wegen fehlender Medikamente konnte er die Schmerzen der tödlich Verwundeten nicht lindern und die leichter Verletzten nicht retten (siehe Seite 60ff.).

In einem ähnlichen Lazarett lag Fähnrich Dus, auch er konnte nicht richtig behandelt wer-

den. František erlag mit 27 Jahren einer Infektion. Was seine letzten Worte waren und ob er einen weiteren Brief an seine Lieben schrieb – all das blieb im Dunklen.

Die Zeit war wohl zu knapp, denn die Front rollte gen Westen: Die russische Armee trieb die Soldaten des Kaisers vor sich her. Sie drang bis zu den Karpaten vor, bedrohte Krakau, besetzte wertvolle Agrargebiete und Ölfelder in Galizien. Sie belagerte die Garnisonstadt Przemyśl. Tschechoslowakische Legionäre kämpften auf Seiten der Russen, wie das österreichische Militär feststellte. Josef Dus war wohl auch dort. Von Kiew dürfte er auf dem Weg durch Lemberg und Grodek gekommen sein. Auf diese Weise sind sich die Brüder vielleicht noch einmal sehr nahe gekommen.

Wovon Josef träumte, hat er in seinem Brief vom Sommer 1914 beschrieben: „Mit russischem Militär in unser goldenes Mütterchen Prag einmarschieren und die Herrschaft der gehassten Feinde beenden.“ Ein schlechtes Gewissen zeigt er aber auch. „Verzeiht mir, wenn ich euch bekümmert habe“, schreibt er, „auch diesen letzten Schritt, den ihr vielleicht als vernünftige Leute nicht gutheißt, den ihr als Tschechen aber auch nicht ablehnt“.

> **Gefallen und gestorben im Weltkrieg. Schlaft in Frieden, zuhause und in der Ferne, Väter, Söhne, Brüder.**
> Inschrift auf dem Kriegerdenkmal von Velký Vřešťov

Im zweiten Kriegsjahr erlahmte die russische Offensivkraft. Die Mittelmächte eroberten verlorenes Terrain zurück und stießen im Spätsommer weiter nach Russland vor, bis zu den Pripjatsümpfen. Dort starb Josef Dus, fern der Heimat, die er hatte befreien wollen.

Sein Schwager Václav, den er in seinem Brief auch erwähnt hatte, überlebte den mörderischen Einsatz an der Südfront in Italien. Er wollte nicht kämpfen, und schon gar nicht gegen seinen Schwager Josef, erzählen seine Nachfahren. Darum sei er desertiert und freiwillig in Kriegsgefangenschaft gegangen.

Josef und František, die so unterschiedlichen Brüder, starben beide einen qualvollen Tod. Ihre Gebeine liegen irgendwo im heutigen Weißrussland und der Ukraine, Gräber sind keine bekannt. Doch in ihrem Heimatort sind sie symbolisch vereint. „Gefallen und gestorben im Weltkrieg“, steht auf der Inschrift des Kriegerdenkmals mit den Namen von František, Josef und neun weiteren Toten. „Schlaft in Frieden, zuhause und in der Ferne, Väter, Söhne, Brüder.“

OLIVER DAS GUPTA

Sturmangriff im Gebirge: Italienische Gebirgsschützen verlassen ihren Graben, um österreichische Stellungen anzugreifen (undatiert).

Blut, Eis und Tränen

1915 erklärt Italien den Mittelmächten den Krieg – und schickt ein unzureichend ausgerüstetes und schlecht geführtes Heer in die Alpen. Am Ende des Krieges gehört das Land zu den Siegern und ist doch einer der großen Verlierer.

Wenn Italiener von der „Grande Guerra", dem Großen Krieg, sprechen, so meinen sie nicht den Zweiten Weltkrieg, der ins deutsche Gedächtnis als allerschlimmstes Völkerschlachten eingegangen ist, sondern den Ersten. Damals, vor hundert Jahren, musste der noch junge italienische Nationalstaat bereits um seine Existenz kämpfen. Eine ganze Generation von Italienern wurde in den Gefechten mit den Truppen Österreich-Ungarns und später auch mit denen des deutschen Kaiserreiches ausgeblutet. Junge Sarden, Kalabresen und Sizilianer hatten in den Schützengräben am Isonzo und am Piave ihr nationales Erweckungserlebnis. Italiener zu sein, das bedeutete für sie, fast unmenschliche Anstrengungen zu vollbringen und von teilweise menschenverachtenden Offizieren ins feindliche Feuer und in den Tod gehetzt zu werden.

Hunderttausende fielen an der Front im Hochgebirge und vor allem im Karst und am Isonzo nördlich von Triest. Allein in der Gedenkstätte Redipuglia südwestlich von Gorizia (Görz), einer gigantischen, vom Diktator Benito Mussolini in Auftrag gegebenen Freitreppe am Abhang des Monte Sei Busi, sind die sterblichen Überreste von mehr als 100 000 gefallenen Italienern eingemauert. Der italienische Historiker Giuliano Procacci schrieb über die Wirkung des Großen Krieges: „Das Italien des gemeinen Mannes der Provinz, das Italien derjenigen, deren erste und einzige Sorge es war, den Alltag zu meistern und die ihren Heimatort nur verließen, um nach Amerika auszuwandern, dieses Italien sah sich in einen Weltkrieg verwickelt, und seine armen Söhne erfuhren erst durch die Uniform und den Kampf in den Schützengräben, dass sie Bürger Italiens waren."

Der Krieg ließ Italien schließlich formal als Sieger, tatsächlich aber als ausgebranntes, zerrüttetes und überschuldetes Land zurück. Zahl-

Mit Tieren im Gelände: Ein Hund der österreichischen Armee trägt einen Behälter für Brieftauben, 1918.

Alpiner Stellungskrieg: Italienische Artillerie beschießt 1915 die Festung Werk Verle in Südtirol (oben); österreichische Pioniere 1916 beim Stollenbau.

lose demobilisierte Soldaten fanden keinen Platz im Zivilleben mehr. Der Boden für den Faschismus mit seinen neuen Katastrophen war bereitet.

Dabei hatte sich Italien anfangs klug aus dem Krieg herausgehalten. Zu dessen Beginn, im Sommer 1914, befand sich das Königreich noch in einem Dreibund mit dem Deutschen Reich und Österreich-Ungarn, der 1879 geschlossen worden war. Dieser Bund war ein Defensivpakt. Da Österreich-Ungarn Serbien angriff, war Rom nicht dazu verpflichtet, Wien militärisch Beistand zu leisten. Prompt erklärte die Regierung Salandra ihre Neutralität. In der Folge standen sich in Italien Neutralisten und Interventionisten gegenüber. Die Regierung folgte einem „sacro egoismo", einem heiligen nationalen Egoismus. Das heißt: Sie wartete ab, wie der Krieg verlief, und versuchte zu ergründen, von welcher Seite größere Vorteile für Italien zu erwarten waren. Das Trentino und Triest, wo jeweils viele Italiener lebten, gehörten damals noch zu Österreich-Ungarn, was Italien in die Arme der Alliierten trieb.

Im April 1915 schloss die italienische Regierung einen Geheimvertrag mit den Ententemächten Großbritannien, Russland und Frankreich. Darin verpflichtete sich Italien, binnen eines Monats in den Krieg einzutreten. Als Gegenleistung sollte das Königreich nach einem Friedensschluss große Gebiete zugesprochen bekommen, darunter das Trentino und Tirol bis zum Brenner, Triest, Istrien und Teile Dalmatiens. Propagandisten des Krieges wie Benito Mussolini und der flamboyante Dichterfürst Gabriele D'Annunzio, die die Nation im Kampf zusammenschweißen wollten, putschten die Bürger auf und drängten die durchaus zahlreichen Kriegsgegner in die Defensive. Am 23. Mai 1915 erklärte Italien Österreich-Ungarn den Krieg. Der Historiker Hans Woller schreibt: „Nirgends sonst war die Kriegsbegeisterung geringer, nirgends sonst war die Spaltung der politischen Führung tiefer und nirgends war der Riss durch die Gesellschaft größer als in Italien."

Die Skepsis vieler Bürger war mehr als berechtigt, das Land war, noch vom vorangegangenen Libyschen Krieg erschöpft, auf einen derartigen Waffengang nicht vorbereitet. Die Ausrüstung des Heeres erwies sich als mangelhaft, Taktik und Strategie des Generalstabs waren veraltet. General Luigi Cadorna, der Chef

An der Steilwand: Kameraden seilen einen österreichisch-ungarischen Soldaten ab, 1916.

Österreichische Unterstände, genannt „Schwalbennester", 1918 an der Marmolata in den Dolomiten.

Der Front-See: Die Nordspitze des Gardasees gehörte bis zum Ende des Ersten Weltkriegs zu Österreich-Ungarn, der Süden zu Italien. Das Bild zeigt eine österreichisch-ungarische Stellung an einer Felswand am nördlichen Ufer, 1915.

Weiß in weiß: Eine österreichische Skipatrouille duckt sich 1917 hinter einen von Schnee bedeckten Stacheldrahtverhau.

des Generalstabs, erwies sich als arrogant, brutal und eigenmächtig gegenüber der politischen Führung und wenig fähig. So war die italienische Streitmacht in den beiden ersten Kriegsjahren das „am schlechtesten geführte aller an den europäischen Fronten kämpfenden Heere", wie Procacci urteilte. Umso bewundernswerter hätten sich die einfachen Soldaten geschlagen.

Anfangs tönten die Kriegspropagandisten noch, die italienische Armee werde binnen weniger Wochen in Wien einmarschieren. Stattdessen folgte ein jahrelanger Stellungskrieg. Im Hochgebirge, zum Beispiel in den Dolomiten, wurde im „weißen Krieg" um jeden Meter Schnee und Fels gekämpft. Die Soldaten beider Seiten schafften Kanonen in aberwitzige Höhen, verbargen Truppen unter Gletschern und sprengten ganze Gipfel – zum Beispiel den Col di Lana bei Corvara – weg, um den Gegner zu treffen. Tausende verhungerten, kamen unter Lawinen um oder erfroren bei Temperaturen bis minus 40 Grad. Der Lohn dieser Torturen, ein Geländegewinn, blieb meist sehr bescheiden.

Am Isonzo scheitert Offensive um Offensive – bis zum Zusammenbruch

Die großen Massenschlachten fanden derweil am Fluss Isonzo statt, in einer Gegend, die heute großteils zu Slowenien gehört. Zwischen Juni 1915 und Oktober 1917 kam es hier zu den zwölf sogenannten Isonzo-Schlachten. Immer wieder ließ General Cadorna seine Soldaten aus der Ebene gegen die auf den Bergen verschanzten Verteidigungslinien Österreich-Ungarns anrennen, mit dem Ziel, nach Villach und Laibach vorzustoßen. Dies misslang jedoch immer wieder, lediglich die Stadt Görz und kleinere Gebiete fielen an die Italiener.

Am 24. Oktober 1917, als Italien kriegsmüde war und seine Armee mit vielen Desertionen kämpfen musste, startete Österreich-Ungarn mit deutscher Unterstützung am Isonzo eine Gegenoffensive. Die Angreifer durchbrachen gleich am ersten Tag bei dem Ort Caporetto die italienischen Linien und drangen rasch nach Julisch-Venetien vor. Die italienischen Truppen stürzten ins Chaos, mehr als 100 000 Soldaten kamen in Gefangenschaft. Das Königreich stand vor dem militärischen Kollaps. Noch heute wird „Caporetto" im Italienischen sprichwörtlich für eine katastrophale Niederlage gebraucht.

Erholung vom Kampf:
Im eroberten Pordenone rasten deutsche Soldaten unter Palmen, 1917.

Österreichisch-ungarische Soldaten essen im Jahr 1915 Früchte auf dem Marktplatz in Görz. Die Stadt wurde wenig später von italienischen Soldaten erobert.

Fokus auf die Kirche: Ein österreichisch-ungarischer Suchscheinwerfer leuchtet ein im Niemandsland zwischen den Fronten am Isonzo liegendes Dorf an, um einen nächtlichen italienischen Überraschungsangriff zu unterbinden.

Jetzt wurde der italienische Generalstabschef Cadorna entlassen und durch den wesentlich fähigeren General Armando Diaz ersetzt. Diesem gelang es, am Fluss Piave, nahe bei Venedig, eine neue Abwehrlinie zu errichten. Dennoch galt Italien als nahezu besiegt. Dies führte im Land jedoch nicht zur völligen Resignation, sondern zu einer patriotischen Reaktion. Die Industrie war inzwischen auf Kriegswirtschaft umgestellt, die Truppen bekamen bessere Waffen und mehr Verpflegung. Zudem wurden die Italiener an ihrer Front stärker von Großbritannien und Frankreich unterstützt.

Italiens Bilanz: 670 000 Tote

General Diaz wählte eine defensivere Strategie als sein Vorgänger Cadorna und hielt den Österreichern stand. Im Juni 1918 scheiterte eine österreichische Offensive. Im Oktober desselben Jahres, als der Erste Weltkrieg bereits entschieden war, befahl Diaz dann seinen Truppen den Angriff. Dabei nahmen die Italiener die Stadt Vittorio Veneto ein – was bis heute als ruhmreiches Gegenstück zur Schmach von Caporetto gilt. Am 3. November unterzeichneten Italien und Österreich-Ungarn in der Villa Giusti bei Padua einen Waffenstillstand. Das Königreich Italien fand sich unter den Siegermächten des Weltkriegs wieder.

Die Bilanz des Krieges auf italienischer Seite: 670 000 Tote, mehr als eine Million Versehrte, Schulden, Inflation, eine einseitig konzentrierte Industrie, hohe Arbeitslosigkeit und ein „verstümmelter Sieg“, weil Italien von den anderen Siegermächten weniger Gebiete zugesprochen bekam, als es erhofft hatte. Kurzum: Italien war sturmreif für extrem linke und extrem rechte Kräfte. Am Ende setzte sich Benito Mussolini mit seinem Partito Nazionale Fascista durch. Jedenfalls er durfte sich als Sieger des Ersten Weltkriegs fühlen.

STEFAN ULRICH

Pazifist, Sozialist, Faschist

Die Metamorphose des Benito Mussolini während des Ersten Weltkrieges hätte totaler nicht sein können: Der spätere Duce war zu Beginn ein neutralistischer, pazifistischer Sozialist und am Ende ein kriegslüsterner Faschist. 1883 als Sohn eines revolutionär gesinnten Schmiedes und einer Grundschullehrerin geboren, folgte er der politischen Gesinnung des Vaters und wurde Sozialist. 1911 machte er entschlossen gegen den Krieg Italiens mit

Stationen: Benito Mussolini 1915 als Kriegsfreiwilliger in Italien (links) und im Einsatz an einem ruhigen Frontabschnitt in den Bergen.

der Türkei um Libyen Front. Als feuriger Redner stieg Mussolini in seiner Partei auf und wurde 1912 Chefredakteur der Parteizeitung *Avanti*. Als im Sommer 1914 der Erste Weltkrieg ausbrach, gaben sich die italienischen Sozialisten pazifistisch. Mussolini trat für eine Neutralität Italiens ein und schrieb einen Leitartikel mit der Überschrift „Abbasso la guerra" – „Nieder mit dem Krieg".

Seine Einstellung änderte sich jedoch schnell. Schon wenige Monate später fand Mussolini, der Krieg verschaffe dem Proletariat die Gelegenheit zur Revolution. Italien müsse gegen die konservativen Mächte Österreich-Ungarn und das Deutsche Reich in den Kampf ziehen. Da ihm seine Sozialistische Partei nicht folgte, musste er als Chefredakteur von *Avanti* zurücktreten. Im November flog er aus der Partei. Im selben Monat gründete Mussolini eine neue Zeitung, *Il Popolo d'Italia,* in der er seine früheren Parteifreunde attackierte. In der Folge soll er von Frankreich und dann auch vom britischen Geheimdienst MI5 Geld bekommen haben, um für einen Kriegskurs Italiens Propaganda zu machen. Er forderte, Abgeordnete, die gegen den Krieg redeten, zu erschießen und Minister ins Zuchthaus zu stecken.

Im September 1915 wurde der spätere italienische Diktator als einfacher Infanterist an die Front geschickt. Dort führte er ein Kriegstagebuch, in dem er sich selbst als Helden stilisierte. Im Februar 1917 wurde er bei der Explosion einer Granate schwer verletzt. Daraufhin arbeitete Mussolini wieder als Chefredakteur des *Popolo d'Italia*. In der Zeitung verklärte er nun die Veteranen des Weltkrieges als künftige Führungsklasse Italiens.

Charismatischer Agitator: Der junge Mussolini als Redner (links); 1922 inszenierte er seinen Regierungsantritt als „Marsch auf Rom".

Bald darauf baute er seine autoritär-nationalistische Bewegung auf. Dazu gründete er im März 1919 in Mailand die „ Fasci italiani di combattimento" (Italienische Kampfverbände), von denen sich künftig das Wort Faschismus ableiten sollte. Von seiner Vergangenheit als pazifistischer Sozialist wollte Mussolini da nichts mehr wissen. Vielmehr verherrlichte er den Krieg und sagte: „Ein Volk, das seine Gefallenen vergöttlicht, kann nicht geschlagen werden."

STEFAN ULRICH

Nahrung ist knapp: Im Ruhrgebiet kehren Städter 1917 mit Kartoffelsäcken von ihrer „Hamsterfahrt“ aufs Land zurück.

Mangel und Elend, Hunger und Ausbeutung

Strategisch hat sich das Deutsche Reich auf den Krieg vorbereitet, ökonomisch aber nicht. Die Alliierten verhängen eine Handelsblockade – und bald schon werden Geld, Rohstoffe und Lebensmittel knapp.

Was entscheidet Kriege, was über Sieg und Niederlage? Waffen, Soldaten, militärische Strategien, das ist die althergebrachte Antwort auf diese Frage. Doch es kommt noch etwas hinzu: die Ökonomie. Sie liefert die Grundlagen, aus der Stärken wie Schwächen erwachsen. Wer Ausbruch, Verlauf und Ende des Ersten Weltkrieges betrachtet, der kann zu keinem anderen Schluss kommen als diesem: Dieser Krieg war auch ein Wirtschaftskrieg. Und dass die Mittelmächte um das Deutsche Reich das Kräftemessen verloren, lag auch an ihren geringeren Mitteln.

Die deutsche Unterlegenheit, die zur Niederlage wurde – sie beginnt unmittelbar nach Kriegsausbruch mit der britischen Seeblockade, mit Minen und patrouillierenden Kriegsschiffen. Die Blockade beschränkte die Handelsnation Deutschland, warf sie auf den eigenen Markt zurück und legte den Import wie den Export lahm. Und sie verstärkte die Folgen einer fehlenden Strategie, konsequent eine Kriegswirtschaft aufzubauen, die sich auf die Produktion kriegswichtiger Güter konzentrierte. Schon bald hatte dies einen allumfassenden Mangel zur Folge: an Rohstoffen, an Arbeitskräften, an Finanzen, an Energieressourcen, zuletzt auch an Zuversicht.

Dabei zog Deutschland voller Optimismus in den Krieg. Jene, die ihn planten, rechneten fest damit, dass er nur von kurzer Dauer sei, und entsprechend knapp waren die Geldreserven: Das, was das Deutsche Reich am Tage des Kriegsausbruchs in seiner mageren Kriegskasse gehortet hatte, reichte gerade einmal für zwei Kriegstage. Nach groben Schätzungen von Historikern wird dieser Krieg die Großmächte am ende mehr als 175 Milliarden Dollar gekostet haben. Deutschland trug davon den größten Anteil gemeinsam mit Großbritannien, Frankreich und den Vereinigten Staaten.

Eine Feldpostkarte wirbt 1917 für die sechste deutsche Kriegsanleihe. Insgesamt borgte sich das Reich 98,2 Milliarden Mark.

Den Krieg finanzierten die Staaten auf Pump, also über Kriegsanleihen, und über die Notenpresse. Kein anderer Staat griff damit so konsequent in die Taschen der Bevölkerung wie das Deutsche Reich: Neun Mal konnten die Deutschen Kriegsanleihen zeichnen, 98,2 Milliarden Mark kamen so in die Kasse. Jene, die ihr Vermögen im Glauben an den Sieg und eine in Aussicht gestellte Rendite gegeben hatten, bekamen weder ihr Geld zurück noch die erhofften Zinsen. Sie erlitten einen Totalverlust, auch ihres Vertrauens in den Staat. Nicht nur jedem Einzelnen, der all sein Geld verloren hatte, fügte das schweren Schaden zu, sondern der gesamten Volkswirtschaft und auf lange Sicht auch der Demokratie. Die misstrauische Bevölkerung konnte im System von Weimar auch aufgrund des Krieges und seiner Folgen schwer Fuß fassen. Die wirtschaftlichen Unwuchten, die 1914 bis 1918 entstanden waren, hinterließen den Boden, auf dem Revisionismus und Extremismus ohne Mühe keimen und Früchte tragen konnten. Das führte zu einem zweiten, noch vernichtenderen Krieg als es der erste gewesen war.

Der Erste Weltkrieg zerstörte nicht nur kleine und große Vermögen von Sparern, nein, er hungerte das Volk geradezu aus. „Man kann noch ein halbes Jahr, vielleicht ein ganzes Jahr Krieg führen, indem man die Menschen langsam verhungern lässt. Dann wird aber die künftige Generation geopfert. Zu den furchtbaren Opfern an Toten und Krüppeln der Schlachtfelder kommen weitere Opfer an Kindern und Frauen, die infolge des Mangels dem Siechtum verfallen", ist in einem Hunger-Flugblatt aus dem Juni 1916 zu lesen. Aus jenem Jahr, dem mit dem „Steckrübenwinter" eine Hungerkatastrophe folgte, der schon eine Reihe immer karger berechneter Lebensmittelrationen und sinkender Kalorienzuteilungen vorausgegangen war. Und dies war keine Überraschung, sondern die erwartbare Folge der britischen Seeblockade: jenes Schachzugs, der ebenso harte wie erwünschte Konsequenzen hatte. Großbritannien sperrte den deutschen Zugang zum Weltmarkt und koppelte das Deutsche Reich weitgehend von Waren-, Rohstoff- und sogar Geldströmen aus Übersee ab, von denen die anderen Kriegsteilnehmer rege Gebrauch machten. War Deutschland bis 1913 aufgrund seiner Mittellage in Europa und der Armut an Rohstoffen stark auf Im- und Exporte angewiesen, kam dieser Austausch bis 1918 nahezu zum Stillstand, erst recht nach dem Kriegseintritt der USA. Auch den Handel über neutrale Staaten wie Skandinavien, die Niederlande oder die Schweiz bezahlte Deutschland mit enorm gestiegenen Preisen für die Waren.

Nicht nur Kriegsgegner ließen Deutschland ins Hintertreffen geraten, der Staat behinderte sich auch selbst.

Deutschland versuchte seinerseits, die eroberten Gebiete in Belgien, in den industriellen Regionen Nordfrankreichs oder in Rumänien

Genügend Nachschub: In einer französischen Flugzeugfabrik fertigen Arbeiter Gerüste für Tragflächen, 1916. Die französische Luftwaffe blieb im Ersten Weltkrieg führend.

auszubeuten, um sich den Nachschub an Rohstoffen, Lebensmitteln und Arbeitskraft zu sichern. Gegen England führte das Deutsche Reich seinen eigenen Wirtschaftskrieg zur See. Der „uneingeschränkte U-Boot-Krieg" hatte es nicht primär auf militärische Ziele abgesehen, sondern sollte vor allem britische Handelsschiffe versenken. Am Ende lieferte er den Anlass für den Kriegseintritt Amerikas. Bis 1918 bildete sich ein neues globales System von Handelspartnerschaften heraus, in dem Deutschland nicht mitspielen durfte. Dies wieder zu ändern, dauerte Jahre.

Aber nicht nur Kriegsgegner ließen Deutschland ins Hintertreffen geraten, der Staat behinderte sich auch selbst. In Deutschland blieb die Kriegswirtschaft trotz zahlreicher bürokratischer Vorschriften weitgehend in privater Hand. Anders als etwa in England, wo Premierminister David Lloyd George nationale, staatlich finanzierte Fabriken etablierte, griff der deutsche Staat nur halbherzig in das private Unternehmertum und damit in die Produktion in den Fabriken ein. Der Übergang von der Friedens- zur Kriegswirtschaft, er erfolgte nicht strategisch und konsequent gesteuert, sondern

Jeder Nagel kostet: Eine Menschenmenge benagelt das „Eiserne Kreuz“ in Potsdam, 1915. Der Erlös kam Kriegswitwen, Waisen und Versehrten zugute.

Industrieproduktion

Index in Prozent, 100 = Vorkriegsniveau

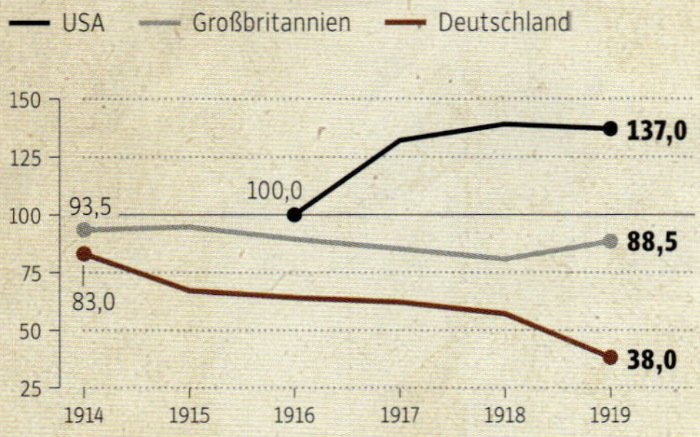

Staatsverschuldung

Veränderung 1919 im Vergleich zu 1914 in Milliarden Dollar

Stahlproduktion

Angaben in Millionen metrischen Tonnen

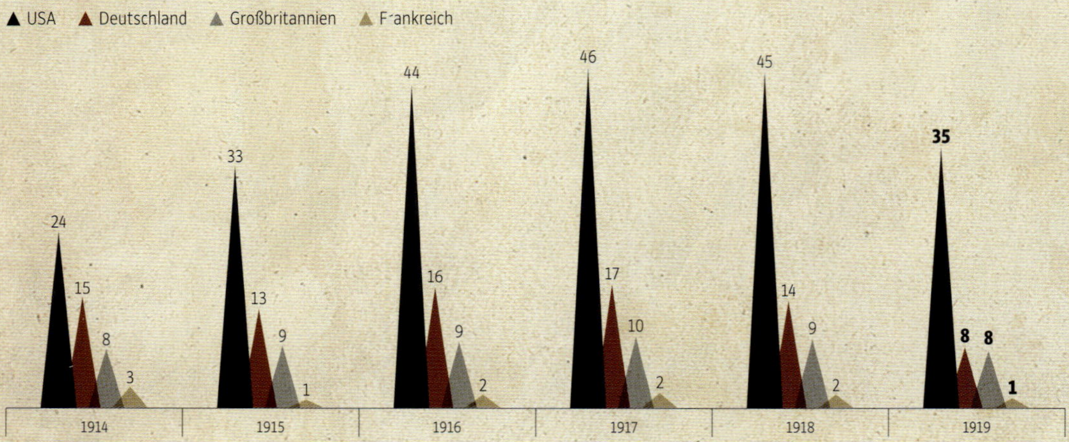

Waffenproduktion

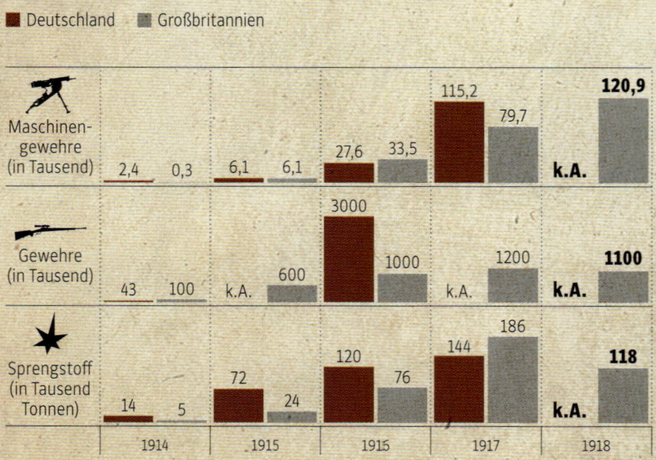

Kriegsausgaben

Angaben in Milliarden Dollar

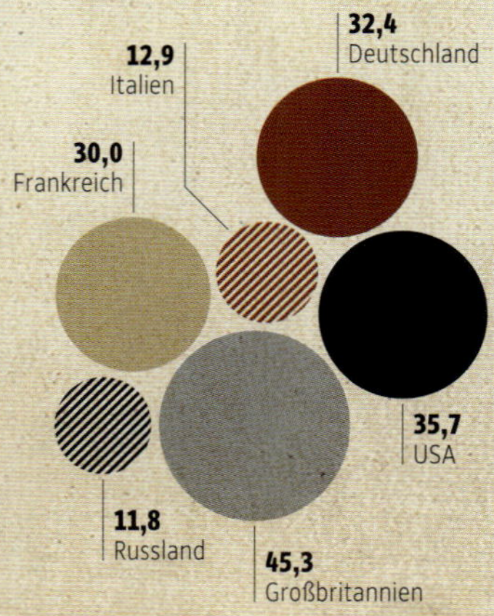

entwickelte sich nur schrittweise – auch, weil Staat wie Unternehmer erst einmal abwarteten.

Der Kriegsbeginn war für die deutsche Wirtschaft „keine Zäsur" (Harald Wixforth). Viele Fragen blieben der Improvisation überlassen: Wofür sollten die knappen Rohstoffe, Eisen, Stahl, Kohle, Kupfer überhaupt verwendet werden dürfen? Wer durfte wie viel davon verarbeiten? Was ließ sich notfalls ersetzen? Es brauchte erst die Materialschlachten an der Westfront, um zu realisieren, dass all dies kriegsentscheidend war. Das deutsche Heer war so von Beginn an materiell im Hintertreffen, auch wenn manches Substitut gefunden wurde. Synthetisches Nitrat etwa, das im Haber-Bosch-Verfahren als Sprengstoff-Ersatz hergestellt wurde. In Deutschland waren es schließlich die Wirtschaftseliten selbst, die zu treibenden Kräften wurden. Eine härtere Hand des Staates forderte vor allem einer: Walther Rathenau, Chef der AEG. Auf seine Initiative hin wurde eine Kriegsrohstoffabteilung geschaffen. Doch in der Folge entstanden dutzende privatwirtschaftlich gesteuerter und organisierter sogenannter Kriegsgesellschaften für einzelne industrielle und agrarische Zweige. Sie standen zwar unter staatlicher Kontrolle, geleitet wurden sie jedoch von Unternehmern. Und die hatten ihre eigenen Interessen. Gemeinsam beschafften und verteilten sie Rohstoffe – nach ihrem eigenen internen Machtschlüssel.

Menschen fehlen überall, an der Front wie in der Fabrik

Doch in den Fabriken mangelte es nicht nur an Material, das verarbeitet werden konnte, sondern auch an den notwendigen Arbeitskräften. Denn es waren im wesentlichen dieselben Personen, die für Deutschland kämpfen und arbeiten sollten, ob an der Kriegs- oder an der Heimatfront, in den Fabrikhallen. Menschen fehlten überall – auf dem Schlachtfeld genauso wie an der Maschine. Fremd- und Zwangsarbeiter, für deren Einsatz sich auch Rathenau bei der Obersten Heeresleitung stark gemacht hatte, konnten vor allem jene nicht ersetzen, die aufgrund ihrer guten Ausbildung doppelt wertvoll waren: im Heer etwa als Pioniere, in den Rüstungsbetrieben als Vorarbeiter. Der Krieg sorgte für einen Fachkräftemangel – obwohl etwa zwei Millionen Arbeiter vom Kriegsdienst freigestellt waren. Auch die Arbeitsbedingungen ver-

Kaiser Wilhelm II. besucht 1917 Arbeiter bei Krupp in Essen, um die Moral zu heben (oben); Französinnen in Saint-Chamond befüllen Artilleriegranaten.

Weil immer mehr deutsche Arbeiter an der Front kämpfen, beschäftigen Industriebetriebe neben Frauen auch Gastarbeiter wie hier im Jahr 1917 AEG in Berlin-Oberschöneweide. Ein deutscher Techniker (rechts) arbeitet türkische Aushilfen ein.

Granaten im Überfluss: Nach dem Kriegseintritt der USA 1917 füllen Munitionstransporte die alliierten Depots an der Westfront (oben); eine staatliche deutsche Werkstatt produziert 1916 Lafetten auf Halde.

Blick in eine Kanonendreherei der Škoda-Werke, 1917. Der damals österreichisch-ungarische Konzern stellt Geschütze aller Größen her – von der leichten Gebirgshaubitze bis zur Schiffskanone.

Ob in Russland (1916), in Frankreich (1916) oder in den Vereinigten Staaten von Amerika (1918): Je länger der Krieg dauert, desto mehr Geld benötigen die beteiligten Staaten – und werben bei ihren Bürgern für Kriegsanleihen.

schlechterten sich zunehmend. Es wurde an allem gespart, in den Hallen war es kalt, weil die Kohle zum Heizen zu wertvoll war, gearbeitet wurde nur noch bei Tageslicht. In den Betrieben herrschte enorme Unzufriedenheit und Fluktuation, sei es durch Einberufungen zum Kriegsdienst, sei es durch den Kampf um die Qualifizierten auch zwischen den Betrieben.

In Berlin blüht der Schwarzmarkt

Zu all dem kam die Inflation und entwertete die Löhne. Die Reallohnverluste waren in den Rüstungsbetrieben noch wesentlich geringer als in der Konsumgüterindustrie, die stark schrumpfte. Auch dies trug dazu bei, dass es den Menschen schlechter ging. Immer weniger Lebensmittel waren auf legalem Weg zu erwerben, vor allem in den Städten. Hier blühte der Schwarzmarkt. „In Berlin gab es eine Ernährungskrise, in Paris und London nicht“, analysiert der Historiker Theo Balderston in einem internationalen Vergleich der Kriegswirtschaften. „Nicht die internationale Solidarität der Arbeiterschaft, sondern die sich ausbreitende Erschöpfung ließ 1917 auch in Deutschland den Ruf nach Frieden ertönen“, schreibt Herfried Münkler in seinem Buch *Der Große Krieg*. Doch die Oberste Heeresleitung unter Paul von Hindenburg und Erich Ludendorff habe es versäumt, diese Warnsignale zu hören.

So setzte die Heeresleitung statt auf eine Friedens- auf eine Eskalationsstrategie, und zwar seit 1916 mit dem sogenannten „Hindenburg-Programm“. Es sollten mehr Rüstungs- statt Konsumgüter produziert werden. Die Lage für die Menschen verschärfte dies nochmals, militärisch reichte dieses Mehr an Rüstung jedoch nicht aus, um der feindlichen Übermacht etwas entgegenzusetzen. Am Ende des Ersten Weltkriegs, resümiert der Sozialhistoriker Jürgen Kocka, befand sich Deutschland und die deutsche Ökonomie in einer „Knappheits-, Verelendungs- und Ausbeutungssituation“.

KATJA RIEDEL

Das Sparschwein geschlachtet: Eine Volksschulklasse aus Großen-Buseck im Kreis Gießen hat 5000 Mark für die achte Kriegsanleihe gesammelt, 1918 (oben). Ein Jahr zuvor ziehen Gymnasiasten mit Werbeschildern durch die Straßen Berlins.

Zünderproduktion bei Krupp 1917: An den Maschinen der Munitionsfabrik arbeiten immer mehr Frauen.

Die Pickelhaube: Stolz der Nation

Uneingeschränkt zweckmäßig war die Pickelhaube 1914 nicht mehr an der Front, aber doch als Sammelbüchse für die Kriegswohlfahrt.

Mit den Kriegen von 1864, 1866 und 1870 schuf Bismarcks Preußen die Grundlage für ein von Preußen dominiertes, vereintes Deutschland, gewissermaßen ein preußisches Kaiserreich deutscher Nation. Ein Symbol für dieses Deutschland war die Pickelhaube. In der preußischen Armee wurde sie 1842 eingeführt: ein schwarzer Lederhelm mit zunächst hoher, dann niedrigerer Glocke, der an der Stirnseite den preußischen Adler trug und von einer Spitze, eben dem Pickel, gekrönt wurde.
Die Pickelhaube war der Stolz einer Nation, in der das männliche Idealbild der Gardeleutnant war, und sie war gleichzeitig Ziel des Gespötts all jener, die sich über die tumben, militaristischen Deutschen lustig machten.
Zu Beginn des 20. Jahrhunderts hatten alle Armeekontingente der deutschen Staaten die Pickelhaube übernommen; selbst das notorisch Berlin-skeptische Bayern hatte 1886 seinen traditionellen Raupenhelm aufgegeben und die Pickelhaube mit dem bayerischen Wappen eingeführt. Noch vor 1914 war eigentlich klar, dass die Zeit der Pickelhaube abgelaufen war. Jenseits ihrer Symbolik bot sie so gut wie keinen Schutz gegen Geschosse oder Splitter und war darüber hinaus auch noch relativ aufwändig in der Herstellung.
Trotzdem zogen die Deutschen 1914 unter der Pickelhaube ins Feld. Es gab diverse Veränderungen wie zum Beispiel Stoffüberzüge für die Lederhelme oder Ersatz-Pickelhauben aus steifem Filz, gepresstem Blech oder sogar Kork. In einem Krieg allerdings, in dem Artillerie und Maschinengewehre das Gefechtsfeld bestimmten, waren Lederhelme ebenso anachronistisch wie bunte Uniformen oder die Lanzen der Kavallerie. Wegen der immens ansteigenden Zahl der Kopfverletzungen durch Granatsplitter führten Franzosen, Engländer und Deutsche im zweiten oder dritten Kriegsjahr Stahlhelme ein.
Im Januar 1916 erhielten die ersten deutschen Truppen die neuen Helme. Ein solcher Helm aus Chromnickelstahl wog etwa 1,2 Kilogramm und

Schutz vor Granatsplittern: ein englischer Soldat 1915 mit neu entwickeltem Stahlhelm (links). Der deutsche Stoßtrupp an der Westfront trägt 1917 Helme des Modells M1916.

war mit einem dreiteiligen Lederpolster ausgestattet. Seine Form erinnerte an eine spätmittelalterliche Sturmhaube; charakteristisch waren zwei schraubenartige Erhöhungen auf der rechten und der linken Seite, die der Entlüftung dienten und ein wenig an kleine Hörner erinnerten. Die Schutzfunktion des Stahlhelms war beträchtlich; auch heute noch haben viele moderne Armeen Schutzhelme, die dem deutschen Stahlhelm von 1916 ähneln. Die Wehrmacht übernahm ebenfalls diese Helmform; der deutsche Stahlhelm des Zweiten Weltkriegs war nur weniger breit und niedriger.
Wie die Pickelhaube zuvor wurde der Stahlhelm im Ersten Weltkrieg und danach zum Symbol des deutschen Soldaten. Der Frontkämpfer-Mythos, dem nicht nur die Rechten und die Nazis huldigten, war eng mit dem Stahlhelm verbunden. Der Sturmtrupp-Soldat der Jahre 1917/1918 mit Stahlhelm, Handgranaten und Grabendolch: Er ist wohl der soldatische Archetyp des Ersten Weltkriegs.

KURT KISTER

Der Krieg der weißen Männer

Eine „europäische Tragödie" sei das Völkermorden von 1914 bis 1918 gewesen, schreibt der Militärhistoriker John Keegan im Jahr 1999. Aber es ist auch eine afrikanische und asiatische, eine globale Tragödie: ein Weltkrieg.

Der Krieg kam unverhofft in das kleine Dorf im Süden von Nigeria. „Eines Nachts kehrten wir von unserer Yams-Farm zurück nach Hause, da rief uns der Häuptling zu sich", erinnerte sich später ein Einheimischer namens Nwose. Ein Bote der britischen Kolonialregierung war 1914 ins Dorf gekommen. Nwose wusste nicht, was geschehen war, aber sein Häuptling und der Bote sagten, „der weiße Mann hat nach uns geschickt, und deshalb müssen wir gehen". Er ging.

Nach drei Tagen Marsch erreichte er das Lager der Briten. „Viele andere waren schon dort. Der weiße Mann schrieb unsere Namen in ein Buch, band uns nummerierte Messingstücke um den Hals und gab jedem Essen und eine Decke." Nwose erhielt die Nummer 1475, aber um was es ging, erfuhr er erst danach: „Dann sagte er, wir würden in den großen Krieg ziehen, um den Soldaten des Königs zu helfen. Sie würden die Deutschen daran hindern, in unser Land zu kommen und es zu verbrennen. Und dann brachen wir auf, in den Busch." Für eine Umkehr war es zu spät: Voran ging die Regierungspolizei, „sie passte auf, dass niemand zurückblieb".

Unter Dattelpalmen: Deutsche Offiziere des Asien-Korps rasten mit ihren Pferden an der Orientfront, 1917.

Nwose diente fortan als Träger im britischen Southern Nigeria Carrier Corps. Im Gefolge seiner Kolonialherren musste er ins Nachbarland ziehen, in die deutsche Kolonie Kamerun. Er trug Munition und Verpflegung auf seinen Schultern, quälte sich durch den Regenwald, watete durch Flüsse, wurde verwundet und wieder nach Hause geschickt. Die Briten führten ihn als *volunteer*, als Freiwilligen. Tausende andere Afrikaner hatten sie mit vorgehaltener Waffe zum Dienst gezwungen.

Der Erste Weltkrieg: Er war auch ein afrikanischer Krieg. In seinem Kern mag er europäisch gewesen sein: entstanden aus der Rivalität europäischer Mächte, entzündet auf dem Balkan, ausgetragen zwischen europäischen Machtblöcken auf Schlachtfeldern in Frankreich, Flandern, Italien und Russland. Eine „europäische Tragödie" hat ihn der Militärhistoriker John Keegan genannt. Aber er war mehr als das. Er war eine europäische, eine afrikanische, eine globale Tragödie: ein Weltkrieg.

Afrikaner und Asiaten starben im Kampf um deutsche Kolonien. Deutsche Kriegsschiffe kaperten Handelsschiffe im Pazifik und beschossen Stützpunkte in Indien und Britisch-Malaya. Inder und Türken bekämpften sich in Mesopotamien. Japanische Marinesoldaten stürmten deutsche Stellungen in China. Bayerische Flie-

Zwei Krieger aus dem Stamm der Ruga Ruga in Deutsch-Ostafrika haben sich als Hilfssoldaten der deutschen Schutztruppe verdingt (undatiert).

Im Krieg für die Kolonialmacht: Senegalschützen der französischen Armee sind 1916 bei Verdun von bayerischen Soldaten gefangengenommen worden.

Die Verkündigung des heiligen Krieges. Wird von Österreichern über russischen Schützengräben abgeworfen. –

لا إله إلا الله محمد رسول الله

أطيعوا الله والرسول وأولي الأمر منكم

إنّ الحكومة الروسيّة مذ عالنت بالحرب على النمسا والمجر وعلى ألمان
مازالت تناكد الدولة العثمانية لما بيننا وبينها من المودّة والمصافاة
وجاوزت حدود الدولة العليّة فاضطرّ السلطان محمد الخامس السلطان
العثماني وخليفة العالم الإسلامي إلى ملازمتنا سواء كان في محاربة
الروس او محاربة متفقيها الانكلترا والفرنسا (الفتنة نائمة لعن الله
من أيقظها) . فأينما تولّوا اليوم تروا جنود العثمانيين يجارون جنودنا
في قهر الأعداء وتدميرهم وقد اقترب الجنود العثماني من مدينة باطوم
ودخلوا بلاد القفقاس من خطط شتى فمسلمو القفقاس اليوم يحاربون
الروس جنب اخوانهم العثمانيين . ولم يجاهر السلطان العثماني
والخليفة الاسلامي بالجهاد على الروس ومتفقيها الانكلترا والفرنسا
إلّا مطاوعة لفتوى شريفة صدرت ومقتضاها ان كلّ فرد مسلم
ببلاد الأعداء أو في جنودهم يحارب النمسا والألمان حليفي الدولة العلية
ونصيري الإسلام يؤذي الخلافة الإسلامية ويستحق العذاب
الأليم . هذا ما أمر الخليفة وما تضمنته الفتوى الشريفة .
فينبغي لكلّ مسلم ضابطاً كان أو جندياً يحارب في صفوف الروس أن يطّلع
عليه ويعمل بمقتضاه وما علينا إلّا البلاغ . يا أهل الاسلام
هجروا جنود الروسيين أعداء الدولة العثمانية والخلافة الاسلامية
القاسي القلب الشديد الغدر وانضموا الى جنود النمسا والألمان
فانهما متفقا خليفتكم وحليفاه . ولإن أتيتمونا لوجدتم
لدينا رحباً وبشاشة وأكرم منزل . والسلام على من
اتّبع الهدى

آوستريا-مجارستان وآلمانيا دولتلرينه اعلان حرب ايدن روسيه
حكومتی دوستمز اولان دولت عليهٔ عثمانيه يی دخی راحت براقميوب
عثمانلی واسلام طوپراغنه تجاوز ايتديكندن عثمانليلرك پادشاهی
و دنيا ده كی بتون مسلمانلرك خليفه سی سلطان محمد خان خامس حضرتلری
كرك موسقوف وكرك انك متفقی اولان انكلتره وفرانسه عليهنه
بزمله برلكده حرب ايتمكه مجبور اولمشدر . بزم اردولرمزكبی دولت
عليه نك اردولری ده دشمنلرمزی هر طرفدن قهر ايديور عثمانلی
عسكری باطومه ياقلاشدی . چوق يرلردن قفقاسه كيردی
قفقاس مسلمانلری عثمانلی دن قارداشلريله برابر موسقوفله حرب
ايديورلر . موسقوف دونماسی قره دكز ليمانلرندن حبس اولوب
چيقه ميور . پادشاه وخليفهٔ اسلام حضرتلری فتوای شريف ايله
موسقوفلر وانكليزلرله فرانسزعليهنه جهادی اعلان بيوردقلری
كبی دشمن مملكتلرنده واردولرنده بولنان مسلمانلرك دولت عليه نك
واسلامك دوستی اولان آوستريا وآلمانيا عليهنه حرب ايتملری
خلافت اسلاميه نك مضرتنی موجب اوله جغندن عذاب اليمه مستحق
اوله جقلرينه دائرده فتوای شريف چيقمشدر . قارشومزده كی
موسقوف اردولرنده بولنان مسلمان ضابطلرله عسكرلری خليفه
حضرتلرينك امرندن وفتوای شريفك احكامندن خبردار ايدرم .
دولت عليه نك وخلافت اسلاميه نك واسلام دينك انصافسز
وغدار دشمنی اولان موسقوف اردوسنی ترك ايديكز خليفه كزك
دوستی ومتفقی اولان آوستريا-مجارستان وآلمانيا اردولرينه
التحاق ايديكز . قوجاقلرمز سزه آچيقدر . والسلام على
من اتبع الهدى .

Gerichtet an alle muslimischen Soldaten: Ein Flugblatt verkündet den Heiligen Krieg gegen die Alliierten. Österreichische Flieger werfen es 1915 über russischen Schützengräben ab.

ger und hessische Infanteristen schossen in Palästina auf arabische Milizen. Und auf den Schlachtfeldern Europas verbluteten Australier und Neuseeländer, Kanadier, Kreolen und Südafrikaner, Somalier und Senegalesen, Madegassen, Inder und Indochinesen, Algerier, Tunesier, Marokkaner und schließlich auch Amerikaner.

Vaterland und Mutterland

Dass der Krieg binnen kurzer Zeit große Teile der Welt erfasste, lag daran, dass Frankreich, Großbritannien und Deutschland jeweils Territorien in Übersee besaßen. „When the King is at war, the Empire is at war", hieß es in London. Gleiches galt für das französische Kolonialreich: Ein Krieg des „Mutterlands" bedeutete automatisch Krieg für die Kolonien. Selbst die britischen Siedlerkolonien Australien, Neuseeland, Kanada, Neufundland und Südafrika, die sich weitgehend selbst verwalten durften, beteiligten sich ausnahmslos.

Dass der Krieg über Europa hinausgriff, lag aber auch am Kriegseintritt des Osmanischen Reichs: eines riesigen Gebildes, das zwar bereits arg geschrumpft war, sich aber noch immer von Nordafrika bis zum Irak und vom Kaukasus bis zum Persischen Golf erstreckte. Obwohl das Bündnis mit dem Osmanischen Reich nur zögerlich zustande gekommen war, hegten Kaiser und Regierung in Berlin bald große Hoffnungen. Die neuen Verbündeten sollten nicht nur die russische Armee beschäftigen, sondern auch Indien und den Suezkanal bedrohen, Herz und Rückgrat des Britischen Kolonialreichs. Deutsche Offiziere und Soldaten, Kriegsschiffe und Fliegerstaffeln würden sie unterstützen. Der Scheich ul-Islam von Konstantinopel tat ein Übriges: Am 14. November 1914 rief er zum „Dschihad", zum Heiligen Krieg gegen die Feinde des Deutschen und des Osmanischen Reiches. Muslimische Soldaten in britischen und französischen Diensten würden die Waffen niederlegen oder am besten überlaufen, so sein Kalkül.

Die Rechnung ging nicht auf. Dem Aufruf zum „Dschihad" folgten nur wenige. Zwar band ein osmanischer Angriff zunächst tatsächlich russische Truppen im Kaukasus, doch die Türken kämpften bald an drei Fronten. Im Süden, in Palästina, mussten sie sich gegen britische Soldaten und arabische Rebellen wehren. Im Osten, in Mesopotamien, marschierte eine

Osmanische Lastkamele an der Palästinafront, 1916 (oben). Türkische Soldaten während der alliierten Invasion der Dardanellen, 1915.

Deutsche Sanitäter des Roten Kreuzes transportieren 1918 zwei Verwundete des Asien-Korps auf einem Kamel.

Die Westfront erhält Verstärkung aus Übersee: Angeführt von einem britischen Offizier, marschieren indische Soldaten durch Frankreich (oben). Amerikanische Truppen ziehen 1917 durch Paris.

Verschnaufpause auf einem Hügel:
Deutsche Milizionäre aus Tsingtao im Osten Chinas setzen sich 1914 gegen angreifende Japaner zur Wehr.

britisch-indische Expeditionsarmee auf Bagdad zu. Und im Westen geriet gar die Hauptstadt Konstantinopel in Gefahr, als ein britisches und australisch-neuseeländisches Heer bei Gallipoli an den Dardanellen landete.

Aus dieser Notlage konnten sich die Türken zwar befreien, die Invasion der Dardanellen wurde in einem monatelangen, blutigen Grabenkrieg zurückgeschlagen. Langfristig aber hatten die Osmanen den Angriffen der Briten, Inder und Araber wenig entgegenzusetzen. Als britisch-indische Truppen am 11. März 1917 Bagdad einnahmen, mussten die Regierungen in Berlin und Konstantinopel ihre Pläne für den Orient begraben. Und in Palästina folgte Rückschlag auf Rückschlag. Im Oktober 1918 baten die Türken um Waffenstillstand. Das deutsche Kolonialreich war zu diesem Zeitpunkt längst von Soldaten der Entente besetzt worden.

Zu Beginn des Krieges hatte die deutsche Regierung noch die Hoffnung gehegt, die Kolonien ließen sich aus den Kämpfen heraushalten. Am 2. August funkte das Reichskolonialamt an die Gouverneure in den Territorien, die Mächte wollten den „österreichisch-serbischen Krieg" lokalisieren, die Siedler in den deutschen „Schutzgebieten" seien außerhalb der Kriegsgefahr. Die Kolonialbeamten setzten auf das Vorbild der Kongo-Akte von 1885: Damals hatten sich die Mächte darauf verständigt, den Kongo im Falle eines europäischen Krieges als neutral zu betrachten. Zudem galt unausgesprochen ein rassistisches Einverständnis unter Imperialisten: Vor den Augen der Afrikaner würden sich die weißen Kolonialherren nicht gegenseitig umbringen – die Einheimischen könnten ja sonst auf dumme Gedanken kommen.

Aus deutscher Sicht war diese Hoffnung alles andere als uneigennützig. Denn die meisten deutschen Kolonien lagen nahezu schutzlos da. Sie waren umgeben von feindlichen Territorien, und ihre Besatzung war wenig mehr als eine kasernierte Polizeitruppe. Sie konnte zwar Aufstände bekämpfen; mit der Abwehr einer militärischen Invasion aber war diese Schutztruppe in jeder Hinsicht überfordert.

Entsprechend einseitig verlief der Krieg in den Kolonien. Zwei Tage nach dem zuversicht-

Tagesausflug der Kolonialherren: Die deutsche Schutztruppe versammelt sich vor einem Höhentempel bei Shanhaiguan zum Gruppenfoto, 1904.

lichen Funkspruch des Reichskolonialamts erklärte Großbritannien dem Deutschen Reich den Krieg, vier Tage später bereits bombardierten britische Truppen die Telegrafenstation in Dar-es-Salam, der Hauptstadt der Kolonie Deutsch-Ostafrika.

Vor dem Ersten Weltkrieg herrschte der deutsche Kaiser über Gebiete in Afrika und Asien, die zusammen fast sechs Mal so groß waren wie das damalige Deutsche Reich in Europa. In Kiautschou in China unterhielt Deutschland den Flottenstützpunkt Tsingtao. Ein Teil von Neuguinea sowie Samoa und weitere, kleinere Inseln im Pazifik wurden von Deutschen regiert, ebenso Togo, Kamerun, Deutsch-Südwestafrika (das heutige Namibia) sowie Deutsch-Ostafrika, das in etwa dem heutigen Tansania, Burundi und Ruanda entspricht.

Abgesehen von Deutsch-Ostafrika, wo der Kommandeur Paul von Lettow-Vorbeck bis zum Ende des Krieges einen rücksichtslosen Buschkrieg gegen Briten, Inder und Südafrikaner führte, gingen diese Besitzungen rasch verloren. Die deutschen Verteidiger in Togo und auf Samoa kapitulierten bereits im ersten Kriegsmonat. In beiden Kolonien war vor dem Krieg kein Militär stationiert gewesen; dabei war zumindest Togo strategisch bedeutend: Die Deutschen hatten hier eine für ihr gesamtes afrikanisches Kolonialreich wichtige Funkanlage betrieben. Damit sie nicht in die Hände der heranrückenden britischen und französischen Soldaten fiel, zerstörten sie die Anlage selbst. Die deutschen Kolonien in Afrika waren fortan von Nachrichten aus Berlin weitgehend abgeschnitten.

Neuguinea kapitulierte im September. Hier hatten sich etwa 300 Verteidiger um eine Funkstation eingegraben, 240 davon einheimische Melanesier. Sie waren hastig eingezogen worden, viele hatten noch nie ein Gewehr benutzt. Als im September 6000 australische Soldaten auf Neuguinea landeten, kam es unter den Melanesiern zu Meutereien: Der Krieg gehe sie nichts an, es sei ein Kampf zwischen Weißen. Der deutsche Gouverneur gab auf. Die kleinen Inseln Mikronesiens oder im Bismarck-Archipel wurden kampflos von Australiern, Briten und Japanern besetzt.

新民飯店
APOTHECARY
共和大藥房

Straßenszene in Tsingtao (heute Qingdao) vor 1914. Die Stadt unterstand von 1898 bis 1914 deutscher Kolonialherrschaft. Die Kathedrale St. Michael ist bis heute erhalten.

Zu diesem Zeitpunkt war die deutsche Marinefestung Tsingtao im Nordosten Chinas bereits von japanischen Soldaten eingeschlossen. Japan war seit 1902 mit Großbritannien verbündet und sah sich auf dem Weg zur asiatischen Großmacht. Die deutsche Kolonie zu erobern schien eine gute Gelegenheit, sich zu beweisen. Am 23. August erklärte Japan Deutschland den Krieg, wenig später landeten japanische Soldaten mit britischer Unterstützung in China. Sie verletzten damit dessen Neutralität, aber das nahmen die Politiker in London und Tokio in Kauf: Für einen Angriff von See her war Tsingtao zu gut befestigt. Doch auch auf der Landseite zog sich die Belagerung hin. Die etwa 6000 deutschen Soldaten hatten sich eingegraben. Am Ende ging den Verteidigern, die sich von ihren Stellungen bereits in die Stadt zurückgezogen hatten, die Munition aus. Die Besatzung kapitulierte am 7. November.

Für das in Tsingtao stationierte deutsche Ostasiengeschwader endete der Krieg ebenfalls noch 1914. Es war ausgelaufen, bevor Japaner und Briten den Belagerungsring geschlossen hatten. Eines der Schiffe, die *Emden*, stiftete fortan Unruhe vor der indischen Küste, versenkte zwei Kriegsschiffe und brachte 23 Handelsschiffe auf, bis sie im November 1914 vor den Kokosinseln von einem australischen Kreuzer überrascht und versenkt wurde. Das übrige Geschwader steuerte Chile an, lieferte sich mehrere Gefechte mit der britischen Marine und wurde schließlich im Dezember 1914 vor den Falkland-Inseln aufgerieben.

In Afrika dagegen leistete die deutsche Schutztruppe verhältnismäßig lange Gegenwehr.

Mit Ochsenkarren gegen gepanzerte Lastwagen

Etwa 5000 deutsche Soldaten und Reservisten standen in Deutsch-Südwestafrika mehreren Zehntausend überlegen ausgerüsteten Südafrikanern gegenüber: Die Invasoren hatten bessere Karten, modernere Waffen und schnellere Transportmittel. Fuhren die Südafrikaner mit gepanzerten Lastwagen, mussten sich die Deutschen mit Ochsenkarren behelfen. Zugute kam den Verteidigern nur, dass die südafrikanischen Buren rebellierten, weil sie Deutschland als Verbündeten sahen, nicht als Feind. Doch der Aufstand verzögerte nur das Unvermeidliche: Ende Januar 1915 hatten sich die letzten Buren erge-

Seekrieg im Mittelmeer: Während der Schlacht von Gallipoli liegt das britische Küsten-Kriegsschiff HMS Humber in der Bucht von Moudros.

Im Kampf um Gallipoli schlagen mehrere britische Versuche, die Meerenge mit Kriegsschiffen zu durchbrechen, fehl. Das Bild zeigt ein zerstörtes Schiff der Monitor-Klasse im Hafen der Insel Gökçeada, 1915.

ben, am 4. Juli 1915 kapitulierte der deutsche Gouverneur vor den nahenden Südafrikanern.

In Kamerun zog sich der Krieg bis Dezember hin, dabei war die Lage aus deutscher Sicht ebenso aussichtslos. Gleich zu Beginn des Krieges hatte sich die Schutztruppe ins Hochland von Adamaua im Norden Kameruns zurückgezogen. Dass die Verteidiger dort mehr als ein Jahr ausharren konnten, lag nur daran, dass Briten und Franzosen die Deutschen im Süden suchten, im Gebiet um die Hauptstadt Jaunde. Als sie der Schutztruppe schließlich mehr durch Zufall nahekamen, floh diese einmal quer durch Kamerun ins neutrale Spanisch-Guinea.

So hielten die Deutschen zu Beginn des Jahres 1916 nur noch Deutsch-Ostafrika. Im November 1914 hatte die Schutztruppe hier eine Invasion indischer Soldaten bei Tanga im Nordosten der Kolonie zurückgeschlagen. Nach der Kapitulation Kameruns und Südwestafrikas aber stand sie auf verlorenem Posten. Im März 1916 rückten große südafrikanische Verbände ein und übernahmen die Kontrolle, die deutschen Verteidiger unter dem Kommandanten Paul von Lettow-Vorbeck schlugen sich in den Busch, hielten aber durch. Die letzten Verbände kapitulierten erst am 25. November 1918, als in Europa längst Waffenstillstand herrschte.

Der Krieg Lettow-Vorbecks sorgte für euphorische Zeitungsmeldungen. Die deutsche Regierung maß ihm hingegen nur geringe Bedeutung bei. Der Krieg in den Kolonien war nachrangig. Sie war überzeugt, das Kolonialreich sei ohnehin nicht zu verteidigen, und über die Zukunft der Kolonien werde nicht im Busch, sondern in Europa entschieden. Ein Sieg über Frankreich und Großbritannien, und alle verlorenen Gebiete in Übersee würden zurückgegeben.

In einer französischen Kleinstadt beobachten die Einwohner 1914, wie Schützen aus dem Senegal an die Front marschieren.

Für Deutschland: Ein Askari-Soldat in Deutsch-Ostafrika präsentiert die kaiserliche Flagge (undatiert).

Doch auch in Europa machten sich die Kolonien bemerkbar: als Lieferanten von Rohstoffen und Lebensmitteln sowie als Reservoir für Soldaten. Allein in den britischen Siedlerkolonien zogen weit mehr als eine Million Männer in den Krieg, viele davon freiwillig. Darüber hinaus kämpften auf Seiten Frankreichs und Großbritanniens mehr als 640 000 Kolonialsoldaten allein in Europa, vor allem Inder, Algerier und Ost- sowie Westafrikaner, in Verbänden wie den „Indian Expeditionary Forces", den „King's African Rifles" oder den „Tirailleurs Sénégalais". Mehr als 400 000 Asiaten und Afrikaner wurden zusätzlich in Europa als Arbeiter in der Kriegsindustrie eingesetzt.

Bei den deutschen Soldaten hinterließen besonders die etwa 140 000 schwarzafrikanischen Frontsoldaten Eindruck. Sie wurden von ihren Kolonialherren bevorzugt zum Sturm auf feindliche Stellungen eingesetzt: Ihren Tod nahmen die Kommandeure bereitwilliger in Kauf als den der europäischen Landsleute. Aber auch die französischen Soldaten lernten ihre afrikanischen Kameraden fürchten. Sie wussten: Wenn sie Verstärkung von Kolonialverbänden erhielten, stand mit großer Wahrscheinlichkeit ein Sturmangriff bevor.

In Deutschland sorgte der Einsatz afrikanischer Soldaten für Empörung. Im September 1914 schwadronierte Reichskanzler Theobald von Bethmann Hollweg vor US-amerikanischen Journalisten über üble „Folgen für die Kulturgemeinschaft der weißen Rasse", wenn man „die afrikanischen Neger zum Kampfe gegen die deutschen Kolonien" führe. Afrikaner auf Europäer schießen zu lassen, das müsse grundsätzlich tabu bleiben. Ähnlich äußerten sich deutsche Literaten und Wissenschaftler in einem international verbreiteten Aufruf „an die Kulturwelt". Im Ausland stießen diese Bedenken auf offene Ohren. Als dann die ersten Kolonialsoldaten auf europäischen Schlachtfeldern gesichtet wurden, waren die deutschen Zeitungen hin- und hergerissen zwischen überheblicher Belustigung – man werde den „Wilden" schon überlegen sein – und verschrobenen Gräuelmärchen über Kannibalen und dunkelhäutige Monster, die getöteten Feinden verschiedene Körperteile abschneiden und keine Gefangenen machen würden.

Bei den Soldaten zeigte diese Propaganda durchaus Wirkung. Es sind vereinzelt Fälle bekannt, in denen sich deutsche und indische

Für Frankreich: In einem Militärlager an der Westfront reinigt ein Senegalschütze das Bajonett seines Gewehrs (undatiert). Insgesamt zogen etwa 235 000 Westafrikaner für ihre Kolonialherren in den Ersten Weltkrieg.

Soldaten verbrüderten oder etwa Zigaretten tauschten, während sie Tote vom Schlachtfeld bargen. Ungleich häufiger aber tauchte die bange Frage auf, ob auf der Gegenseite Afrikaner kämpfen würden, wenn deutsche Verbände einen neuen Frontabschnitt bezogen. Hin und wieder flüchteten Soldaten in Panik, wenn sie afrikanische Truppen sahen. Und es kam vor, dass Soldaten, die von Kolonialverbänden bedrängt wurden, selbst in aussichtsloser Lage ausharrten, bis Franzosen oder Briten eintrafen. Erst dann wagten sie es, sich zu ergeben.

Kolonialsoldaten in Europa, Gefechte auf allen Kontinenten: Der Weltkrieg war in mehrfacher Hinsicht ein globaler Krieg. Und er hatte auch globale Folgen.

Der Zusammenbruch des Osmanischen Reiches etwa zeichnete einen Großteil der Probleme vor, die bis heute den Balkan und den Nahen Osten quälen. In der Türkei entstand ein Nationalstaat, der keine Rücksicht auf ethnische Minderheiten nahm. In Südosteuropa und im Kaukasus mussten Muslime vor Nationalisten fliehen, entstanden ist ein schwer zu lösender Knoten aus Identitäten und religiös-nationalistischen Strömungen.

Auch in Palästina und Arabien stifteten die europäischen Kolonialmächte Unheil. Um sie als Verbündete zu gewinnen, hatten britische Militärs und Diplomaten Araber und Juden gegeneinander ausgespielt und beiden eine Heimstatt in Palästina versprochen. Tatsächlich aber

Testflug mit Bruchlandung: Ein bayerischer Leutnant namens Schultheiß hat 1917 einen Doppeldecker in den Sand Palästinas gesetzt (oben). Paul von Lettow-Vorbeck wird nach dem Krieg zum Helden stilisiert. 1939 besucht er eine Einheit der Wehrmacht (unten links). Deutsche Soldaten posieren mit Beduinenfrauen (unten rechts).

Die Kolonien waren mehr als ein Reservoir für Soldaten: Die britische Armee ließ auch Elefanten nach Europa bringen. Dieses Tier kam 1915 bei Bauarbeiten an der Westfront zum Einsatz.

hatte die britische Regierung den arabischen Raum insgeheim mit Frankreich in Interessensphären aufgeteilt.

Ähnlich sprang London mit Britisch-Indien um. Im Jahr 1917 versprach die Regierung den Indern als Gegenleistung für ihre Kriegsbemühungen die innere Selbstverwaltung. Doch nach dem Krieg war dieses Versprechen wenig wert, die wichtigen Politikfelder blieben in britischer Hand. Und doch: In Indien war etwas in Bewegung geraten, das Wort von der Selbstregierung stand im Raum, zum ersten Mal.

Auch in Afrika kamen nun verstärkt Forderungen nach einem Ende der Kolonialherrschaft auf. Der Krieg hatte den Kontinent wirtschaftlich in Mitleidenschaft gezogen, weit mehr als eine Million Afrikaner waren gestorben. Jetzt kehrten tausende Kolonialsoldaten zurück in ihre Heimatländer. Sie hatten ihr Leben riskiert, hatten Verwandte sterben sehen, hatten Schulter an Schulter mit europäischen Soldaten gekämpft. Jetzt erwarteten sie zumindest Anerkennung – wurden aber weiterhin diskriminiert. In den Kolonien gärte es. Auf mehreren panafrikanischen Kongressen solidarisierten sich afrikanische Nationalisten und forderten die europäischen Kolonialmächte auf, die Einheimischen an der Regierung zu beteiligen. Sie beriefen sich dabei nicht zuletzt auf das Selbstbestimmungsrecht der Völker, das der US-amerikanische Präsident Woodrow Wilson öffentlich zum Leitgedanken seiner „14 Punkte“ erhoben hatte.

Erfolg hatten diese Forderungen nicht, im Gegenteil: Die ehemals deutschen Kolonien wurden formell unter Völkerbundmandat gestellt, faktisch aber unter den Siegermächten des Ersten Weltkriegs aufgeteilt. China, Japan, Neuseeland, Großbritannien, Australien, Frankreich, Belgien, Portugal und Südafrika, sie alle bekamen Gebiete als Mandate zugewiesen. Die Aufteilung Afrikas, sie erreichte einen neuen Höhepunkt. Und doch wehte ein erster Hauch eines neuen Windes durch Afrika: eine Vorahnung der Unabhängigkeit.

JAKOB WETZEL

Safari mit Leichentuch

Maleti hat sein Kinn nach vorne gereckt, der Blick geht in die Ferne. Auf der linken Brust prangt eine Auszeichnung, verliehen für Mut im Kampf gegen englische Soldaten. Es ist irgendwann im Jahr 1916, Maleti dient als Askari-Unteroffizier in Deutsch-Ostafrika, dem heutigen Tansania, viel mehr ist über ihn nicht bekannt: nicht, woher er kam, nicht, wann und wo er gestorben ist. Aber an diesem Tag im Jahr 1916 war Maleti stolz.

Es ist ein verstörendes Bild, denn wahrscheinlich ist Maleti eines der vergessenen Opfer des Ersten Weltkriegs. Er war einer von etwa 14 600 afrikanischen Soldaten, sogenannten Askari, die unter Paul von Lettow-Vorbeck kämpften, dem Kommandeur der Kolonialtruppen in Deutsch-Ostafrika. Lettow-Vorbeck war kein Opfer des Krieges, im Gegenteil. Er war verantwortlich für den Tod von hunderttausenden Afrikanern. Und doch galt Lettow-Vorbeck lange als Held, nach ihm wurden noch in der Bundesrepublik Kasernen benannt. Bis heute ranken sich Legenden um ihn. Denn während andere deutsche Kolonien rasch in die Hand der Alliierten gefallen waren, hatte seine Truppe aus Afrikanern und insgesamt etwa 3600 deutschen Soldaten einen Buschkrieg gegen eine Übermacht aus Briten, Indern und Südafrikanern geführt – und zwar so lange, bis der Krieg zu Ende war. Als Lettow-Vorbeck am 25. November 1918 kapitulierte, schwiegen in Europa bereits seit zwei Wochen die Waffen. Als er am 2. März 1919 nach Berlin zurückkehrte, zog er im Triumph durch das Brandenburger Tor, vorbei an zehntausenden jubelnden Bürgern.

Rasch wurde Lettow-Vorbeck zum Idol der Rechten. Dass er mit afrikanischen Söldnern länger ausgehalten habe als die deutschen Armeen in Europa, nahmen Monarchisten als Beleg für den „Dolchstoß", die angebliche Wehrkraftzersetzung durch demokratische Ideen in Deutschland. Und dass Afrikaner bis zum Ende treu für das Deutsche Reich gekämpft hatten, galt Revanchisten als Beweis dafür, dass die deutsche Kolonialherrschaft mustergültig gewesen sein musste. Die von den Alliierten besetzten Kolonien sollten daher zurückgegeben werden.

Der Askari Maleti, geschmückt mit dem Allgemeinen Ehrenzeichen, 1916.

Der Wirklichkeit aber sprachen all diese Legenden hohn. Lettow-Vorbeck hatte durch Deutsch-Ostafrika eine Schneise aus Verwüstung und Hunger gezogen. Maletis Volk war schon in Friedenszeiten nicht pfleglich behandelt worden, im Krieg nahm der Kommandeur auf die Einheimischen keinerlei

Rücksicht mehr. Da die Schutztruppe vom Nachschub abgeschnitten war, ernährte sie sich aus der Kolonie heraus: Sie raffte alle Nahrungsmittel und Vorräte an sich, die sie fand. Zu essen bekamen erst die deutschen Soldaten, dann die Askari, dann die einheimischen Träger – und was die Truppe nicht mitnehmen konnte, vernichtete sie, damit es nicht in die Hand des Feindes fiel. Lettow-Vorbeck hinterließ verbrannte Erde. Bald herrschte Hungersnot, Seuchen breiteten sich aus. Selbst die privilegierten Askari nannten Lettow-Vorbeck den „Herrn, der unser Leichentuch schneidert".

Auch von der beschworenen Treue der Afrikaner kann keine Rede sein. Bei Kriegsende war mindestens jeder fünfte Askari desertiert, einige waren zum Feind übergelaufen. Warum? Unter Lettow-Vorbeck waren Askari Soldaten zweiter Klasse. Sie erhielten weniger zu essen sowie veraltete Ausrüstung und wurden schlechter versorgt als Deutsche. Chinin gegen Malaria erhielten sie nur bei Todesgefahr und wenn sie den Offizieren noch nützlich schienen. Andere Medikamente waren generell Deutschen vorbehalten. Und bei Verfehlungen wartete die Prügelstrafe.

Schlimmer noch erging es den einheimischen Trägern. Weil sich bald kaum mehr Freiwillige fanden, trieben die Soldaten in den Dörfern wahllos Männer, Frauen und Jugendliche zusammen. Die Träger wurden wie Sklaven behandelt. Wer floh, wurde erschossen oder zur Abschreckung erhängt. Die übrigen wurden in Gruppen aneinandergekettet, damit sie schlechter flüchten konnten. Zahllose Träger fielen den entsetzlichen Bedingungen zum Opfer.

Und die Deutschen hatten immer wieder mit Aufständen zu kämpfen. Besonders Angehörige der Wamakonde, der Wangoni und der Wahehe stemmten sich gegen die Kolonialherren. Dass ihre Rebellionen erfolglos blieben, lag lediglich daran, dass sie schlecht bewaffnet und untereinander zerstritten waren. Und Lettow-Vorbeck griff hart durch. Weil Einheimische mit den Briten kollaborierten, ließ er 1914 die Bevölkerung aus dem Grenzgebiet zu Kenia vertreiben. In den folgenden Jahren sandte er immer wieder „Strafexpeditionen" in Gebiete, in denen sich Afrikaner erhoben hatten. Die Soldaten ermordeten willkürlich Zivilisten, sie brannten ganze Dörfer nieder. Zurückhaltenden Schätzungen zufolge forderte der rücksichtslose Krieg Lettow-Vorbecks in Deutsch-Ostafrika etwa 700 000 Menschenleben; womöglich starben mehr als eine Million Afrikaner. Das entspricht weit mehr als zehn Prozent der einheimischen Bevölkerung.

Wofür?

Lettow-Vorbeck kämpfte nicht für Deutsch-Ostafrika. Er glaubte auch nicht, den Krieg gewinnen zu können. Er war auf Ruhm aus – und er hoffte, durch seine Scharmützel im Busch feindliche Truppen zu beschäftigen, die sonst womöglich in Europa gegen Deutschland marschieren würden. In Wahrheit war dieser Gedanke abwegig, Lettow-Vorbeck unterschätzte das Britische Empire. Die feindlichen Soldaten in Afrika waren meist Inder und Südafrikaner. Für den Krieg in Europa waren sie nicht vorgesehen. Für die Briten war Lettow-Vorbecks Guerilla-Krieg nicht mehr als ein peinliches Ärgernis.

Ob Maleti den Krieg überlebt hat, ist nicht bekannt. Als Lettow-Vorbeck kapitulierte, bestand seine Schutztruppe noch aus 155 Deutschen und 1169 einheimischen Soldaten, dazu etwa 1500 Trägern.

Die Verbrechen des Kommandeurs wurden nie geahndet. In Deutschland war er nach dem Krieg zu populär – und die Alliierten störten sich offenbar nicht an den Gräueln in Deutsch-Ostafrika. Die Opfer waren schließlich in den meisten Fällen Afrikaner gewesen.

JAKOB WETZEL

Angst vor Scharfschützen: Ein britischer Soldat prüft die Gefahr 1915 auf den Dardanellen.

Dardanellen: Das Debakel der Alliierten

Das Osmanische Reich gilt als schwächstes Glied der Mittelmächte – die Invasion der Alliierten aber scheitert verlustreich. Für Australier, Neuseeländer und Türken wird das Blutbad zum Mythos, der bis heute mit Gedenktagen groß gefeiert wird.

Der Krieg macht die sonderbarsten Orte in Regionen dieser Welt bekannt, die tausende, manchmal zehntausende Kilometer von diesen Orten entfernt liegen. Am antipodischen Ende der Erde zum Beispiel, in Australien und Neuseeland, ist bis heute der Ortsname Gallipoli das, was man im Englischen einen *household name* nennt: eine Bezeichnung, die fast jeder kennt. Gallipoli heißt heute Gelibolu und ist ein türkisches Städtchen am Nordende der Dardanellen-Meerenge, wo sich diese zum Marmara-Meer hin öffnet. Im Jahre 1915 sind auf der Gallipoli-Halbinsel rund zehntausend Australier und Neuseeländer gefallen, noch viel mehr wurden verwundet.

Die ANZAC-Soldaten, also die Männer des Australian and New Zealand Army Corps, waren Teil jener Commonwealth-Streitmacht, die versuchte, eine dritte Front in der Türkei zu eröffnen. Die Alliierten hatten dem Osmanischen Reich Ende Oktober 1914 den Krieg erklärt; die Türken waren einerseits nahezu „Erbfeinde" der Russen und wurden andererseits stets mit Worten, Material und Personal von den Deutschen unterstützt. Die Landung auf der Halbinsel sollte der Auftakt für einen Durchbruch und letztlich den Marsch auf Konstantinopel werden. Während britische Divisionen und Regimenter aus dem Empire am 25. April 1915 an der europäischen Küste der Dardanellen landeten, ging eine französische Division am Südende der Dardanellen an der asiatischen Küste an Land.

General Ian Hamilton, Schützling Lord Kitcheners, befehligt die Invasionsarmee bis Oktober 1915.

Der Invasion zu Lande war ein mittleres Desaster zur See vorausgegangen. Im März hatte ein britisch-französischer Flottenverband versucht, durch die Dardanellen in Richtung Bosporus vorzustoßen. Der Plan wurde von Kriegsminister Lord Kitchener gutgeheißen; er stammte aus dem Londoner Marineministerium, dem damals Winston Churchill als First Lord of the Admiralty vorstand. Allerdings war er ein nahezu bombastischer Fehlschlag: Zwar zerstörten die Alliierten etliche türkische Festungen und Stellungen der Küstenartillerie. Aber sie verloren so viele Schiffe durch Minen und Beschuss, dass sie in der Mitte der Dardanellen stecken blieben, bevor sie dann umkehren mussten.

Mit aller Macht: Ein britisches Feldgeschütz feuert während der Kämpfe am Kap Helles an der Südspitze der Halbinsel Gallipoli auf türkische Stellungen.

General Charles Monro folgt Hamilton nach: Er organisiert den Rückzug der Expeditionsarmee.

Auf der Gallipoli-Halbinsel lief es für die Briten kaum besser. Bis in den August 1915 versuchten die Alliierten aus den beiden Landungszonen im Süden (Briten) und Westen (ANZAC) der Halbinsel auszubrechen. Trotz Verstärkungen misslang dies immer wieder unter großen Verlusten. Auch eine dritte Landung in der Suvla-Bucht im Nordwesten änderte nichts. Die türkischen Soldaten unter dem Oberbefehl des deutschen Generals Liman von Sanders hielten unter zum Teil entsetzlichen Verlusten bei größter Hitze und Hunger stand. Die britischen Planer hatten fälschlicherweise angenommen, wegen des schlechten Zustands der türkischen Armee werde die Schlacht in wenigen Wochen entschieden sein. Diese Fehlkalkulation führte zu einer der größten Niederlagen der Alliierten im Ersten Weltkrieg.

Überlegene Stellung: Türkische Infanteristen wehren die alliierten Angriffe auf Gallipoli ab, 1915.

Gallipoli wird binnen weniger Jahre zum Nationalmythos von Australien, Neuseeland und der Türkei. Im erst 1901 gegründeten Australien erwächst aus dem gemeinsamen Sterben ein Gefühl der Zusammengehörigkeit. Seit 1916 wird der Jahrestag der Invasion als „ANZAC Day" gefeiert: mit Paraden altgedienter Soldaten und mit Gedenkfeiern auf Soldatenfriedhöfen (oben: 2012 in Villers-Bretonneux). Oben rechts: Türkische Studenten ziehen 2009 auf den Spuren Kemal Atatürks über die Dardanellen.

Im Dezember 1915 zog London die Konsequenz aus der Misere. Peu à peu wurde die Halbinsel evakuiert, zuerst die Suvla-Bucht und die ANZAC-Region, zuletzt Anfang Januar 1916 die Südspitze um das Kap von Helles. Der Rückzug war die einzige Großoperation, die während des Feldzugs klappte. Rund 45 000 Mann waren auf alliierter Seite in Schützengräben, Bergschluchten und Küstenstellungen an den Dardanellen gefallen; die Türken verloren etwa doppelt so viele Soldaten.

Für die Türkei wurde der Sieg von Gallipoli Teil des Gründungsmythos des nach-osmanischen Staates. Bei der Verteidigung hatte sich besonders ein 34-jähriger Bataillonskommandeur, der bald eine Division befehligte, ausgezeichnet. Sein Name war Mustafa Kemal; er sollte als Kemal Pascha ein paar Jahre später die Geschicke der türkischen Armee und dann als Kemal Atatürk das Schicksal des auf den osmanischen Trümmern neu gegründeten Staates bestimmen.

KURT KISTER

Das britische Prinzenpaar William und Catherine steckt 2014 Klatschmohn in ein Ehrenmal im „Australian National War Memorial" in Canberra (oben); Einwohner bejubeln 2013 die ANZAC-Day-Parade in Sydney.

Für die Türkei ist die Abwehrschlacht auf den Dardanellen ein militärischer Triumph – und der Beginn der Heldengeschichte Kemal Atatürks, des Gründers des modernen türkischen Staates. Seit 1985 wird auch hier der 25. April gefeiert; 2010 paradieren Soldaten in historischen Uniformen vor dem Märtyrer-Denkmal von Çanakkale.

Gentleman und Guerillero

Schillernde Persönlichkeit: Thomas Edward Lawrence mit Dolch in arabischer Kleidung (undatiert).

Lawrence von Arabien starb zweimal. Am 19. Mai 1935 verunglückte der Mann, der Lawrence war: Der 46-jährige Oberst a. D. Thomas Edward Lawrence kam bei einem Motorradunfall im englischen Landkreis Dorset ums Leben. Doch um ihn ranken sich viele Legenden – so viele, dass ein Schauspieler Lawrence jenes Gesicht und jene Geschichte gab, die seit 1962 viele Menschen für die wirkliche Story des T. E. Lawrence halten. Es war Peter O'Toole, der in David Leans Monumentalfilm „Lawrence of Arabia" den Titelhelden verkörperte. Als O'Toole am 14. Dezember 2013 starb, starb jener Mann, der zu Lawrence geworden war.

Der wirkliche Lawrence, der Archäologe, Offizier und Geheimagent, war von 1916 an britischer Militärberater bei Emir Faisal aus der Haschemiten-Dynastie. Faisal führte den sogenannten Aufstand der Araber gegen die Herrschaft der Osmanen an. Die Araber bereiteten den Türken mit Guerilla-Attacken erhebliche Schwierigkeiten, schon allein weil zahlreiche osmanische Einheiten zwischen Palästina, der arabischen Halbinsel und dem Zweistromland nicht nur gegen Briten und Franzosen standen, sondern auch gegen sie.

Im Mittleren Osten existierte ein komplexes Geflecht aus Loyalitäten, religiösen Idealen, die zutiefst politische Auswirkungen hatten, sowie regionalen und Gruppen- oder Clan-bestimmten Interessen. Ein nicht unerheblicher Teil der osmanischen Truppen bestand ebenfalls aus Arabern, die gegen die antiosmanischen Araber um Faisal und andere Warlords kämpften. Die Aufständischen wiederum wurden von alliierten Offizieren beraten, angeleitet oder zumindest beeinflusst. Lawrence war der bekannteste dieser Berater, vor allem wegen seiner schillernden Persönlichkeit; er wurde, auch wegen der Legenden bestärkenden Arbeit des Journalisten Lowell Thomas, der ihn 1918 kurze Zeit begleitete, zu einer Berühmtheit – so wie in Deutschland Manfred von Richthofen, der Rote Baron. Lawrence hatte offenbar nicht nur einiges Charisma als Offizier, sondern war auch ein versierter Praktiker des

Kleinkriegs in der Wüste. Zu seinen bevorzugten Zielen gehörte die Eisenbahnlinie durch Arabien, von deren Funktionsfähigkeit der Nachschub der Türken abhing.
Lawrence' Beitrag zum Krieg war nie so bedeutend, wie er das später selbst in zwei Büchern dargestellt hat, etwa im wüstenphilosophischen Mega-Bestseller *Die sieben Säulen der Weisheit*. Dennoch wuchs sein Mythos ins nahezu Unermessliche; die Massenmedien trugen dazu bei. Lawrence lässt sich vielleicht als eine Mischung aus Indiana Jones, Paulo Coelho und dem All-English Oxford-Gentleman mit einem Einschlag von Lord Byron beschreiben. Er musste wohl berühmt werden.
Als er feststellte, dass London und Paris nach dem Krieg keineswegs jene Unabhängigkeit der Araber verfolgten, die Faisal wollte und die Lawrence propagiert hatte, zog er sich aus dem öffentlichen Leben zurück. Er machte seinen Einfluss geltend, um als „einfacher" Soldat in der Royal Air Force und später im Heer dienen zu können. Sein einstiger Dienstherr Faisal war 1920 kurzzeitig König von Syrien, bevor ihn die Franzosen vertrieben. Bis zu seinem Tod 1933 fungierte Faisal als König im Irak. Der allerdings war nach dem Ersten Weltkrieg zunächst Mandatsgebiet und später Einflussgebiet der Briten.

KURT KISTER

Lawrence (oben) und die Verbündeten: Bewaffnete Beduinen auf dem Sinai.

„Lieb Vaterland, magst ruhig sein, die Flotte schläft im Hafen ein“

Der Bau so vieler Schlachtschiffe und Kreuzer hat das Reich vor 1914 politisch isoliert. Im Krieg selbst nutzen die schwimmenden Festungen dann nichts. Erfolg haben nur die U-Boote: Ihr Einsatz aber treibt die USA auf die Seite der Alliierten.

Das eine Schiff hat einen langen Todeskampf, es schwimmt weiter, obwohl Granate um Granate einschlägt. Es wird seinem Jäger nicht entkommen, doch der Jäger selbst ist dem Tode geweiht. Der britische Panzerkreuzer *Defence* hat gemeinsam mit der *Warrior* die *Wiesbaden* zusammengeschossen, unerklärlich, warum das brennende Wrack nicht sinkt. Da eröffnen herbeigeeilte deutsche Schlachtschiffe ein mörderisches Feuer auf die Briten. Die *Defence* verschwindet in einem gewaltigen Feuerball, die gesamte Besatzung, etwa 900 Mann, ist tot. Ähnlich ergeht es der *Queen Mary*: „Zuerst zuckte im Vorschiff eine grelle rote Flamme auf, dann erfolgte im Vorschiff eine Explosion, der eine viel gewaltigere Explosion im Mittelschiff folgte, schwarze Bestandteile des Schiffes flogen durch die Luft … Die Masten stürzten in der Mitte zusammen, die Rauchwolke verdeckte alles und stieg immer höher.“ Auch die *Wiesbaden* ist am Ende doch verloren. Ein Torpedo trifft sie im Heck, sie sinkt, von der Besatzung überlebt ein einziger Mann. Zu den Toten gehört der Marinedichter Johann Wilhelm Kinau, bekannt unter dem Künstlernamen Gorch Fock.

Auf beiden Seiten hatten Admiräle und Offiziere, Kriegsbegeisterte und Journalisten auf die große Schlacht hingefiebert. Kurz nach Kriegsausbruch im August 1914 schrieb der deutsche Kapitänleutnant Ernst von Weizsäcker an seine Mutter: „Ich wünsche nur, dass man sich später im Inland als Seeoffizier sehen lassen kann.“ Ernst von Weizsäcker, der später im „Dritten Reich“ Staatssekretär des Auswärtigen Amtes werden sollte, war schon 1900 als junger, enthusiastischer Seekadett in die Kaiserliche Marine eingetreten. Er war ein kluger Mann und dachte doch in der verdrehten Weise seiner Zeit, als er der Mutter schrieb, er sehne sich nach einem baldigen

Volkshelden und Kaperfahrer im Pazifik: Karl von Müller, Kommandant der SMS Emden (oben), und einer seiner Matrosen.

Eine neue, unheimliche Waffe: Deutsche U-Boote greifen, wie hier 1917, die alliierten Seewege an.

Von der schwimmenden Festung zum Schrotthaufen: Der Kreuzer SMS Seydlitz nach der Seeschlacht am Skagerrak 1916.

Wiedersehen mit ihr – „aber nur nach einer mit Anstand geschlagenen Schlacht".

Jetzt war sie da, am Skagerrak vor der Nordspitze Dänemarks tobte 1916 der Kampf der gepanzerten Riesenschiffe, ein einziges rohes Gemetzel. Der deutsche Schriftsteller Theodor Plievier hat es schonungslos beschrieben: „Achtzig oder zwölfhundert Mann in einer Flammensäule, das ist eins, ein einmaliges Aufzucken und Auslöschen. 300 oder 400 Gesichter an ein untergehendes Schiff geklebt: da ist die fremdartige Perspektive in die Wolken hochrennender Decks, die Siedehitze der Katastrophe, der gemeinsame Wahnsinn. Das harte Krachen zerreißenden Eisens – eine feurige Lohe ... ein Strahlenregen dunkler Panzerbrocken. Holztrümmer und Gliedmaßen fliegen weiter als Eisen."

Das alles verändert – gar nichts. Die gewaltige Seeschlacht am Skagerrak kostet fast 10 000 Menschen das Leben, die Deutschen erleiden schwere, die Briten sehr schwere Verluste. Die kaiserliche Marine wird daher behaupten, das Treffen der schwimmenden Festungen für sich entschieden zu haben. In der Heimat gibt es Jubelfeiern und bunte Fähnchen. Doch die hochgerüstete Flotte, das liebste Kind des Kaisers und der nationalistischen Eiferer, muss in Wahrheit nach dem Gefecht vor den überlegenen Briten zurück in die Heimathäfen flüchten, wo sie fortan bis zu ihrem unrühmlichen Ende 1918 bleibt. Es ist ihr nicht gelungen, den Würgegriff der Blockade zu brechen, den die Royal Navy um das Deutsche Reich gelegt hat, und sie wagt keinen weiteren Versuch.

Der Bau einer riesigen Flotte zählte zu den Sargnägeln des Kaiserreichs und hat ihren Teil zum Ausbruch des Krieges 1914 beigetragen. Gewiss benötigte die späte Kolonialmacht Deutschland mit ihren über Afrika und den Pazifik verstreuten Überseegebieten einigermaßen starke Seestreitkräfte. Dafür gab es sogar in London Verständnis. Doch je mehr die maritime Aufrüstung unter Kaiser Wilhelm II. und seinem Großadmiral Alfred von Tirpitz das Maß verlor, je mehr sie zum Symbol nationaler Hybris und Machtpolitik wurde, desto mehr entfremdete sie die Briten, und das ohne jede Not. Die Aufrüstung hatte freilich auch ein innenpolitisches Motiv: Erfolge nach außen sollten die weitere Demokratisierung des Reichs verhindern. Während die Flottenfreunde höchste Protektion genossen und den Engländern un-

Wo die britische Granate einschlug: Treffer auf der SMS Derfflinger 1916 (oben). Signalzeichen der englischen Flotte.

Aus allen Rohren: Ein englisches Linienschiff während der Schlacht am Skagerrak (oben), Treffer auf einem deutschen Schiff.

Militärisch weit erfolgreicher als die Hochseeflotte waren die deutschen U-Boote, politisch aber trieb ihr Einsatz das Reich weiter in die Isolation.

terstellten, sie wollten dem Reich „den Platz an der Sonne“ streitig machen, wuchs in London das Misstrauen. Immer neue, gewaltigere Kolosse aus Stahl entstanden in deutschen Werften. 1911 lief etwa das Großlinienschiff *Friedrich der Große* vom Stapel. Erbaut in der Vulcan Werft Hamburg, die astronomische Summe von 46 Millionen Mark teuer, war es 172 Meter lang und 29 Meter breit, dick gepanzert und mit Drehtürmen voll furchterregender schwerer Artillerie bestückt, die Besatzung zählte mehr als tausend Mann.

Diese Marine! Entsprungen dem Weltmachtsdünkel, hält ihre Versprechungen im Kriege nicht und entfacht nun den Umsturz!
Ernst von Weizsäcker, nach dem 9. November 1918

Erst durch diese Flotte entstand in Großbritannien die Sorge vor einer irrationalen deutschen Gewaltpolitik, bis dahin waren die Streitpunkte mit dem Reich überschaubar gewesen. 1908 schrieb der deutsche Botschafter in London immer dringendere Warnungen nach Hause: „Der Engländer“ sei überzeugt, dass eine „in der Nähe seiner Küste erwachsende mächtige Flotte“ eine lebensgefährliche Bedrohung der Insel sei. Wilhelm II. schrieb „Quatsch“ und „Hasenfuß“ unter das Memo.

Der britische Historiker Marder brachte es auf den Punkt, als er nüchtern schrieb: „Die Flottenrivalität war nicht Ursache des Krieges. Aber sie bewirkte, dass England, als der Krieg ausbrach, auf Seiten der Feinde Deutschlands stand.“

Manche haben das Unheil kommen sehen, so ein Leitartikler des *Göttinger Tageblatts*, der schon 1897 warnte vor „der Schaffung einer Kriegsflotte, die dem deutschen Volke im Laufe längerer Zeiträume noch ungeahnte Opfer auferlegen wird“. Die Kritiker sahen das Desaster der Marinepolitik voraus: minimaler Nutzen und maximaler Schaden. Der sozialdemokratische *Vorwärts* geißelte die „Flottenfanatiker“, die das Reich „in den völlig aussichtslosen Wettlauf mit England“ trieben. Doch genutzt hat all das nichts.

Untergang: Ein deutsches Minensuchboot ist auf eine feindliche Mine gelaufen und sinkt.

Krieg in Farbe: Kolorierte Schlachtenmotive sind als Feldpostkarten begehrt. Sie schildern die Gefechte zur See einerseits drastisch, andererseits stark heroisierend.

Die Rolle der kaiserlichen Marine während des Krieges ist später und auch noch lange in der Bundesrepublik beschönigt worden, auch von Historikern. In Militariakreisen delektiert sich mancher bis heute an Bildern prächtiger Linienschiffe, weißschimmernder Ausgehuniformen und festlich beflaggter Kreuzer. Wie keine andere Waffengattung symbolisierte die Marine für die Gesellschaft des Kaiserreichs Deutschlands Weltgeltung – und den berühmten „Griff nach der Weltmacht“.

Aber dieser Griff musste zur See misslingen. *Britannia rule the waves*, sang man in England, für dessen weltweites Empire die Royal Navy ein Herrschaftsinstrument ersten Ranges war. Das Deutsche Reich besaß nur wenige Häfen an Nord- und Ostsee, es ließ sich von den Briten jederzeit zur See abriegeln, als setze man einen Korken auf eine Flasche. Und so ist es dann 1914 ja auch gekommen, als die alliierte Seeblockade dem deutschen Handel schweren Schaden zufügte, bis hin zu Hungersnöten und Engpässen bei allem möglichen Kriegsmaterial. Die wenigen Erfolge einzelner Kaperschiffe auf dem weiten Meer, die abenteuerliche Heimkehr der Besatzung des Kreuzers *Emden* aus der Südsee über die Arabische Wüste nach Deutschland, das alles wurde zu Hause gefeiert, änderte aber nichts an der Gesamtlage.

Das Patt der Skagerrak-Schlacht 1916 hat Tirpitz’ Strategie, „daß die Entscheidung in der offenen Seeschlacht geführt werden muss“, als Prahlerei, zumindest als weltfremde Selbstüberschätzung entlarvt. Des Kaisers Kreuzer und Linienschiffe dümpelten in Kiel und Wilhelmshaven vor sich hin, und das selbstgewisse Offizierskorps ertrug den wachsenden Spott nur schwer: „Lieb Vaterland, magst ruhig sein,

Monster aus Stahl: Der britische Kreuzer HMS Glasgow im Dock (oben). Vor Zeebrügge versenkt die Royal Navy 1918 ausrangierte Kriegsschiffe, um deutsche U-Boote zu blockieren.

Helden in der Heimat: Die Besatzung des deutschen Hilfskreuzers SMS Wolf wird 1918 nach ihrer Rückkehr im Berliner Hotel Kempinski bewirtet.

die Flotte schläft im Hafen ein", hieß ein boshafter Vers, in Anspielung auf das vaterländische Gedicht von der Wacht am Rhein.

Als die Marine dann endlich ein Mittel fand, das den Gegnern wirklich gefährlich wurde, trug eben dies wesentlich zur Niederlage bei – ein Paradox, wie es nicht selten ist in der Kriegsgeschichte. Während auf den Riesenschiffen die Matrosen murrten und die Offiziere von der großen Heldenschlacht träumten, die ihre angerostete Reputation wieder zum Glänzen bringen sollte, waren die U-Boote unerwartet erfolgreich und wurden für die Alliierten zum Schrecken der Meere. Wieder das Geprahle: „Wir werden einen eisernen Ring um England ziehen", verkündet Tirpitz. Stattdessen trieb der neue teutonische Schrecken im Atlantik die USA noch weiter auf die Seite der Alliierten, als 1915 ein deutsches U-Boot den amerikanischen Passagierdampfer *Lusitania* versenkte. Es gab 1200 Tote und einen öffentlichen Aufschrei. Deutschland drosselte den U-Boot-Krieg vorübergehend (weshalb Tirpitz zurücktrat), aber es war zu spät. 1917, als er wieder voll im Gange war, traten die USA in den Krieg ein.

Und dann war da die innere Ordnung der Marine, die zeitweise fast eine Million Soldaten und Seeleute stark war. Nach dem Krieg schrieb der Berliner Arbeitersohn Theodor Plievier: „Am liebsten hätte ich alles vergessen – das Leben auf den Decks und in den Kasematten der Kriegsschiffe, den Drill und die ganze Sinnlosigkeit des vier Jahre langen Unternehmens." Er hat der Marine mit dem Roman *Des Kaisers Kulis* ein Denkmal gesetzt, das ihm zeitlebens den Hass der alten Offiziere sicherte, und diese im ungünstigsten Licht geschildert.

Die Marine bot Bürgersöhnen größere Aufstiegschancen als das Heer, in dem anfangs noch der Adel dominierte. Das Offizierskorps der Flotte entwickelte, ob dennoch oder gerade darum, einen Korpsgeist, der im besten Falle ein romantisch verklärter Patriotismus war, meistens aber ein unheilvoller Mix aus Standesdünkel, Minderwertigkeitskomplexen (weil man nicht „zum Schlagen kam") und politischer Radikalisierung. Gerade auf den Großkampfschiffen bildeten die Offiziere eine Kaste, in der viel zu viele den Aufgaben militärischer Menschenführung nicht gewachsen waren und den Mangel an Kompetenz und Beschäftigung durch Arroganz und einen irrationalen Ehrenkodex ersetzten. Die Behandlung der Mannschaften war ein Skandal. In dem fesselnden Buch *Und wir verrosten im Hafen* von Nicolas Wolz fügen sich die Berichte von Bord zu einem düsteren Sittengemälde:

„Die Offiziere veranstalteten in der Messe ein großes Sauf- und Fressgelage, das seinen Höhepunkt um Mitternacht erreichte. Die Messe glich einem Irrenhaus. Schändlich aber war es, auf welch hündische Weise diese Saufkerle von den Matrosen um Bier, Zigaretten und Schnaps angebettelt wurden."

Im November 1918 bekam die Marine die Quittung. Der Krieg war verloren, die Westfront in Frankreich kurz vor dem Kollaps, die neue Reichsregierung suchte Frieden. Die Marineführung aber plante ihre ganz private Götterdämmerung: Die Flotte, dieses kaum gezogene Schwert, sollte einen letzten Schlag gegen die Alliierten führen und kämpfend untergehen. Militärisch war das Unternehmen angesichts der feindlichen Übermacht zum Scheitern verurteilt, politisch eine Art Rebellion durch kollektiven Selbstmord. Nur dass die Matrosen nicht mitsterben mochten. Sie desertierten, rebellierten, schrien „Nein zum Todesritt" und gingen auf ihre Vorgesetzten los. Diese Funken aus Zorn und Hass entzündeten binnen weniger Tage die große Revolution von 1918; aber viele junge Offiziere, die von Matrosen und Heizern herumgestoßen und verspottet wurden (wobei sie noch gut wegkamen), lernten daraus etwas. Leider das Falsche: Manche wurden später scharfe Nazis, entschlossen, jeden Funken des Aufruhrs per Todesstrafe zu ersticken.

Ernst von Weizsäcker aber schrieb selbstkritisch: „Diese Marine! Entsprungen dem Weltmachtsdünkel, verdirbt unsere auswärtige Politik 20 Jahre lang, hält ihre Versprechungen im Kriege nicht und entfacht nun den Umsturz!"

JOACHIM KÄPPNER

Seltene Gelegenheit zur Dusche: U 53 im Mittelmeer (oben); Kommandant und Erster Steuermann messen den Sonnenstand.

Das Ende: 1919 versenkt sich die deutsche Hochseeflotte in der britischen Marinebasis Scapa Flow selbst, damit die Schiffe nicht in die Hand der Sieger fallen. Im Bild die Aufbauten der SMS Hindenburg.

Vorboten der Revolution

30. Oktober 1918, einer der letzten Kriegstage. Im Westen, an der Landfront, weichen die deutschen Armeen zurück, die Entscheidung steht bevor: Dieser Krieg ist verloren. Genau jetzt will das Offizierskorps der Flotte noch einmal hinaus aufs Meer, nach Jahren im Hafen, und die Flotte der Briten stellen. Sie zu schlagen, konnte man nicht hoffen – genau deswegen waren die großen Kreuzer und Schlachtschiffe ja seit 1916 daheimgeblieben. Selbst bei einem glücklichen Sieg wären die Alliierten, verstärkt durch die US Navy, zur See weiterhin gewaltig überlegen geblieben. Und an der Niederlage zu Lande hätte die kaiserliche Marine so oder so nichts ändern können – nur die Friedensbedingungen wären im Zweifel noch härter geworden.
Aber dazu kommt es nicht mehr. Auf der *Thüringen*, einem Linienschiff vor Wilhelmshaven, meutern die Matrosen und Mannschaften. Sie haben genug, wollen nicht sterben für den törichten Ehrbegriff dieser Hagestolze in Uniform. Eine Delegation, so schreibt Sebastian Haffner in seinem Klassiker über die verlorene Revolution 1918, hat den Ersten Offizier aufgesucht und ihm recht höflich dargelegt: Der Plan der letzten Fahrt, um kämpfend unterzugehen, sei doch nicht im Sinne der neuen Regierung. Die Oberste Heeresleitung ist gestürzt, der Reformer Prinz Max von Baden Reichskanzler. „Ja, das ist Ihre Regierung", gibt der Offizier bitter zurück. Haffner: „Ein Wortwechsel, der blitzartig beleuchtet, wie die Fronten jetzt in Wahrheit verliefen."
Kein Zufall, dass sich der große Aufstand gegen den Krieg hier auf den großen Schiffen entzündet. Anders als auf den U-Booten, erst recht anders als im Grabenkrieg des Westens bleiben die Offiziere der Hochseeflotte in ihrer Mehrheit eine dünkelhafte Riege von Reaktionären, die hochnäsig und verächtlich auf die Mannschaften herabblickt. Es ist sogar noch schlimmer: Viele der besseren Offiziere, die es natürlich auch gibt, sind gefallen oder zu den U-Booten abkommandiert worden, die längst den Seekrieg führen.
Der Nachwuchs in den Offizierskasinos auf den Schiffen heizt die sozialen Spannungen weiter an. Ansprachen wie „Sollte einer von Ihnen eingehen, bin ich gern bereit, ihn mit allen Ehren beerdigen zu lassen" gelten hungernden Matrosen, die gegen die Privilegien ihrer Vorgesetzten rebellieren.

Nur der Anschein einer Gemeinschaft: Matrosen und Offiziere der SMS König nach der Schlacht am Skagerrak.

Nicolas Wolz, der dieses Beispiel überliefert, schreibt über die Flottenunruhen von 1917: „Viele Offiziere sahen sich erst jetzt und vielleicht zum ersten Mal in ihrer Laufbahn dazu gezwungen, sich näher mit den Problemen der ihnen anvertrauten Mannschaften zu befassen.“ Nur waren sie dazu außerstande und schoben die Proteste auf das Werk linker Abgeordneter, die, wie es im Casinoton hieß, „an die Wand gestellt werden müssten“.
Der Tag auf der Schillig-Reede in Wilhelmshaven: Meuterer gegen Loyalisten, Mannschaften gegen Kommandeure, Marine gegen Marine. Schlachtschiffe formieren sich zum Kampf, aber sie fahren nicht hinaus gegen „den Engländer“. Sie bedrohen sich gegenseitig, am Ende werden die Meuterer verhaftet; es ist der Funken, der die Revolution der Arbeiter und Soldaten entfacht. Und die Götterdämmerung in der Nordsee, die letzte Vorstellung der kaiserlichen Marine, wird abgesagt und niemals mehr aufgeführt.

JOACHIM KÄPPNER

Tod in der Luft: Fotografie eines abstürzenden englischen Flugzeuges, aufgenommen aus der Maschine eines deutschen Piloten.

Als Feuer vom Himmel fiel

Anfangs spotten Traditionalisten noch über das Flugzeug – aber keine andere Waffengattung gewinnt so schnell an Bedeutung. Während Jagdpiloten als „Ritter der Lüfte" gefeiert werden, erleben London, Paris und Freiburg die ersten Bombennächte.

Über die italienischen Streitkräfte gibt es allerlei Urteile und Vorurteile. Vielleicht klingt es auch deswegen ein wenig sonderbar, dass es wohl italienische Militärpiloten waren, die als erste in einem Krieg militärische Motorflugzeuge einsetzten. Unter dem Hauptmann Carlo Piazza gab es im italienisch-türkischen Krieg, in dessen Folge Libyen italienische Kolonie wurde, ein Flieger-Detachement mit neun Maschinen. Im Oktober 1911 flog Piazza einen Aufklärungseinsatz über den türkischen Linien in der Nähe von Bengasi. Sieht man davon ab, dass die mexikanische Regierung ein paar Monate früher zwei US-Flugpioniere angeheuert hatte, die aus der Luft die Stellungen von Aufständischen auskundschafteten (und wenig später in den Rio Grande stürzten), war Piazzas Flug über der libyschen Wüste die Premiere einer neuen Art von Kriegsführung. Mitglieder seines Fliegerbataillons warfen im November 1911 auch erstmals in der Kriegsgeschichte Sprengkörper, eine Art von Handgranaten, aus einem Flugzeug.

Luftschiffe, Flugzeuge und später Raketen sowie unbemannte gelenkte oder ungelenkte Flugkörper haben seit dem Ersten Weltkrieg nicht nur das Schlachtfeld revolutioniert. Sie haben außerdem, bereits 1914 beginnend, die Grenzen des Schlachtfeldes immer mehr ausgedehnt. Der taktische, zum Teil auch schon strategische Einsatz von Bombenflugzeugen in den Jahren des Ersten Weltkriegs war der Auftakt für die Flächenbombardements des Zweiten Weltkriegs, die entscheidend zu dem beitrugen, was der Nazi-Propagandaminister Joseph Goebbels im Berliner Sportpalast als den „totalen Krieg" beschworen hatte. Im ausgehenden 20. Jahrhundert war – und eigentlich ist sie es bis heute – die gesamte Weltbevölkerung eine Geisel jener atomar bestückten Trägerwaffen, die jeden Punkt der Erde erreichen können. In

Vor dem Start: Bodenpersonal hilft einem deutschen Jagdflieger 1918 seinen Fallschirm anzulegen. Im Hintergrund eine Albatros D.V.

Nachtangriff: Was wenige Jahre zuvor nur eine Phantasie von Science-Fiction-Autoren ist, wird nun erschreckende Wirklichkeit. Deutsche Zeppeline bombardieren eine englische Hafenstadt, Februar 1916 (Zeichnung).

den Auswirkungen weniger furchtbar, aber doch schreckenerregend genug sind die bewaffneten Drohnen, die pilotenlosen, digital gesteuerten Flugzeuge, die gewissermaßen als Urenkel-Generation der Flugmaschinen des Capitano Piazza 100 Jahre nach ihm beim Sturz Gaddafis über Libyen zum Einsatz kamen.

Die englische Zeppelinphobie

Im Vergleich zu Infanterie oder Artillerie ist die Geschichte der Luftwaffe kurz. Sie beginnt ernsthaft mit dem Ersten Weltkrieg. 1912 gründeten die Engländer ihr „Royal Flying Corps", die Königreiche Preußen und Bayern stellten ebenfalls kleine Flug-Abteilungen auf. Ähnliches geschah in Russland und Frankreich. Bei Kriegsbeginn verfügten die größeren Mächte über ein jeweils nur wenige hundert Maschinen zählendes Sammelsurium von Flieger-Einheiten, die in erster Linie der Aufklärung und der Nachrichtenübermittlung dienten. Die Flieger hatten damit Aufgaben übernommen, die jahrhundertelang der Kavallerie vorbehalten waren. Es kommt nicht von ungefähr, dass sich ein nicht unerheblicher Teil des Offizierskorps der neuen Truppe aus der Kavallerie rekrutierte.

Die Deutschen bauten allerdings nicht nur auf die ziemlich fragilen Ein- oder Doppeldecker, sondern auch auf das gelenkte Luftschiff, das bis heute mit dem Namen des Grafen Zeppelin verbunden ist. Zeppeline konnten nicht nur viel weiter fliegen als Flugzeuge, sondern auch nahezu 40 Stunden lang in der Luft

Ein nie gekannter Schrecken: Eine brennende Luftschiffhalle bei Brüssel, Bombenschäden in Paris. Dort ist zu Beginn des Krieges ein getötetes Pferd noch eine Sensation für die Anwohner.

bleiben. Zu Kriegsbeginn verfügte Deutschland über ein knappes Dutzend Luftschiffe. Die starren, gasgefüllten Zeppeline wurden als ideale Fernkampfmaschinen gesehen. Zumindest zu Kriegsbeginn erreichte kaum ein Flugzeug jene Höhen, in die Zeppeline aufsteigen konnten.

Der erste Luftangriff im Ersten Weltkrieg erfolgte durch einen Zeppelin: *LZ 6* (LZ stand für Luftschiff Zeppelin) warf über dem belgischen Lüttich am 6. August 1914 modifizierte Artilleriegranaten ab. Dazu passt, dass sich der erste Luftangriff gegen Deutschland, geflogen von vier englischen Flugzeugen, die in Antwerpen gestartet waren, gegen einen der Heimathäfen der Zeppeline richtete: Am 22. September 1914 bombardierten britische Marine-Flieger Zeppelin-Hangars in Düsseldorf, später wurde auch die Zeppelin-Basis Köln angegriffen. Sogar Friedrichshafen am Bodensee wurde Angriffsziel von britischen Doppeldeckern, die man, in Kisten verpackt, durch halb Frankreich geschafft hatte.

Die englische Zeppelinphobie rührte vor allem daher, dass die Deutschen mit ihren Luftschiffen bis 1917 immer wieder Angriffe auf England flogen, vor allem nachts auf London. Zwar waren die Schäden und die Zahl der Opfer relativ gering. Mehr Unheil richteten die deutschen Gotha-Bomber an, zweimotorige Ungetüme, die für taktische Angriffe gegen Stellungen, Artillerie oder Depots an den Fronten ebenso Verwendung fanden wie als Langstrecken-Bomber gegen die britische Kanal-Ostküste und gegen London. Ihr Pendant auf-

Karl Caspar, der erste Pilot, der Bomben über Dover und London abwarf, in einer Rumpler Taube.

seiten der Alliierten waren Bomber des Typs Handley Page, mit denen die Briten 1918 zum Beispiel Ludwigshafen oder Kaiserslautern bombardierten. Der letzte deutsche Gotha-Angriff auf London fand im Mai 1918 statt.

Dennoch sind eher weniger die Gothas, sondern die Zeppeline in der kollektiven Erinnerung der Briten haften geblieben. Die Angriffe der zunächst unerreichbaren, nicht abwehrbaren Luftschiffe bedeuteten einerseits die Ausweitung der Kriegführung auf das tiefe Hinterland und die Zivilbevölkerung. Andererseits durchbrachen die Zeppeline erstmals seit Jahrhunderten, eigentlich seit der normannischen Eroberung 1066, jene als unverletzbar empfundene Sicherheit der britischen Inseln, die weder die spanische Armada 1588 noch der Erzfeind Napoleon hatte beschädigen können. Anders als die Motorflugzeuge aber blieb das Militärluftschiff nur ein kleines Zusatzkapitel in der Geschichte der Luftkriegsführung. Die Zeppeline hatten im Krieg enorm hohe Verluste; durch Feindeinwirkung und durch Unfälle ging die „Zeppelinwaffe" de facto zugrunde. Der Ruhm der Zeppeline verglühte endgültig mit der Explosion des zivilen Amerika-Zeppelins *LZ 129 Hindenburg* am 6. Mai 1937 in Lakehurst, Bundesstaat New York.

Auch wenn der größte Teil der Flugzeuge im Ersten Weltkrieg als Aufklärer, Artilleriebeobachter und später auch zur bewaffneten Unterstützung der Infanterie sowie zum Angriff auf militärisch relevante Bodenziele eingesetzt wurde, ist der Mythos des ersten großen Luftkriegs untrennbar mit den Jagdfliegern verbunden. Das Konzept, man könne in der Luft andere Flugzeuge bekämpfen, spielte 1914 noch keine große Rolle. Zum einen war die Zahl der Flugzeuge insgesamt klein; zum anderen sah man als Ziele in der Luft eher die Fesselballone, in deren Gondeln Artilleriebeobachter saßen und das Feuer lenkten. Zunächst waren viele der frühen Einsitzer gar nicht bewaffnet; bei den Zweisitzern gab es manchmal ein Maschinengewehr, das der Beobachter nach hinten oder seitwärts einsetzen konnte. Nach vorne, also in Blickrichtung des Piloten, war der Einbau eines Maschinengewehrs nicht ratsam, weil man noch keine Möglichkeit gefunden hatte, die Schussfolge des Maschinengewehrs mit den Propellerumdrehungen zu synchronisieren. Der Pilot, der von seinem Sitz aus ein Maschinengewehr bedient hätte, dessen Mündung hin-

Provisorische Flugabwehr an der Westfront 1918 (oben); ein französischer Soldat horcht 1915 nach anfliegenden Flugzeugen.

Bestaunt von Kindern:
Ein für den Transport durch enge Straßen zerlegter deutscher Doppeldecker wird 1914 von einem Auto gezogen.

Das „Jagdgeschwader Richthofen“ auf einem Feldflugplatz in Frankreich.

ter der Luftschraube gelegen wäre, hätte seinen eigenen Propeller zerschossen.
Es dauerte bis fast zur Jahreshälfte 1915, bevor die Büros des holländischen Flugzeugkonstrukteurs Anton Fokker, der für Deutschland arbeitete, eine Technik entwickelten, mit der Propeller und Maschinengewehre synchronisiert wurden. Dieses sogenannte Unterbrechergetriebe, eingebaut in den einsitzigen Hochdecker Fokker Eindecker, kurz Fokker E, der anders als die meisten anderen Flugzeuge zu dieser Zeit eben kein Doppeldecker war, bescherte den Deutschen bis ins Jahr 1916 hinein die Luftherrschaft an der Westfront. Erst als die Engländer die Synchronisationstechnik ebenfalls gemeistert hatten und Jagdflugzeuge mit besseren Flugeigenschaften als die des eher behäbigen Fokker Eindeckers an die Fronten brachten, wendete sich das Blatt wieder. Trotzdem markierte der Fokker Eindecker den Beginn der Ära der Jagdflugzeuge, in der die Maschine zur Waffe des Piloten wurde.

Der Kampf gegen andere Flugzeuge, der vor Fokkers Entwicklung zum Teil mit Handfeuerwaffen aus den offenen Cockpits heraus ausgefochten wurde, geriet zum Inbegriff des Luftkriegs. Seine Protagonisten waren oft draufgängerische junge Männer, deren an der Zahl abgeschossener Flugzeuge zu messender persönlicher „Erfolg" aus der Anonymität des Schlachtens am Boden herauszuragen schien. Jedenfalls bemächtigte sich die Kriegspropaganda der Briten, der Deutschen, der Franzosen, der Österreicher und Italiener, später auch der Amerikaner, schnell dieser Gelegenheit. Es entstand der Kult um die „Ritter der Lüfte", der Mythos um den Krieg als eine tödliche Form der Jagd, bei der Jäger und Gejagter gleiche Chancen haben.

Einer, wahrscheinlich der bekannteste all dieser mythischen Helden war Manfred Freiherr von Richthofen, ein zum Zeitpunkt seines Todes im April 1918 erst 25-jähriger Rittmeister, der früher bei der Kavallerie, einem preußischen Ulanenregiment, noch mit der Lanze gedient hatte. Richthofen erzielte 80 bestätigte Abschüsse, was ihn bei Freund und Feind zur Legende machte. Bei etlichen dieser fast noch jugendlichen Volkshelden, die das blau emaillierte Kreuz des preußischen Ordens Pour le Mérite am Hals trugen, ist es schwer zu sagen, ob sie sich selbst nicht noch mehr stilisierten, als das die Propaganda ohnehin tat. Richthofen ließ seine Flugzeuge ganz oder teilweise rot lackieren, was ihm den von den Engländern geprägten Spitznamen *The Red Baron* einbrachte. Aus dem „Roten Baron" wurde eine Weltmarke mit Filmen, Büchern und Comics bis hin zu Getränken und Autos – wahrscheinlich die einzige Marke aus dem Ersten Weltkrieg, die heute noch einige Bedeutung hat. Natürlich gab es „Fliegerasse" auch bei anderen Nationen: zum Beispiel den Franzosen George Guynemer, der im September 1917 nach 53 Luftsiegen selbst abgeschossen wurde und ums Leben kam; den Amerikaner Eddie Rickenbacker, der erst 1973 als alter Mann und friedlich starb; den Kanadier Billy Bishop, der mit 72 Abschüssen ebenfalls den Krieg überlebte und es im Zweiten Weltkrieg bis zum Air Marshall brachte. Von den deutschen Fliegerhelden des Ersten Weltkriegs sind manche noch heute bekannt, allen voran der spätere Nazi-Reichsmarschall Hermann Göring, in dessen Luftwaffe viele seiner alten Kameraden höhere Ränge erreichten, darunter „des Teufels General" Ernst Udet.

Kampfflieger wurden, als Kontrast zum Massensterben am Boden, als „Ritter der Lüfte" gefeiert: Der prominenteste unter ihnen war Manfred von Richthofen.

Die Stilisierung der Jagdpiloten zu individuellen Helden war auch eine Reaktion darauf, dass der industriell geführte Krieg fast alle anderen Soldaten zu einer feldgrauen oder khakifarbenen Masse machte, in der das Individuum

Grenzenlos: Eine deutsche Maschine über den Pyramiden von Gizeh im Jahr 1918, aufgenommen aus einem anderen Flugzeug. Unten präsentieren deutsche Soldaten Fliegerbomben von 25, 50, 100 und 300 Kilogramm Gewicht.

Helden und Opfer des Luftkriegs: Oben Manfred von Richthofen (vordere Reihe, mit Kopfverband) mit Jagdfliegerkameraden. Deutsche Krankenschwestern versorgen Kinder, die bei Luftangriffen verletzt worden sind.

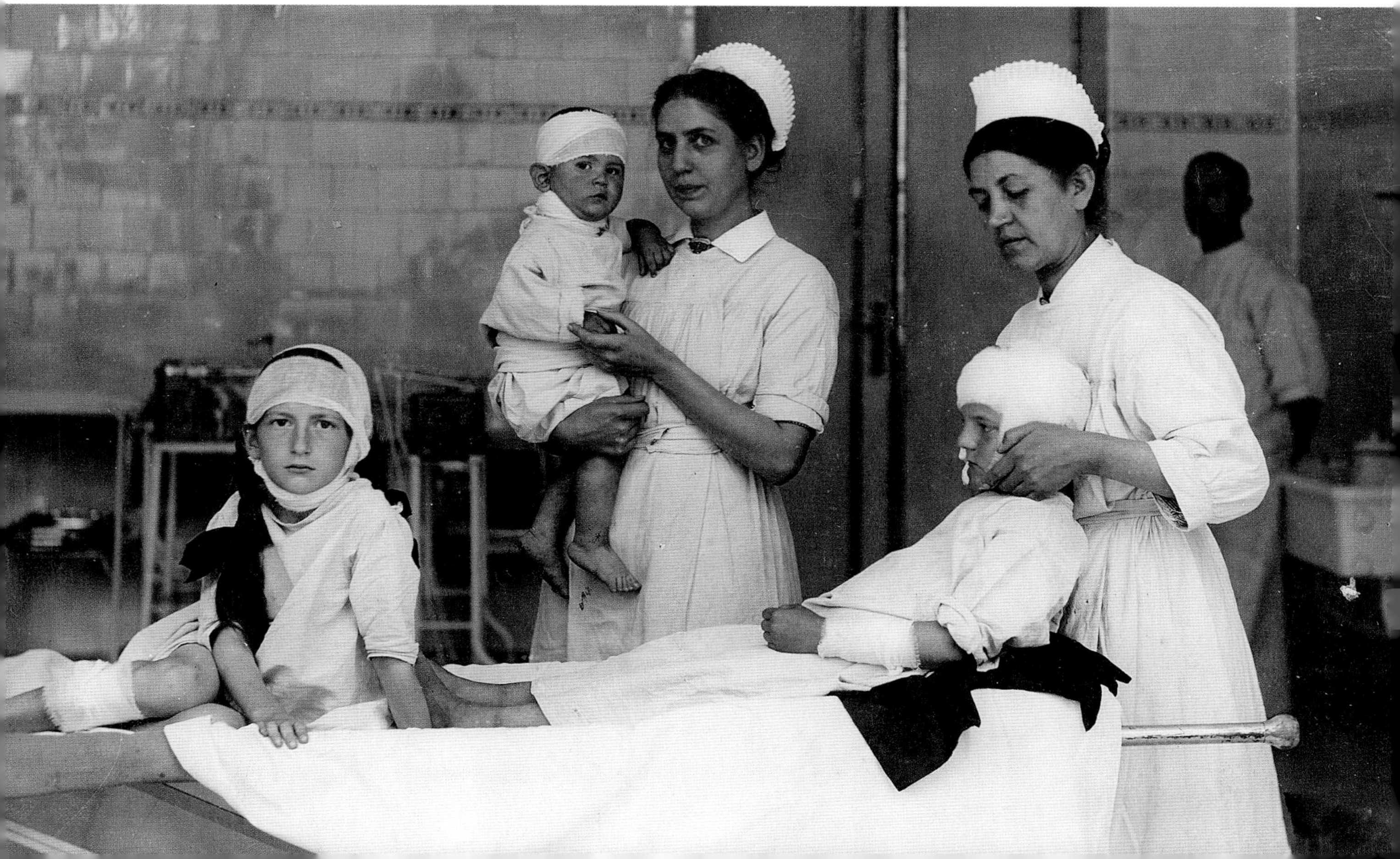

*Geste der Menschlichkeit:
Ein abgeworfener Brief russischer Flieger an ihre Feinde gibt den Absturz und Tod eines deutschen Piloten bekannt.*

An die deutschen Flieger der nächsten Flieger Abteilung.

den 30. Sept. 1917.

Am 28. September (deutsche Zeit 11. Okt.) stürzte Ihr Flugzeug. Ago infolge unbekannter Ursache aus 3300 m Höhe bei Bahnhof Woltschesk ab.

Flieger Soldat Olpfleger verunglückte und würde an der Stelle des Abstürzes beerdigt. Der Beobachter Leutnant Dünecke lebt bei Hoffnung (wörtliche Übersetzung) erhielt er eine ernstliche Verletzung der Brüststelle (wörtlich) und brach die linke Hand.

Die russ. Flieger.

P.S. Wir danken für die Benachrichtigung über den Abschuss unseres Fliegers, des Hauptmanns, beim Bahnhof Molüby.

Die russischen Flieger

im Sinne des Wortes in den Schlamm Flanderns oder die vielfach zerwühlte Erde vor Verdun getrampelt wurde. Um die Fiktion des Zweikampfes inmitten der Materialschlacht aufrechtzuerhalten, wurden Stories schlichtweg erfunden. Es gab zum Beispiel die Immelmann-Geschichte, die zuerst 1917 in den USA auftauchte und die es im Krieg und in der Nachkriegszeit in zahlreiche Bücher und Artikel schaffte. Angeblich hatte das englische Fliegerass Albert Ball (44 Abschüsse) den deutschen Piloten Max Immelmann (15 Luftsiege) schriftlich zu einem Duell über den Wolken herausgefordert, Immelmann habe akzeptiert und sei dann von Ball abgeschossen worden. Zwar stimmte nichts davon, aber selbst Ernst Jünger nahm die Geschichte als Auszug aus einem englischen Buch in einen Sammelband mit dem schönen Titel *Hier spricht der Feind* auf, den er 1931 herausgab. Darin heißt es: „Immelmanns Flugzeug brach in Flammen aus und stürzte ab. Ball folgte von oben ein paar hundert Fuß nach, richtete sich dann auf und eilte heimwärts. Er landete, stieg von neuem auf und flog zurück, um einen großen Blumenstrauß fast unmittelbar über dem Ort abzuwerfen, wo Immelmanns verkohlter Körper aus einer verwirrten Masse von Metall herausgehoben wurde (...)"

Viele der Entwicklungen, die bis heute die Kriegsführung in der Luft und aus der Luft bestimmen, begannen im Ersten Weltkrieg: das strategische Bombardement; die Lenkung des Feuers auf den Boden aus der Luft; die Dominanz der Luftaufklärung; die Doktrin der Luftüberlegenheit als Voraussetzung für erfolgreiche Operationen auf dem Boden und sogar die Verlagerung des Luftkriegs auf das Meer und gegen Schiffsziele (bereits im Ersten Weltkrieg gab es eine Art Flugzeugträger). Vor 1914 bestand die Luftmacht der Staaten aus Beobachtungsballons und dem, was in einem einst populären Film mal „die tollkühnen Männer in ihren fliegenden Kisten" hieß. Je weiter der Weltkrieg aber fortschritt, desto klarer wurde, dass er nicht nur wegen der Dominanz der Artillerie und der Maschinenwaffen der erste industriell-technologisch geführte Krieg der Neuzeit war, sondern auch, weil eine neue Teilstreitkraft, die Luftwaffe, den Krieg und die Kriegsdoktrin revolutionierte. Der Krieg hatte das Fliegen gelernt.

KURT KISTER

Luftkampf zwischen britischen und deutschen Flugzeugen (oben). Fliegergräber in Warschau 1916.

Wer Wind sät, wird den Sturmwind ernten

Englisches Plakat zur Flugzeugerkennung, 1915.

Sie sehen aus wie unheilvolle Krähen, und nur das geübte Auge vermag die schwarzen Schatten auseinanderzuhalten. „Public Warning“ heißt das britische Plakat von 1915, eine öffentliche Warnung vor etwas Neuem, etwas Ungeheurem: der Drohung aus der Luft. London spürt sie zuerst. Wie keine andere Stadt während des Krieges zieht die Metropole die feindliche Luftmacht an. Im November 1915 etwa schwebt eine ganze Flottille deutscher Zeppeline über der City, wird aber vom Wind abgetrieben. In dem Buch *Die Verteidigung von London* heißt es: „Wie wäre nun die Wirkung von ganzen Tonnen von Bomben gewesen, wenn sie alle zur selben Zeit abgeworfen worden wären?“

Die Zeppeline, die weit fliegen können, werfen 1915 und 1916 schon 162 Tonnen Bomben auf London, 500 Menschen sterben. Anfangs gibt es keine organisierte Luftabwehr, erst 1916 werden die leicht verwundbaren Luftschiffe durch verbesserte Flugzeuge und Artillerie immer öfter lokalisiert und zerstört. Doch der nächste Schrecken folgt bald: Die neuen deutsche Gotha-Bombenflugzeuge erreichen 1917 ebenfalls London, sie sind schnell und schwerer zu bekämpfen. Als Premierminister Lloyd George im Unterhaus darüber berichtet, ruft ein wütender Abgeordneter: „Für jeden deutschen Angriff auf London sollten unsere Luftsoldaten eine ihrer Städte auslöschen.“ Das Flugzeug, über das die Kavalleriegeneräle 1914 noch gespottet haben, „wird absolut keine Grenze in der künftigen Kriegführung kennen“, prophezeit ein Bericht über die britische Heimatverteidigung. In den Zwanziger- und Dreißigerjahren entstehen schon ganze Theorien, dass der Bomber den Krieg der Zukunft entscheiden werde (weshalb es eine Ironie der Geschichte ist, dass es britische Jagdflugzeuge sind, die 1940 in der „Luftschlacht um England“ Hitlerdeutschland eine erste und folgenreiche Niederlage beibringen).

Trauerfeier in Freiburg für die Opfer eines britischen Luftangriffs, 1917.

Im Ersten Weltkrieg trifft es aber auch deutsche Städte. Vor allem in den letzten Kriegsmonaten 1918 schlagen die Alliierten zurück. Besonders oft tauchen die Bomber über dem frontnahen Freiburg auf. Auf den Hügeln um die Stadt stehen Kanonen, die wirkungslos in den Himmel schießen. Die alte, dicht bebaute Stadt der Zähringer ist voller Ziele, legitimer wie völkerrechtswidriger. Die Bomben machen keinen Unterschied. Überall sind Lazarette, die Stadt ist Sammelpunkt für Verwundete.

Aber da sind auch die Gleise, die Rüstungsbetriebe, die Kasernen, der Flugplatz. Und die *Stuttgarter Nachrichten* finden 2014 die 100-jährige Zeitzeugin Olga Benz, die sich noch vage erinnert: „Abends, wenn die Bombardierungen losgingen, wurden wir in den Keller getragen. Am meisten Angst hatte man damals vor Splittern. Wir haben immer Milchkannen und Kochtöpfe mit in den Keller genommen, um sie uns auf den Kopf zu setzen. Wir haben viel gelacht, für uns Kinder war das lustig. Verstanden haben wir nicht, worum es wirklich ging. Uns hat es zum Glück nicht getroffen."

Nicht so viel Glück haben 30 Freiburger, sie sterben durch die Angriffe. Keine 30 Jahre später, im November 1944, startet die Operation *Tigerfish* der Royal Air Force: 292 schwere, viermotorige *Lancaster*-Bomber werfen 14 500 Spreng- und Brandbomben auf Freiburg. Es ist, als ob flüssiges Feuer vom Himmel fiele. Die Altstadt zerbirst in 20 Minuten zum lodernden Schutthaufen. 2800 Menschen sterben. Von solch apokalyptischen Dimensionen sind die Angriffe der Doppeldecker 1918 noch weit entfernt. Aber der Wind, aus dem der Sturmwind werden sollte, hat sich schon erhoben.

JOACHIM KÄPPNER

Das Schloss der roten Matrosen

Der Kaiser ist gestürzt, ein Rat der Volksbeauftragten regiert: Wenige Wochen lang hat die SPD im November 1918 die Möglichkeit, die Revolution zu nutzen und der deutschen Geschichte eine andere Richtung zu geben. Doch sie lässt sie verstreichen.

Mit welcher Wollust wühlten und schaufelten Soldaten oben in den Kleidern und Gerätekammern. Mit welchem Erlösungsgefühl schütteten sie die Sachen herab. Da flogen die Schaufeln, gedacht für die Schützengräben und ihnen selbst das Grab zu öffnen. Mit diesen Mänteln sollten die neuen Regimenter eingekleidet werden. In ihnen sollten sie zerschossen werden. Tod, Blut, Kanonenkrachen aus allen Stücken. Sie schleuderten sie weit weg, herunter auf die gierigen Zivilisten. Da war es gut aufgehoben. Von da würde es nie wiederkommen.
(Alfred Döblin: November 1918. Roman, 1939)

Es ist vorbei: Ein amerikanischer Intelligence-Offizier (links) durchsucht einen deutschen Kriegsgefangenen.

Die Luft ist klirrend kalt. In den Straßen liegen Tote. Die Fassade des Berliner Stadtschlosses zeigt Einschusslöcher wie Pockennarben, zersplitterte Fenster, verdeckte MG-Läufe. Blutige Weihnacht. Die roten Matrosen, drinnen verschanzt hinter schwerem Mobiliar des gestürzten Herrscherhauses, haben den Sturm rechter Truppen abgeschlagen. Ein Emissär der sozialdemokratischen Reichsregierung wagt sich ins besetzte Schloss. „Warum sind wir betrogen?" schreien die Matrosen.

Heiligabend 1918. Eine linke Regierung hetzt rechte Soldaten auf Revolutionäre. Wie konnte es so weit kommen? Nur wenige Wochen ist es her, da haben, am 9. November 1918, Soldaten und Matrosen dem Krieg ein Ende gemacht, den Offizieren die Rangabzeichen und Schulterstücke abgerissen. Die Aufständischen wollen Frieden, endlich Frieden, Freiheit, Demokratie, den Sturz der Fürstenhäuser. Ihr Sieg scheint vollständig.

5000 Admirale, Kapitäne, Offiziere! Nur drei verteidigen ihre Fahne. Auf der SMS König der Kommandant, der Erste Offizier und der Adjutant, ein zwanzigjähriger Leutnant. Ein Matrose fällt unter ihren Schüssen. Dann schlägt es über ihnen zusammen, eine graue Sturzwelle, Kolbenstöße, Schüsse! Leiber! Arme! Beine! Kommandant und I. O. fallen verwundet. Der Adjutant bleibt tot liegen.

Des Kaisers Flagge sinkt. Die rote Fahne steigt. Alle anderen Schiffe fallen kampflos.
(Theodor Plievier: Des Kaisers Kulis. Roman, 1929)

Binnen Tagen zerbricht im November 1918 das einst so ehern erscheinende Herrschaftsgerüst der kaiserlichen Klassengesellschaft. Und doch versiegt diese Revolution dann und mit ihr die Chance, der Geschichte des 20. Jahrhunderts

Kein Himmelfahrtskommando zur See: Im November 1918 meutern die Matrosen in den deutschen Häfen – die Revolution beginnt (oben). „Warum sind wir verraten?“ Im Berliner Stadtschloss verschanzt sich die Volksmarinedivision gegen rechte Militäreinheiten.

Mit Musik zurück ins Reich: Fronttruppen überqueren nach dem Waffenstillstand 1918 vom Elsass her den Rhein.

eine ganz andere Richtung zu geben: Hitlers Tyrannei, den Krieg, den Weg nach Auschwitz, Millionen Tote zu vermeiden.

Das alles entzieht sich 1918 dem menschlichen Vorstellungsvermögen. Aber es gehört zu den großen deutschen Tragödien, dass der Aufstand für Frieden und Freiheit Stückwerk bleibt. Es ist dies eine bis heute verkannte Tragödie, deren Ausmaß noch größer wurde, weil die Revolution ausgerechnet an der SPD scheitert. Die Revolution stürzt den Kaiser und bringt den Rat der Volksbeauftragten an die Macht, geführt von der noch MSPD genannten SPD, den Mehrheitssozialdemokraten. Die USPD, die kleinere unabhängige und linkere Schwesterpartei, die gegen den Krieg war, bleibt im Rat zu schwach. Der Vorsitzende des Rats Friedrich Ebert (MSPD) aber paktiert nun mit Erich Ludendorff und Paul von Hindenburg, den Befehlshabern des geschlagenen Feldheeres, das noch an der Westfront steht. Es ist ein faustisch anmutender Pakt, geboren aus Verzweiflung: zwischen den Führern der gemäßigten Arbeiterbewegung und jenen De-facto-Diktatoren, die den Krieg aus Selbstüberschätzung verloren und die Schuld daran dann den demokratischen Parteien zugeschoben haben. Diese hätten der kämpfenden Truppe „den Dolch in den Rücken gestoßen".

Am Abend rief ich die Reichskanzlei an und teilte Ebert mit, dass das Heer sich seiner Regierung zur Verfügung stelle, dass dafür der Feldmarschall und das Offizierskorps Unterstützung erwarten bei der Aufrechterhaltung von Ordnung und Disziplin im Heer. Das Offizierskorps verlange von der Regierung die Bekämpfung des Bolschewismus und sei dafür zum Einsatz bereit. Ebert ging auf meinen Bündnisvorschlag ein. Von da an besprachen wir uns täglich auf einer geheimen Leitung."
(Der Erste Quartiermeister der Obersten Heeresleitung, General Wilhelm Groener, in seinen Erinnerungen)

Das geschieht am 10. November, dem zweiten Tag der Revolution, an dem die Arbeiter, Soldaten und Matrosen in den Sozialdemokraten noch ihre Führer sehen. Am 12. November bestätigt der Rat der Volksbeauftragten das herkömmliche Vorgesetztenverhältnis im aus Frankreich und Belgien abziehenden Heer, eine offene Brüskierung der revolutionären Solda-

Gefährlicher Pakt: Der Volksbeauftragte Friedrich Ebert (SPD) begrüßt 1918 die heimkehrenden Soldaten vor dem Brandenburger Tor.

tenräte. Freilich, kaum ist die Masse der Soldaten daheim, geht sie zu den Revolutionären über oder, sehr viel öfter, einfach nach Hause.

Zur Kraftprobe kommt es erst auf dem Reichskongress der Arbeiter- und Soldatenräte vom 16. bis zum 20. Dezember in Berlin. Mit einer Brandrede prangert der Remscheider Delegierte Otto Brass das Bündnis an: „Wer regiert eigentlich in der sozialistischen Republik? Die Volksbeauftragten oder die Oberste Heeresleitung?“ Brass fordert die unverzügliche Festsetzung der Generäle, die Entwaffnung der Offiziere, die Errichtung einer Roten Garde zum Schutz der Revolution. Das Protokoll notiert stürmischen Beifall. Die „Hamburger Punkte“ des Kongresses verlangen die Zerschlagung aller Reste des kaiserlichen Militärs.

Die MSPD aber sabotiert die Ausführung dieser Beschlüsse. Im Rat der Volksbeauftragten sagt Philipp Scheidemann, ausgerechnet Scheidemann, der am 9. November 1918 in Berlin die Republik ausgerufen hatte: Das Verhängnisvolle liege darin, dass die Soldaten einmütig hinter dieser Forderung stehen. Die Entmachtung der verhassten kaiserlichen Offizierskaste ein Verhängnis? Hier liegt der Schlüssel zum Scheitern der Revolution und schließlich auch der Weimarer Demokratie.

Karl Dietrich Erdmann, ein Altmeister der Historikerzunft, hat im Handbuch der deutschen Geschichte die klassische Formel aufgestellt, die MSPD habe entscheiden müssen „zwischen der sozialen Revolution im Bund mit den auf eine proletarische Diktatur hindrängenden Kräften oder die parlamentarische Republik im Bund mit konservativen Elementen wie den deutschen Offizierskorps“. Auf der Gegenseite sah der große alte Publizist Sebastian Haffner eine verratene Revolution: „Eine Revolution ist kein Schandfleck. Sie war eine Ruhmestat. Ein Schandfleck ist der Verrat, der an ihr verübt wurde“ – durch die SPD.

Aber beides ist falsch. Ebert und die Mehrheitssozialdemokraten sind sehr ehrenwerte Männer und geben ihr Bestes. Doch ihr Bestes ist nicht gut genug. Ein Umsturz, auch ein demokratischer, braucht Bataillone; er muss die Kräfte des *Ancien Régime* überwinden und die Blutdürstigen im eigenen Lager zügeln. Die MSPD besitzt im November 1918 diese Macht, für einige eng begrenzte Wochen. Die Macht und die Gewehre haben die Massen der Soldaten, der Räte, der Aufbegehrenden, die erwartungsvoll auf die provisorische Reichsregierung sehen. Ein Wort, Hindenburg und Ludendorff und die Militärkamarilla würden im Gefängnis landen. Ebert müsste es nur anordnen. Aber das Wort sagt er nicht.

Ich erkenne die vom Zentralrat der A.- und S.-Räte am 18.12.18 in Berlin gefaßte Resolution, insbesondere in der Stellung von Offizier und Unteroffizier, nicht an. Ich bin in diesem Sinne bei der Regierung vorstellig geworden. Es bleibt daher bei den bisher gegebenen Befehlen. (Telegramm Hindenburgs an die Oberkommandos, 19.12.1918)

Die Sozialdemokraten haben die Macht also und fürchten sie zugleich so sehr, dass sie sich Hilfe bei den alten Gewalten suchen. Die aber lehnen die Republik von Herzen ab. Jetzt erst gewinnen die Kommunisten, die Spartakisten, die Freunde Lenins und der roten Diktatur, an Zulauf. Wenige Tage später lässt Ebert rechte Truppen auf die zu Unrecht spartakistischer Umtriebe verdächtigte Volksmarinedivision im Schloss los. Die Koalition aus USPD und MSPD zerbricht daran für immer: ein Bruch von ungeheurer Tragweite.

Das ist kein Verrat, sondern eine Tragödie, die viele Ursachen hat. Die Alliierten setzen die neue Regierung unter massiven Druck, die Truppen in Frankreich und Belgien zu demobilisieren und geben so dem deutschen Militarismus, den sie vier Jahre lang bekämpft hatten, ein Alibi zur Selbstbehauptung. Ohne Generäle und Offiziersgewalt kein geordneter Rückzug, behauptet Hindenburg. Vor allem ist die SPD aber schon zu stark Teil des politischen Systems, um es nun mit Gewalt zu stürzen. Sie glaubt an die Evolution, nicht an die Revolution. Und hat ihnen, so denken ihre Führer 1918, die Geschichte nicht gerade recht gegeben? Führt die Partei nicht jetzt das Land? Setzt sie nicht

Von der Trauerfeier für die Revolutions-Gefallenen.
Ehrensalve vor der Hauptwache beim Vorüberfahren der Särge.

Von den Kämpfen am Schloß und Marstall am 24. Dezember in Berlin.
Gardetruppen mit Maschinengewehren in der Brüderstraße.

Aus den Berliner Revolutionstagen.
Ein Offizierposten.

Bündnispartner: eine republikanische Freiwilligentruppe der Regierung Ebert im November 1918.

freie Wahlen durch und eine demokratische Verfassung?

Das alles gelingt ihr und bleibt doch eine gescheiterte Episode, der die Nacht des Nationalsozialismus folgt. Die SPD versäumt es 1918, der Freiheit Waffen zu geben. Schuld daran ist die Angst vor dem Bolschewismus. Rote Garden, rote Fahnen, Umsturz, all diese Szenen in den Straßen der Städte erinnern an die russischen Bolschewisten, an die Oktoberrevolution, als Matrosen ihre Offiziere ins siedende Wasser der Schiffskessel warfen, als die Zarenfamilie massakriert wurde und die Revolutionäre eine grauenvolle Blutspur hinterließen.

Die Angst Eberts und seiner Genossen ist zwar verständlich. Sie sind Reformer, keine blutigen Vollstrecker einer neuen Ordnung. Aber die Angst zeigt, dass sie das Wesen der eigenen Revolution nicht verstanden haben. Denn die deutschen Arbeiter- und Soldatenräte wollen die Boulevards Berlins nicht zu Alleen der Gehenkten machen. Sie entscheiden sich im Dezember 1918 auf ihrem Kongress freiwillig für Wahlen zur Verfassungsgebenden Versammlung, also für die parlamentarische Demokratie und gegen eine Diktatur der Räte, gegen die eigene Versuchung der Macht. Während die Revolution die Todfeinde der Demokratie entwaffnen will, versäumen Ebert und die Seinen die Gelegenheit dazu. Sie wird niemals wiederkehren. Zur Symbolfigur des Scheiterns wird nun der Sozialdemokrat und Militärbeauftragte Gustav Noske, der sich selbst als „Bluthund" bezeichnet hat. Aus kleinen Verhältnissen aufgestiegen ist er mit der historischen Rolle, in die er da gerät, heillos überfordert. Er versteht nicht, welche Geister er ruft. Je heftiger er das verbliebene, später fast nur noch aus Rechten und gestrandeten Abenteurern bestehende Militär dreinschlagen lässt gegen die völlig überschätzte radikale Linke, desto schneller verliert die SPD Anhänger.

Die revolutionären Soldaten wenden sich ab von der Partei, der sie vertraut haben, angewidert und mit wachsender Wut. Und je einsamer es nun um Noske wird, desto mehr braucht er die Generäle, eine sich selbst erfüllende Prophezeiung. Im Januar 1919 rebellieren die Spartakisten in Berlin. Das alte Militär massakriert sie. Kein Vierteljahr nach der friedlichen Revolution ist die MSPD weder willens noch in der Lage, republiktreue Wehrverbände aufzubauen. Die Reichswehr ist fortan ein Staat im Staate und Weimar eine wehrlose Demokratie.

„Warum sind wir betrogen?" Die Revolution ist nicht verraten. Sie ist verschenkt.

„Hörst, Kohout!" rief der Genosse Blaschek. „Was iss denn? Wirdn heut keine Guillotine geschmiert?"

„Kommt schon. Nur Geduld, Genosse, eins nach dem anderen", sagte Kohout. Er trat ans Klavier und spielte mit der linken Hand die Melodie des Henkerliedes. Mit dröhnender Stimme fiel Blaschek ein:

„Schmiert die Guillotinen,
Schmiert die Guillotinen,
Schmiert die Guillotinen
ein mit Fürstenfett!
Reißt die ----"

„Um Gottes Willen, Genosse, was soll das denn heißen, hören Sie doch auf!" rief Doktor Emperger verzweifelt. „Das geht doch wirklich nicht. Bei mir wohnt ein Hofrat, der wird sich beschweren, er hat ohnehin schon zweimal geklopft!"
(Leo Perutz: Wohin rollst du, Äpfelchen?, 1928)

JOACHIM KÄPPNER

Blutige Weihnachten: Soldaten beschießen an Heiligabend 1918 Stellungen der Volksmarinedivision.

Vater ist wieder da:
Ein heimkehrender Frontsoldat
mit Familie, Ende 1918.

Die Rote Armee von Dachau

Mit Revolutionen tun sich Bayern schwer, heißt es: Lieber alles beim Alten belassen. Damit eine „revolutionäre Stimmung“ entsteht, müsse schon Außergewöhnliches passieren: eine Bierpreiserhöhung um einen Pfennig etwa, so wie im März 1844. Als Dachau dagegen 1918/19 in den Sog der Räterepublik gerät, wird schnell deutlich: Die Dachauer sind keine Revolutionäre. Obwohl sich in der kleinen Marktstadt wegen einer Papierfabrik und einer Pulver- und Munitionsfabrik eine starke Arbeiterschaft gebildet hatte, kamen die Dachauer nur zögerlich der Aufforderung aus München nach, Arbeiter- und Bauernräte zu gründen. Die örtliche Lokalzeitung, das *Dachauer Volksblatt,* meldete am 10. April 1919: „Der ganze erste Tag der dritten Revolution verlief ohne jede Störung der Ruhe und Ordnung.“ Und das sollte am besten so bleiben. Als die Truppen der bayerischen Exil-Regierung am 15. April in die Stadt einrücken, wagt es der amtierende Arbeiter- und Bauernrat sogar, beim Anführer einer Artillerieeinheit vorstellig zu werden und den Abzug der Batterie vom Schlossberg zu fordern: Man könnte ja sonst beschossen werden. Der Major kommt der Forderung sofort nach. Emil Zenetti, Anführer der Freiwilligenbatterie Zenetti, notiert sich über diesen Tag: „Der Einmarsch vom tief gelegenen Bahnhof hinaus zum oberen Teil des Ortes war nicht gerade ein Triumphzug. Der Marktplatz war schwarz von Menschen, die die Truppe schimpfend und schreiend empfingen und ihr vorwarfen, den Krieg ins Land gebracht zu haben.“

Die bürokratischen Hinterlassenschaften der Dachauer Revolution lagern als „Akte Toller“ in diesem Karton im Bayerischen Hauptstaatsarchiv.

Am 16. April 1919 reagieren die Räte in München auf die Anwesenheit der Regierungstruppen in Dachau. Die Räteregierung schickt alle Einheiten der sich im Aufbau befindlichen Roten Armee in die wichtige Stadt an der Bahnlinie nach Ingolstadt. An ihrer Spitze: Ernst Toller, der Vorsitzende des Provisorischen Zentralrates.

In Dachau haben die Roten erstaunlich leichtes Spiel. Viele Regierungssoldaten flüchten kampflos, lediglich am Bahnhof kommt es zum Feuergefecht, doch nach einer Viertelstunde sind die Weißen vertrieben. Doch wer befürchtet hatte, dass nun ein wilder Mob marodierend durch die Stadt zog, der wurde überrascht. Zwar war bei der Roten Armee jeder systematische Dienst als „Militarismus“ und „Ludendorfferei“ verpönt – es gab keine Befehle, nur Anweisungen, und militärische Titel wurden bewusst nicht geführt – aber für eine Truppe, die aus unerfahrenen Soldaten und Veteranen bestand, die bis zu vier Jahre Krieg erlebt hatten, ging es recht diszipliniert zu. Übliche Beschwerden waren: Soldaten der Roten Armee sollen in Wirtshäusern herumgesessen sein, Wein aus Schloss Karlsfeld getrunken und mit Maschinengewehren auf Hühner und Schweine geschossen haben.

Zu einem Problem wird in Dachau vor allem die Versorgung der Soldaten.

Die Rote Armee hat zwar im Zieglerbräu ein Proviantamt eingerichtet und auf dem Marktplatz Feldküchen aufgestellt. Aber viele Soldaten bessern sich ihr Essen durch Wilderei auf: Das Bezirksamt Dachau gibt für den Bereich der früheren Hofjagd einen Wildschaden von 20 000 Mark an. Und viele Rotarmisten weichen auf die Gaststätten aus.

Die Wirte freuen sich anfangs über die gefüllten Gaststuben. Bald aber häufen sich die Klagen über gestohlenes Besteck und Maßkrüge. Ernst Toller teilt den Wirten daraufhin eine Schutzwache zu. Dem Zeitgenossen Albert Herzog zufolge greift der Wirt vom Zieglerbräu selbst durch: „Eines Tages bemerkte er, dass die in seiner Wirtschaftsveranda untergebrachten Mannschaften sich damit belustigten, Maßkrüge auf der Steinmauer des viel tiefer liegenden Gartens zu zerwerfen. In wenigen Minuten räumte er die Veranda höchsteigenhändig, und sie ward niemals wieder geöffnet, solange Dachau im Zeichen der Roten Armee stand.“

Rechnungen für Löschblätter oder Kohlepapier: Alles wurde penibel bezahlt. Von revolutionären Übergriffen blieben die Dachauer weitgehend verschont.

Grundsätzlich aber achten die Rotarmisten selbst darauf, dass die Regeln eingehalten werden. Bei ihren „Requirierungen“ etwa herrscht Bürokratie. Als die Villa Haug wegen einer Durchsuchung fachgemäß von einem Schlossermeister aufgesperrt wird, erhält der für jede Türe einen Betrag von exakt 60 Pfennig – die Quittungen sammelte gewissenhaft der Zahlmeister der Roten Armee, Guido Karpfenberger. Die Verhandlungsakte Toller enthält weit mehr als hundert – jeweils bezahlte! – Rechnungen, die den Kauf von Nägeln, Schreibwaren, Bier, Teller und anderen Dingen für die Rotarmisten belegen. Zahlmeister Karpfenberger wird später vor Gericht gelobt: Durch Ausharren auf seinem Posten bis zuletzt habe er der Allgemeinheit einen Dienst erwiesen. Von den 370 000 Mark, die Karpfenberger in der Zeit vom 17. bis zum 30. April verwaltet, sind 279 700 Mark in Dachauer Geschäfte und Betriebe geflossen.

Auch an einer Revolution lässt sich gut verdienen.

GERHARD WILHELM

Vor Angst verrückt geworden

Im Ersten Weltkrieg zeigt sich ein neues Krankheitsbild: das Kriegszittern. Wer traumatisiert von der Front kommt, gilt als Drückeberger, oft werden die Kranken mit Elektroschocks gequält.

Sie hatten Monate im Schützengraben hinter sich. Eingepfercht in durchfeuchteten, engen Unterständen, wo ihnen die Ratten das Brot wegfraßen. Ihre Stiefel wühlten sich durch Schlamm, über ihnen explodierten Granaten im Sekundentakt, Bomben fielen, und jederzeit konnte das Giftgas durch die Gasmasken dringen. Sie hatten gesehen, wie ihr Kamerad links zerrissen wurde, sie hatten erlebt, wie ihr Kamerad rechts zu zittern begann. Sie waren den Graben dennoch hochgeklettert, durch den Stacheldraht gerannt und hatten dem Feind vor sich das Bajonett in die Brust gerammt. Und dann begannen sie selbst zu zittern. Und es hörte nicht mehr auf.

Auf Tragen aufgereiht: An der Westfront verwundete englische Soldaten werden notdürftig versorgt.

„Kriegszitterer" hießen diese Soldaten, die das Grauen an der Front im Ersten Weltkrieg nicht mehr ertrugen. Die in Depressionen versanken, nur noch stammelten, deren Blick herumirrte, deren Beine plötzlich lahmten. Als sie gekommen waren, waren sie kräftige junge Kerle gewesen. Nach ein paar Monaten waren sie nur noch ein Häufchen Elend, mit gebrochenen Augen und irrem Lachen, geflüchtet in eine eigene Welt. In diesem Zustand schickte man sie zur Kur zurück in die Heimat – auf dass sie schnell wieder gesund würden und dann wiederkämen. Wieder hinein in den Schützengraben.

Plötzlich sprechen sie nicht mehr

Man muss nicht verrückt sein, um davor Angst zu haben. Aber man kann verrückt werden vor Angst.

Tausende waren zwischen 1914 und 1918 aus Angst verrückt geworden. Dabei waren sie körperlich unversehrt. Sie hatten kein Auge, kein Bein, keinen Arm verloren wie Tausende andere. Tausende, für die sie nun in eigenen Fabriken Prothesen bauten, Sauerbruch-Arme, Knick-Prothesen und Glasaugen en masse produzierten. Ein Wachstumsgeschäft. Aber die Kriegszitterer hatten noch alle Gliedmaßen, ihr Gesicht war nicht zerfetzt, die Haut vom Giftgas nicht verätzt. Und doch sprachen sie plötzlich nicht mehr, ihre Arme zuckten unkontrolliert, der Darm gehorchte ihnen nicht mehr. Sie machten sich im Wortsinn vor Angst in die Hose.

Zu Hause nannte man sie Weichlinge, Simulanten, die sich drücken wollten. „Kriegsneurotiker" hießen sie bei den Psychiatern – aber was ein echter Mann war, hatte in dieser Zeit keine Neurose. Neurosen, das war etwas für Frauen. Das hatte doch Sigmund Freud gerade heraus-

Grauen unter Tage:
Ein österreichisch-ungarischer Rettungstrupp birgt 1918 einen gasvergifteten Kameraden aus einem Stollen.

Briefe aus der Heimat: Ein Bote verteilt Post an verwundete Soldaten in Berlins größtem Lazarett, dem „Neue Welt" in der Hasenheide.

Erstversorgung: Während einer Offensive im Jahr 1918 verwandelte der 110. Sanitätszug der US-Armee die zerschossene Kirche von Neuvilly, Meuse, in ein Feldlazarett.

gefunden. Also glaubte man, den kranken Männern ihre „Kriegsneurosen" austreiben zu müssen: mit Strafe statt Kur. Die Kranken mussten Strafexerzieren bis zur Erschöpfung, bekamen Elektroschocks oft bis zum Tod. Man steigerte die Stromschläge immer mehr. Erst in die zitternden Waden, dann in die Schenkel, am Ende in die Lippen und die Hoden. Folter an der Heimatfront. „Es ist unwidersprochen geblieben, dass es damals zu Todesfällen während der Behandlung und zu Selbstmorden infolge derselben in deutschen Spitälern kam", schrieb Freud 1920 in einem Gutachten über die Behandlung der Kriegszitterer in Deutschland. Für ihn waren die Kriegs-Psychiater „Maschinengewehre hinter der Front".

Die kranken Soldaten sollten die Front mit ihrem Granatenhagel der Behandlung in der Heimat vorziehen. Freud schrieb, man habe den Soldaten das Kranksein noch unleidlicher gemacht als den Dienst im Krieg. „War er aus dem Krieg in die Krankheit geflüchtet, so wendete man Mittel an, die ihn zwangen, aus der Krankheit in die Gesundheit, also in die Kriegsdiensttauglichkeit zurück zu fliehen." Allein darum ging es: Der Soldat sollte zurück in den Kampf. Hauptsache, er war wieder kriegstüchtig. Ob der Patient gesund war, war nicht wichtig. Der Arzt war ja auch „Kriegsbeamter". Er hatte dafür zu sorgen, dass der menschliche Nachschub nicht ausblieb.

Denn immer mehr Soldaten kamen seelisch versehrt in die Heimat zurück. Nicht nur die deutschen Soldaten, auch die in den anderen Schützengräben, die Engländer, die Franzosen,

Körperlich Versehrten konnte geholfen werden – in Grenzen: eine deutsche Werkstätte für künstliche Gliedmaßen im Juni 1915.

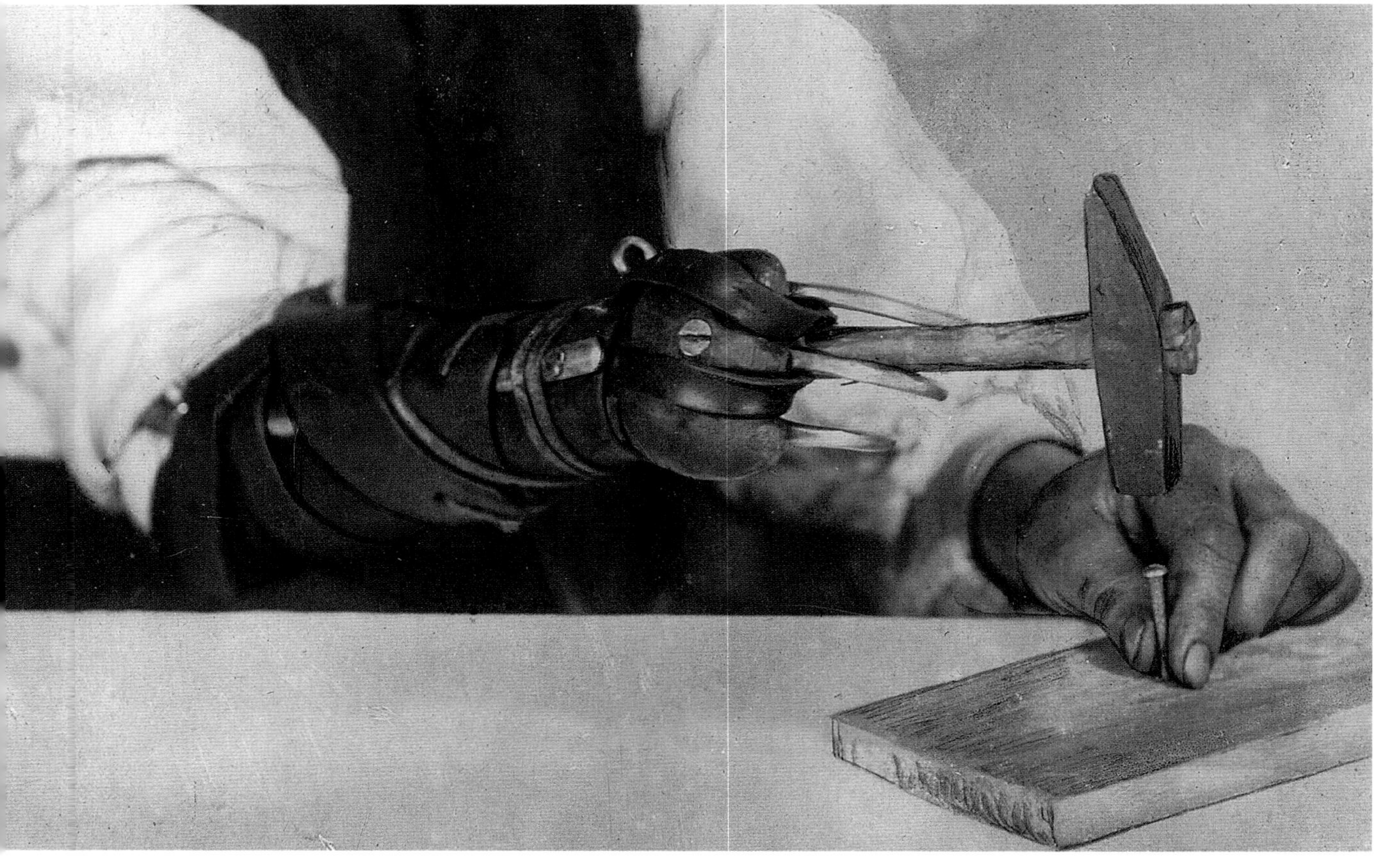

Nicht ästhetisch, aber dafür zweckmäßig: Ein deutscher Kriegsversehrter demonstriert 1917, wie sich auch mit einem künstlichen Unterarm ein Hammer verwenden lässt.

die Italiener. Und auch mit ihnen hatte keiner Mitleid.

Die britische Historikerin Joanna Bourke, die über Angst in der Gesellschaft forscht, zitiert die Briefe von englischen Soldaten aus jener Zeit. Von ganz jungen Männern, die das Grauen nicht ertragen. Arthur Hubbard zum Beispiel, der seiner Mutter schreibt, wie er aus dem Schützengraben steigt und auf drei Deutsche trifft, die schrecklich bluten, die sich ergeben wollen, um Gnade flehen. Doch er hatte den Befehl, keine Gefangenen zu machen. Und schoss. „Ein schrecklicher Anblick, ich werde das nicht vergessen, solange ich lebe", schreibt er der Mutter. Danach wurde er selbst verschüttet, sein Bataillon aufgerieben, er kam unter Maschinengewehrfeuer. Dann fiel er in Ohnmacht. Und litt danach unter dem, was in England *Shell Shock* genannt wurde. Schock durch Granatfeuer – das Pendant zum deutschen Kriegszittern.

Shell Shock, das war die landläufige Erklärung für die wirren, kranken Männer, denen körperlich nichts fehlte und die dennoch nicht mehr zu gebrauchen waren. Eine Erklärung, die man eher akzeptierte als irgendwelche „Kriegsneurosen": Man ging davon aus, dass die Druckwelle der Bomben- und Granat-Detonationen das Gehirn der Soldaten gegen den Schädelknochen gedrückt hatte und deswegen innere Verletzungen entstanden waren. Eine körperliche Erklärung also, Krankheiten der Seele waren nicht vorgesehen für Soldaten. Die waren doch mit Blasmusik in den Krieg gezogen, wild darauf, die Franzosen oder *les boches* zu besiegen. Und jetzt? Lagen da in den Krankenhäusern Tausende junger Männer, deren Gesichter sich

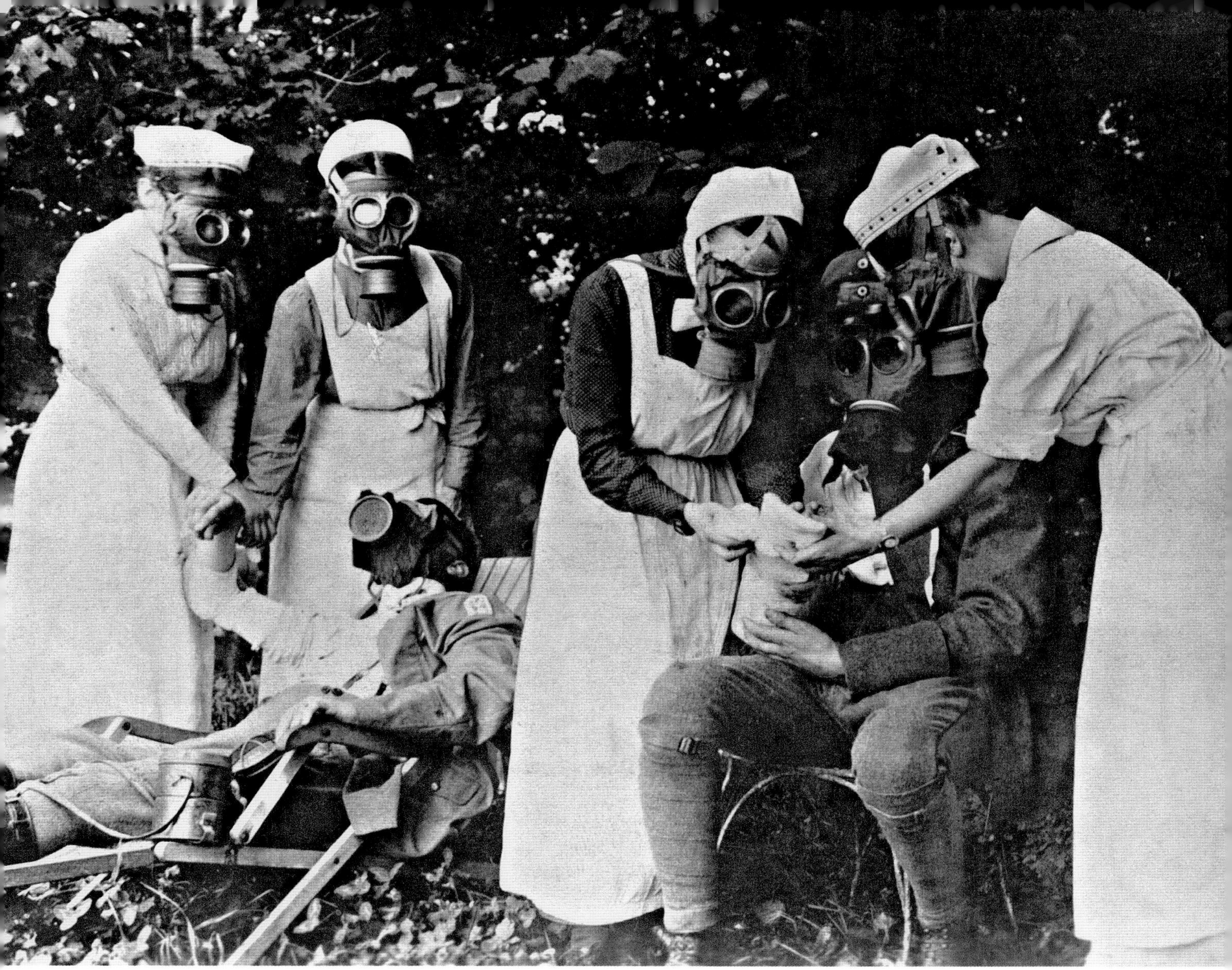

Krankenschwestern versorgen nach einem Giftgasangriff 1917 Verletzte. Eine halbe Million Soldaten erlitt schwere Gasschäden – und die Angst vor dem Gas zermürbte die übrigen.

wild verzogen. Die von Angst überfallen wurden, die ihr Augenlicht verloren hatten, obwohl sie nicht verletzt waren. Einige litten unter dem Alptraum, dass sie ihr Bajonett nicht mehr aus den Körpern der Männer zurückziehen konnten, die sie getötet hatten, schreibt die Historikerin Bourke. Dass sie hängen blieben an den Toten. Und so war es ja auch: Sie kamen nicht los von dem, was sie erlebt hatten. Vom Tod. Manche sahen mitten in der Unterhaltung mit ihren Kameraden das Gesicht des Mannes, den sie getötet hatten. Sein letztes Röcheln, seine gebrochenen Augen. Sie konnten nicht mehr essen, nicht mehr schlafen. Und bei manchen von ihnen entwickelte sich das alles erst, als sie wieder zu Hause waren.

Umso mehr wuchs die Skepsis, ob sie nicht nur simulierten. Viele von ihnen wurden deswegen standrechtlich erschossen, wegen Feigheit vor dem Feind. Und es kam ja auch immer wieder zu Meutereien an der Front: Die Männer wollten dem sinnlosen Töten entrinnen. Das Militär schlug die Aufstände mit Massenexekutionen nieder. Den Soldaten blieb nur die Flucht aus der Realität. Der Psychiater Karl-Heinz Biesold vom Bundeswehrkrankenhaus Hamburg sieht in dem Zittern der Soldaten im Ersten Weltkrieg eine Antwort auf den Stellungskrieg ohne Fluchtmöglichkeiten.

Stanley Kubrick hat in seinem Antikriegsfilm *Wege zum Ruhm* von 1957 gezeigt, wie die Situation in den Schützengräben war: Menschen, die nur noch Kanonenfutter waren. Wo selbst die Mutigsten irgendwann nicht mehr konnten und zur Abschreckung der Zweifler Unschuldige erschossen wurden. Kirk Douglas spielt

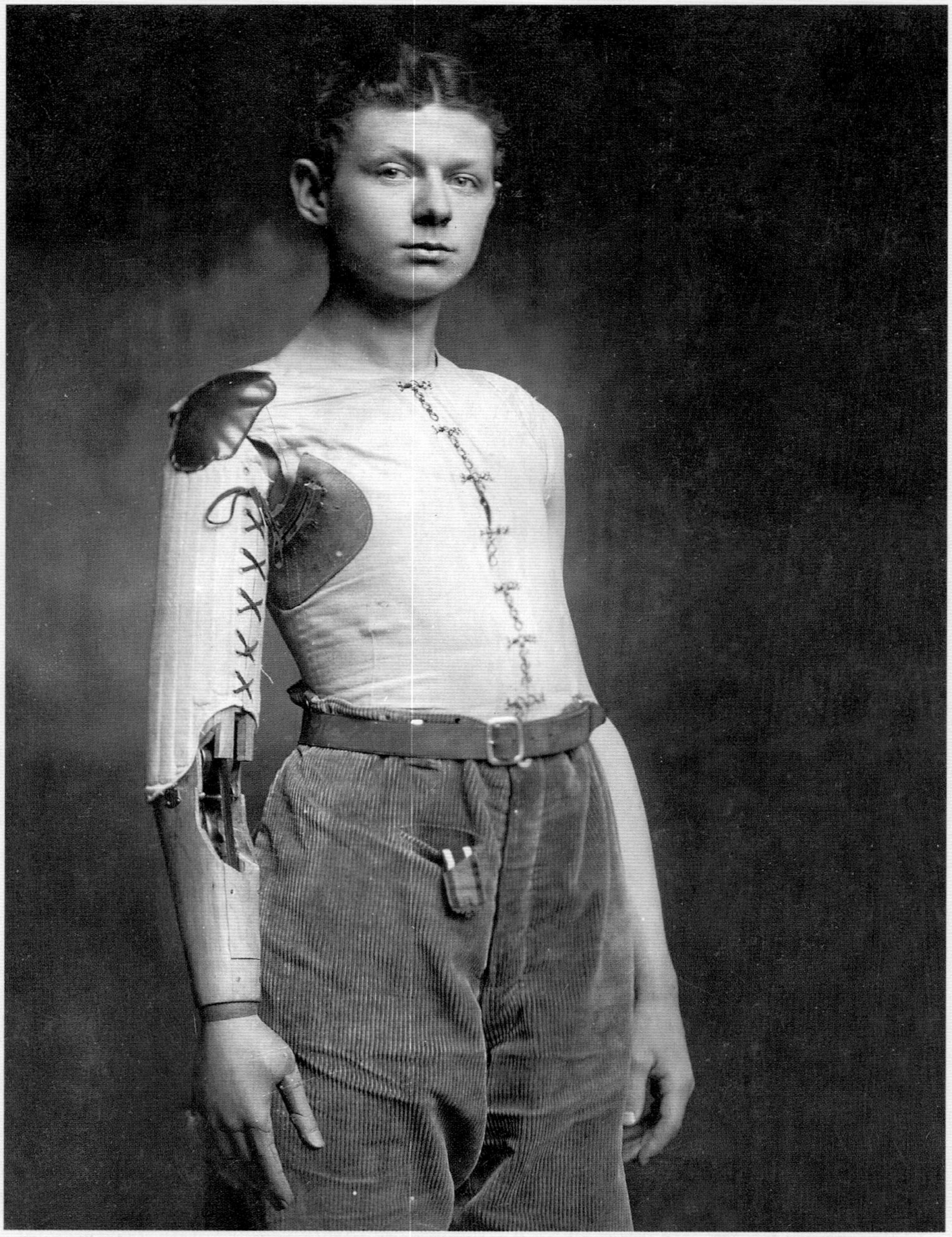

Arm- und Handprothesen waren zunehmend ausgefeilt: Ein deutscher Versehrter präsentiert 1915 seinen künstlichen Arm: eine Prothese, wie sie etwa der Chirurg Ferdinand Sauerbruch konstruiert hatte.

Umlernen für das Leben mit einem Bein: Ein kriegsversehrter Maurer lässt sich 1916 noch im Lazarett zum Korbflechter ausbilden.

darin einen französischen Offizier, der sich gegen die menschenverachtenden Befehle der Generäle auflehnt. Er wird am Ende zur Strafe mit seiner Einheit an die Front zurückgeschickt, in den sicheren Tod. Auch dieser Film zeigt Soldaten, die im Schützengraben verrückt geworden sind. Der Film durfte in Frankreich bis 1975 nicht gezeigt werden.

Heute weiß man, dass es sich bei den „Verrückten" um Menschen mit posttraumatischer Belastungsstörung handelt, dass sich das Trauma oft erst verzögert zeigt, dass es den Betroffenen wie aus dem Nichts überfällt. Die Bilder, die sie plötzlich sehen, Intrusionen genannt – sie sind so echt und so furchterregend, als wäre das Erlebnis wieder da. Ganz nah. Die Menschen zeigen auch die gleichen körperlichen Reaktionen wie in der Sekunde ihres großen Schreckens. Sie zittern, sie brechen in Schweiß aus, sie haben unkontrollierbare Angst – oft, wenn nur ein Wort fällt, ein Geruch aufzieht, sie etwas sehen, das sie erinnert an ihre Pein. Und sie merken noch nicht einmal, an was es liegt. Bekannt ist der Fall eines Vietnam-Kämpfers, der zu Hause in ein ganz normales Zimmer kam und ausrastete. Er wusste nicht warum. Später

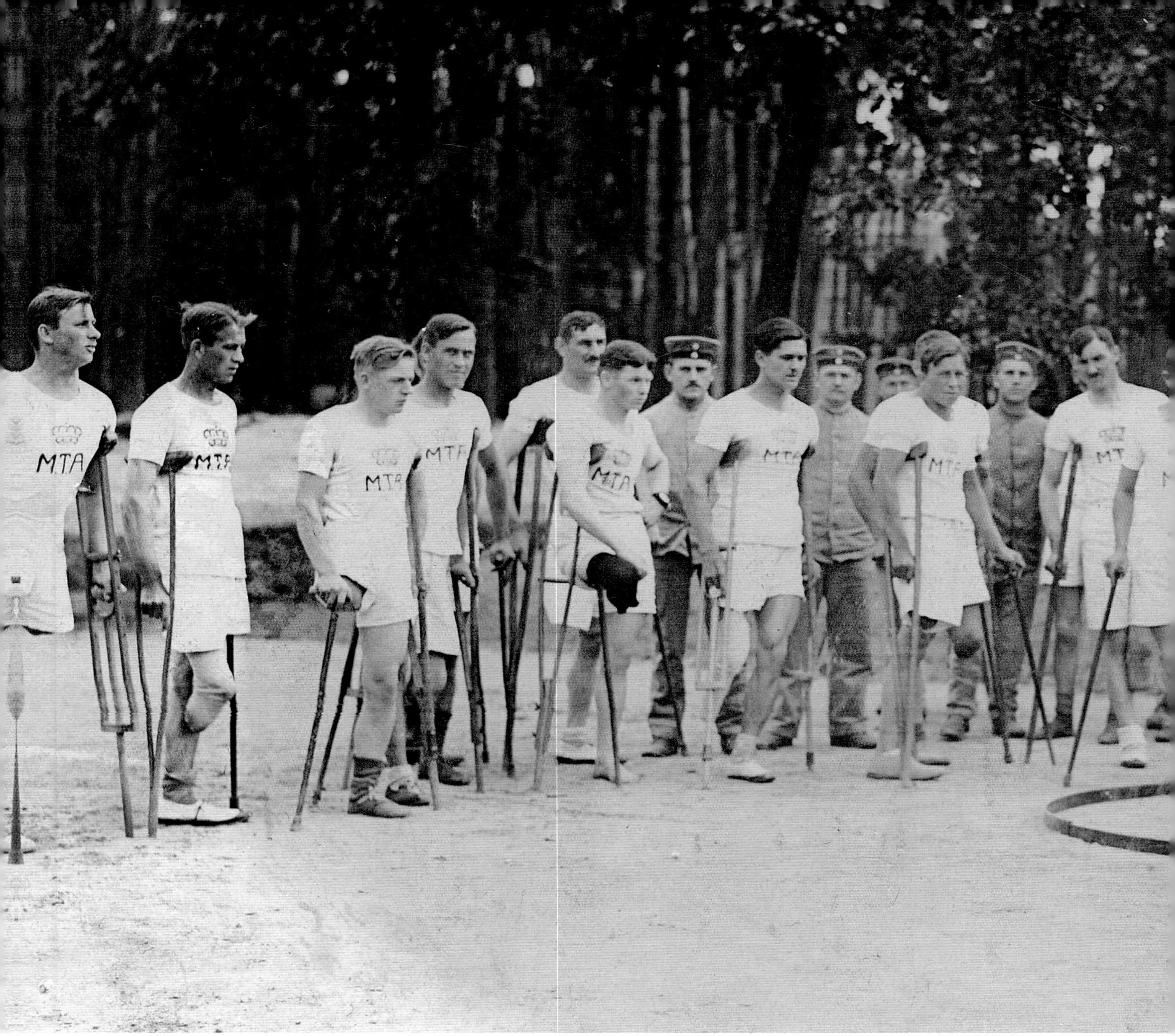

Vom Krieg verkrüppelt: Einbeinige deutsche Soldaten liefern sich im Reserve-Lazarett in Görden einen Wettkampf im Kugelstoßen.

rekonstruierten die Ärzte, dass in dem Raum eine harmlose Zimmerpflanze stand, eine Pflanze, wie es sie auch im Dschungel von Vietnam gab. Und plötzlich war der Mann wieder dort, im Dschungel, sein Unterbewusstsein in Alarmbereitschaft. Schon der Berliner Psychoanalytiker Ernst Simmel beschrieb das Anfang des vorigen Jahrhunderts. Simmel leitete ein Speziallazarett für Kriegsneurotiker in Berlin, er erkannte als einer der Ersten die psychischen Ursachen des Kriegszitterns. Und erlebte, als er die Patienten unter Hypnose setzte, dass die Wut auf Vorgesetzte, die sie in den sicheren Tod schickten, viele Kranke innerlich zerfraß. Es gebe zahlreiche Patienten, die bereits beim Anblick von Offiziersschulterklappen Wutanfälle bekämen, schrieb Simmel.

Doch von posttraumatischen Belastungsstörungen wussten die Ärzte während des Ersten Weltkriegs noch nichts. Die Krankheit wurde erst 70 Jahre später anerkannt. Nach Vietnam. 1980 prägte die American Psychiatric Association den Begriff für die Krankheit. Im Golfkrieg wusste man bereits, dass Soldaten davon besonders betroffen sind. Und seit die Bundeswehr in Afghanistan steht, sind weit

mehr als 1000 traumatisierte Soldaten heimgekehrt. Sie werden nun psychologisch betreut, mit Gesprächstherapie, mit Gruppengesprächen. Oft dauert es Monate, Jahre, bis sie die überfallartigen Angstzustände in den Griff bekommen. Immer wieder führen sie sich die Situation vor Augen und versuchen wie mit einer psychologischen Fernbedienung, die Angst, die Panik herunterzudimmen. Sie brauchen vor allem Ruhe dafür, Verständnis, Vertrauen in ihren Therapeuten.

Im Ersten Weltkrieg versuchte man es nicht mit Mitleid, sondern mit Verachtung. Und die Soldaten schämten sich für das, was sie erlitten hatten. Ihr Leid erschien ihnen als Schwäche. Genauso reagierten die Therapeuten. Sie setzten auf „heroische" Behandlungsformen. So hieß das wirklich. Das Kriegszittern erschien als Hysterie, die man mit besonderer Härte austreiben musste. Der Nervenarzt Ferdinand Kehrer ließ die „Kriegsneurotiker" marschieren, im Stechschritt, die Kranken wurden angeschrien,

200 000 bis 300 000 seelisch Gezeichnete kamen aus dem Krieg zurück. Die meisten von ihnen bekamen keinerlei Rente für ihr Leid.

und wer nicht parierte, erhielt Stromstöße. Die Psychiater schoben den Kranken die Schuld zu, nannten sie „Psychopathen" und „Hysteriker", „haltlose Affektmenschen", „reizbare Querulierer". Auch deshalb, damit man ihnen keine Kriegsrente zahlen musste. Andere, die vor Schock und seelischer Pein die Sprache verloren hatten, brachte der Essener Neurologe Otto Muck an den Rand der Erstickung – und hoffte, dass sie dann in Todesangst zu schreien begännen. Bei einigen gelang das. Auch die sogenannte Kaufmann-Kur war beliebt, bei der mit immer stärkeren Stromstößen die Körper der Kranken malträtiert wurden. Und manche Ärzte gaben ihren Patienten Cardiazol, das Horrorvisionen und Todesangst hervorrief.

Rund 200 000 bis 300 000 seelisch Kriegsversehrte kamen aus dem Krieg zurück. Die meisten von ihnen bekamen keinerlei Rente für ihr Leid. Und sie fanden nur schwer zurück in die Gesellschaft. 15 000 Kriegszitterer waren auch drei Jahre nach Kriegsende noch in den Hospitälern. Heute weiß man, dass Traumaopfer, die nicht behandelt werden, zu Aggression neigen, ohne Anlass toben oder in Depression verfallen. Die Fälle, in denen Vietnam-Veteranen auch noch nach Jahren plötzlich ohne Grund aggressiv werden, sind in den USA wohlbekannt. Und nach jedem Krieg steigt die Zahl der Gewaltopfer in der Zivilgesellschaft.

ANNETTE RAMELSBERGER

Trauer und Gespenster

Die „Trauernden Eltern“ in Vladslo: Kollwitz' Sohn Peter liegt zu ihren Füßen begraben.

Im Herbst 1914 bricht für Käthe Kollwitz eine Welt zusammen, der Schicksalsschlag verändert ihr Leben, nichts wird mehr sein, wie es war. Wie in vielen deutschen Familien schleicht sich das Grauen mit der Feldpost in den Alltag: Mit der Nachricht, dass ihr Sohn Peter im Oktober in Belgien gefallen ist. Peter Kollwitz, der unbedingt als Freiwilliger an die Front wollte, der als Minderjähriger die Erlaubnis der Eltern dafür brauchte, lebt nicht mehr. Die Mutter macht sich schreckliche Vorwürfe, ihre Ehe zerbricht fast daran: Schließlich hatte Käthe Kollwitz Verständnis gezeigt für die Leidenschaft ihres Sohnes und sich gegen die Bedenken ihres Mannes durchgesetzt.

Wie geht man mit dieser Trauer um, die alles niederdrückt? Im Lauf der Jahre findet die Bildhauerin, die noch während des Ersten Weltkriegs zu einer leidenschaftlichen und politisch engagierten Pazifistin wird, einen Weg, das Leiden greifbar zu machen. Sie schafft die Figuren „Die trauernden Eltern“, die 1931 erstmals auf der Berliner Akademieausstellung gezeigt werden. Ein Jahr später reisen Käthe Kollwitz und ihr Mann nach Belgien, um die Aufstellung des Werks zu erleben. Aus belgischem Granit gefertigt, stehen die „Trauernden Eltern“ heute auf dem Soldatenfriedhof in Vladslo im westlichen Flandern. Es ist heute noch ein ergreifendes Kunstwerk: die tief gebeugte, in sich gekehrte Mutter, der um Haltung bemühte Vater mit den verschränkten Armen. Zwei Menschen auf den Knien, jeder mit seinen Gedanken, seinen Erinnerungen beladen.

Die Erinnerung an den Verlorenen lässt die Künstlerin auch danach nicht mehr los. 1937 beginnt sie mit der Arbeit an einer kleinen Plastik. Nun ist es

Gezeichnet: der „Invalide in Trümmern" von Otto Dix (Öl auf Hartfaser, 1949).

die alte Mutter, die den am Boden kauernden Sohn zwischen ihren Beinen hält, ein sehr persönliches Dokument der Trauer. Einen stark vergrößerten Abguss der „Pietà" können Besucher heute in der Neuen Wache in Berlin bewundern, wo der damalige Bundeskanzler Helmut Kohl 1993 eine zentrale Gedenkstätte für die Opfer von Krieg und Gewaltherrschaft einrichtete – mit Käthe Kollwitz als Kronzeugin. Die Schatten des Ersten Weltkriegs, sie reichen bis zur Gegenwart. Unmittelbarer, auch in ihrer Wirkung brutaler sind die Werke von Künstlern wie Otto Dix, George Grosz oder Max Beckmann, die nach dem Ersten Weltkrieg entstanden sind. Die Künstler dieser Soldatengeneration inszenieren die Verstümmelten, die Versehrten, die seelisch Verkrüppelten auf brutale Weise. Wie in einem Horrorfilm präsentiert Dix die geschundenen Körper, die klaffenden Wunden, die Löcher im Kopf; Menschen ohne Beine, ohne Arme, ohne Hoffnung bevölkern die Straßen der Großstädte. Der Krieg, der auch nach Friedensschluss einfach nicht enden will, wuchert wie eine Krankheit, auch in den Köpfen. Diejenigen, die selbst im Schützengraben waren und das große Schlachten erlebt haben, kommen nicht von ihm los. Otto Dix, zum Beispiel: Seine Kriegskrüppel 1920 wanken als groteske Figuren durch das Bild, dadaistische Antihelden auf seltsam gebrochenen Stümpfen. Das Eiserne Kreuz auf der Brust der Heimkehrer wirkt wie Hohn. Auch später kehrt Dix immer wieder zu den Schlachtfeldern zurück, es ist sein Lebensthema. In seinen größten Werken – zum Beispiel dem monumentalen Triptychon „Der Krieg" (1929-1932), das heute in der Galerie Neue Meister in Dresden zu sehen ist – lässt er die Welt noch einmal untergehen. Auf vier Tafeln malt er die Katastrophe im Stil der alten Meister, es ist hier alles greifbar nah. Die Schrecken des Gaskriegs; das sinnlose Vorrücken vor blutgetränktem Himmel; das große Grab in einer toten Landschaft. Die Menschen sind bleich geworden, sie sind für immer gezeichnet, nichts als Gespenster.

CHRISTIAN MAYER

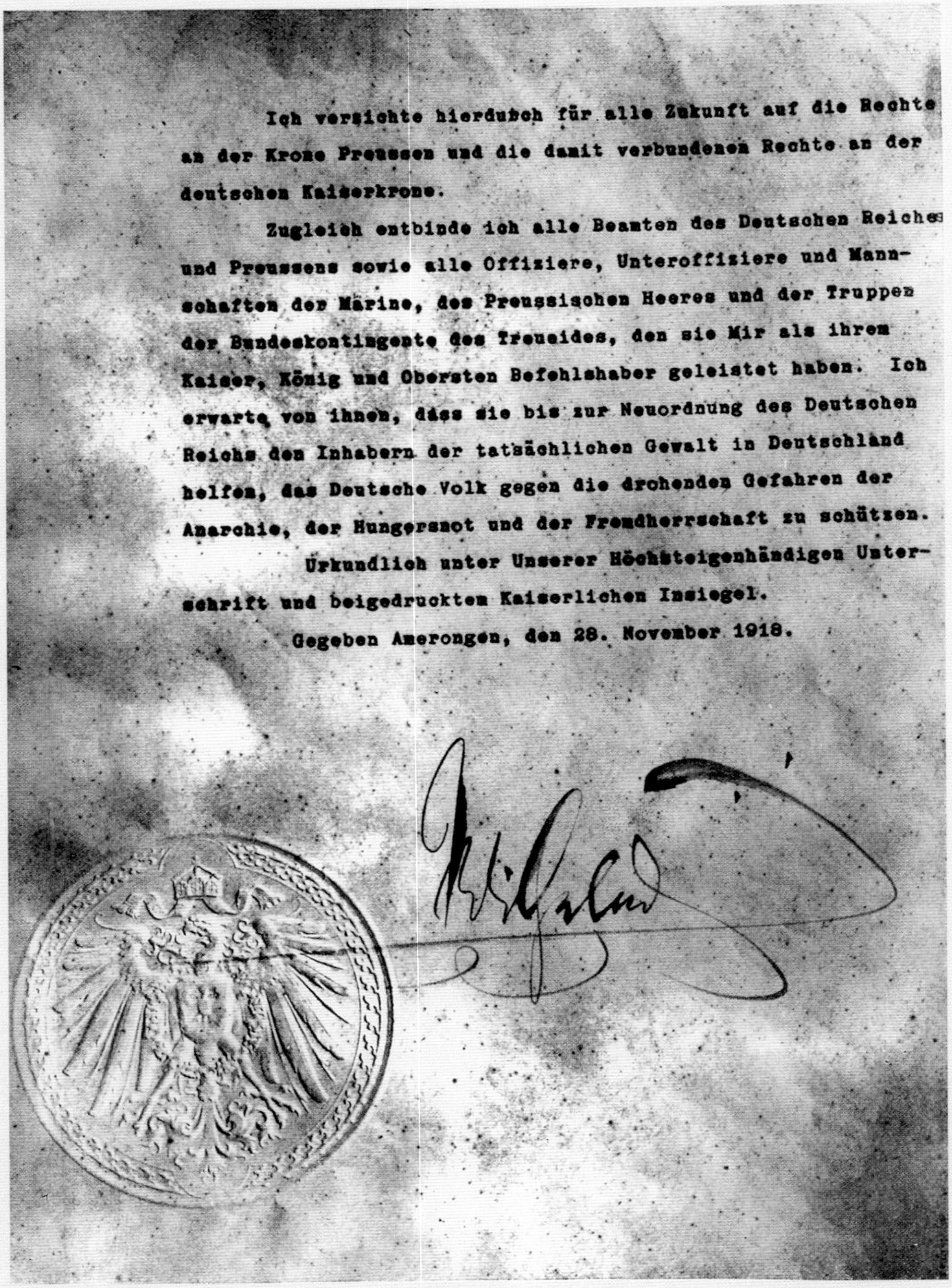

Ich verzichte hierdurch für alle Zukunft auf die Rechte an der Krone Preussen und die damit verbundenen Rechte an der deutschen Kaiserkrone.

Zugleich entbinde ich alle Beamten des Deutschen Reiches und Preussens sowie alle Offiziere, Unteroffiziere und Mannschaften der Marine, des Preussischen Heeres und der Truppen der Bundeskontingente des Treueides, den sie Mir als ihrem Kaiser, König und Obersten Befehlshaber geleistet haben. Ich erwarte von ihnen, dass sie bis zur Neuordnung des Deutschen Reichs den Inhabern der tatsächlichen Gewalt in Deutschland helfen, das Deutsche Volk gegen die drohenden Gefahren der Anarchie, der Hungersnot und der Fremdherrschaft zu schützen.

Urkundlich unter Unserer Höchsteigenhändigen Unterschrift und beigedruckten Kaiserlichen Insiegel.

Gegeben Amerongen, den 28. November 1918.

Abdankung eines Geflohenen:
Als Wilhelm II. am 28. November 1918 seinen Rücktritt verkündet, ist die Monarchie längst abgeschafft – und der frühere Kaiser befindet sich bereits seit 18 Tagen in den Niederlanden.

„Hang the Kaiser!"

Gerechtigkeit global: Das Weltstrafrecht triumphiert noch lange nicht, aber es entwickelt sich. Diese Entwicklung begann, ganz langsam, nach dem Ersten Weltkrieg und setzte sich nach dem Zweiten Weltkrieg fort.

Goethe braucht 353 Verse, bis der *Faust* endlich richtig anfängt und seine berühmten ersten Sätze spricht: „Habe nun, ach! Philosophie, Juristerei und Medizin, und leider auch Theologie durchaus studiert, mit heißem Bemühn. Da steh ich nun ich armer Tor! Und bin so klug als wie zuvor." Bevor es so schön anfängt, muss man aber, wie gesagt, die lange, lange Einleitung absolvieren – die schließlich in den „Prolog im Himmel" mündet. Der Anlauf rentiert sich, wie man weiß.

Im Exil: Wilhelm II. mit seiner zweiten Ehefrau Hermine von Schönaich-Carolath im Exil in Doorn.

Der Anlauf zu einem Völkerstrafrecht, zu dem Versuch einer Globalisierung der Gerechtigkeit also, ist noch sehr viel länger als der in Goethes Faust. Der Anlauf zu einem Völkerstrafrecht dauerte nämlich Jahrhunderte; und er ist nicht so kunstvoll und zielführend wie der bei Goethe. Der Prolog zum Völkerstrafrecht fand auch nicht im Himmel, sondern in Versailles und in Leipzig statt. Es war dies ein sehr unzulänglicher, ein gescheiterter Prolog, einer, der deshalb zweieinhalb Jahrzehnte später in Nürnberg, bei den Prozessen gegen die Hauptkriegsverbrecher des Zweiten Weltkriegs, noch einmal neu geschrieben wurde.

Der Versailler Vertrag, der den Ersten Weltkrieg beendete, brach mit der seit dem Westfälischen Frieden herrschenden Staatspraxis, dass Kriegsverbrechen nicht gesühnt werden. Die Strafbestimmungen des Versailler Vertragswerks bestimmten, dass dem ehemaligen deutschen Kaiser Wilhelm der Prozess gemacht werden sollte und alle beschuldigten Personen (es war eine Liste mit 985 Namen) den Alliierten auszuliefern und durch Militärgerichte abzuurteilen seien. Der ehemalige Reichskanzler Theobald von Bethmann-Hollweg stand auf der Liste, der Generalfeldmarschall Paul von Hindenburg, der General Erich Ludendorff auch.

„Hang the Kaiser!", schrieb die britische Presse. Aber der Kaiser befand sich im Exil in den Niederlanden, und die verweigerten die Auslieferung. Und in Deutschland erhob sich ein Sturm der Entrüstung. Selbst der sozialdemokratische Reichspräsident Friedrich Ebert sprach von der „schwersten aller Forderungen", die abzuwehren Aufgabe der Regierung sei. Schließlich verzichteten die Alliierten auf einer Konferenz in London auf die Auslieferungen – und die Deutschen verpflichteten sich, gegen eine erste Gruppe von Beschuldigten (die Alliierten übergaben eine „Probeliste" mit den Na-

Der Leipziger Prozess 1921: Englische Zeugen verlassen das Gebäude. Unten Vertreter der französischen Regierung.

men von 45 Personen) selbst Strafverfahren einzuleiten.

Daraus wurden die Kriegsverbrecherprozesse vor dem Reichsgericht in Leipzig in den Jahren 1921/1922. Ein Erfolg waren sie nicht; es sei denn, man wertet es als Erfolg, dass zum ersten Mal Begriffe wie „Kriegsverbrechen“ von der deutschen Justiz erörtert und Rechtfertigungsmuster wie „Kriegsnotwendigkeit“ und „Handeln auf Befehl“ angesprochen wurden. Die Prozesse endeten als Farce. Die meisten Angeklagten wurden freigesprochen; darunter der Generalleutnant a. D. Karl Stenger, der vom Gericht während des gesamten Verfahrens mit „Exzellenz“ betitelt wurde. Beim Vormarsch 1914 hatte er den Befehl gegeben, keine Gefangenen zu machen; und als trotzdem französische Soldaten gefangen genommen wurden, hatte er sie erschießen lassen.

So sahen die Tatvorwürfe aus, die den Leipziger Angeklagten gemacht wurden: Begehung von Grausamkeiten und unmenschliches Verhalten. Mord und Totschlag an Zivilisten; Misshandlung von Kriegsgefangenen; Deportation und Zwangsarbeit; vorwarnungslose Versenkung von Schiffen. Am Ende der Prozesse standen dann – sieben sehr milde Freiheitsstrafen und zehn Freisprüche; hunderte Verfahren wurden eingestellt.

„Hang the Kaiser!“ – der Ruf war bei den Alliierten erstmals 1915 laut geworden. Damals versenkte ein deutsches U-Boot vor der Südküste Irlands das damals größte Passagierschiff der Welt, die *Lusitania* – ein eindeutiger, brutaler Rechtsverstoß, keine Kampfhandlung, sondern ein Kriegsverbrechen. 1200 Menschen kamen ums Leben. Dieser Fall wurde in Leipzig aber gar nicht verhandelt. Wichtigster Fall dort war der des britischen Lazarettschiffs *Llandovery Castle*, das 1918 vom deutschen U-Boot *U-86* torpediert worden war. Dessen Kommandant hatte nicht nur das Schiff, sondern auch die Überlebenden in den Rettungsbooten beschießen lassen. Der U-Boot-Kommandant tauchte nach dem Krieg unter; in Leipzig angeklagt und zu je vier Jahren Haft verurteilt wurden zwei seiner Offiziere. Wenig später wurden sie befreit und im Wiederaufnahmeverfahren freigesprochen. Dem wieder aufgetauchten U-Boot-Kapitän schenkte eine Amnestie die Straffreiheit.

Hunderte Verfahren eingestellt. Warum lief das so? Es fehlte am Willen, Strafverfahren ernsthaft durchzuführen. In den Memoiren des

Der Nürnberger Prozess 1945/46: US-Chefankläger Robert Jackson (links) und der stellvertretende sowjetische Hauptankläger, Oberst Pokrowsky, hören den Urteilsbegründungen zu.

zuständigen Oberreichsanwalts Ludwig Ebermayer ist das anschaulich nachzulesen: „Es ist mir heute noch unverständlich, dass wir im Versailler Vertrag die Verpflichtung übernahmen, diese Kriegsverbrechen in Deutschland und durch deutsche Gerichte verfolgen zu lassen. Wir hatten den Krieg verloren, wir mussten uns den harten, von Hass und Rache diktierten Bedingungen der Feinde fügen, wir mussten Opfer an Land und Geld bringen; das war unvermeidlich; nie und nimmer aber durften wir uns der entehrenden Bedingung fügen, unsere eigenen Landsleute wegen dieser sogenannten Kriegsverbrechen zu verfolgen, während es keinem der anderen am Kriege beteiligten Länder einfiel, eine solche Verpflichtung auf sich zu nehmen. Ein solches Zugeständnis ging an unsere Ehre.“ Dem obersten Ankläger hat es nach eigenem Eingeständnis „das Herz im Leibe herumgedreht“, „unsere eigenen Leute“ vor Gericht stellen zu müssen. Das war offensichtlich auch die Grundhaltung der Leipziger Richter. Sie waren eingebunden in ein nationalistisches und militärisches Milieu und waren gewillt, die demütigenden Bedingungen des Versailler Vertrags mit ihren Mitteln zu unterlaufen. Das haben sie getan.

Und so führt ein direkter Weg von den Kriegsverbrecherprozessen nach dem Ersten Weltkrieg in Leipzig zu den Kriegsverbrecherprozessen nach dem Zweiten Weltkrieg in Nürnberg. Nürnberg ist ohne Leipzig nicht denkbar. Nach den Leipziger Erfahrungen nahm die alliierte Justiz in Nürnberg die Sache selbst in die Hand: Zwölf Todesurteile, sieben zum Teil lebenslange Freiheitsstrafen, drei Freisprüche – und ein ju-

Intensive Bewachung: Während des Nürnberger Hauptkriegsverbrecherprozesses stehen Tag und Nacht US-Soldaten vor den Zellen der nationalsozialistischen Führungsriege im Stadtgefängnis.

ristischer Makel: Das Statut für die Prozesse war erst im August 1945 in London unterzeichnet worden, also erst, nachdem die Taten begangen waren; es war mit dem rechtsphilosophischen Grundsatz nulla poena sine lege schwer vereinbar, wonach eine Tat nur dann bestraft werden darf, wenn sie schon zur Zeit ihrer Begehung mit Strafe bedroht war. Wichtigster Inhalt und wichtigstes Ergebnis des Nürnberger Prozesses waren die drei klassischen Nürnberger Tatbestände: Führen eines Angriffskrieges, Kriegsverbrechen und Verbrechen gegen die Menschlichkeit. Gewiss: Die Nürnberger Prozesse waren „Siegerjustiz", wie die Unterlegenen murrten, aber sie leisteten das, was die Prozesse von Leipzig nicht geleistet hatten. Sie griffen den gemeinsamen Nenner wieder auf, den es darüber, was ein „Kriegsverbrechen" sei, schon zur Jahrhundertwende gegeben hatte – und sie entwickelten das Völkerrecht weiter.

Bis dahin war es so gewesen, jahrhundertelang: Das Risiko eines normalen Mörders, entdeckt und verurteilt zu werden, war hoch. In Europa liegt die Aufklärungsquote solcher Morde heute bei neunzig Prozent und mehr. Das Risiko eines Völkermörders, eines Massenverbrechers, eines Staatskriminellen, sich für seine Verbrechen verantworten zu müssen, war dagegen gleich Null. Offenbar schwand mit der Zahl der Verbrechen auch ihre strafrechtliche Vorwerfbarkeit: Ein Mord führt in die Zelle, tausend Morde, zehntausend Morde aber führen in den internationalen Konferenzsaal. Mit einem einfachen Mörder verhandelt der Richter. Mit einem tausendfachen Mörder verhandeln die Staatsmänner. So war das bis zu den Nürnberger Prozessen. Die Versuche, diese alte zynische Rechnung ein für allemal zu durchkreuzen, gehen langsam voran. Sie begannen in Nürnberg. Heute finden sie statt am Weltstrafgerichtshof in Den Haag und beim Jugoslawien-Tribunal der Vereinten Nationen ebendort sowie beim UN-Ruanda-Tribunal in Arusha.

„Ich habe niemals, an keinem Menschen und zu keinem Menschen einen Mord befohlen und ebenso wenig sonstige Grausamkeiten angeordnet oder geduldet, noch hätte ich die Macht

Aburteilung: Frühere deutsche Offiziere und Verwaltungsbeamte werden im Juni 1946 von den US-Behörden an Polen ausgeliefert (links); Ex-„Reichsmarschall" Hermann Göring setzt sich im März 1946 in den Zeugenstand des Nürnberger Gerichtssaales.

oder das Wissen gehabt, solches zu verhindern." Dieser Satz klingt wie aus einer Verteidigungsrede von Slobodan Milošević, von Jean Kambanda oder von Augustin Bizimungu.

Slobodan Milošević, der ehemalige jugoslawische Ministerpräsident, hatte sich seit Februar 2002 wegen Völkermord vor dem Jugoslawien-Tribunal in Den Haag zu verantworten; er trat dort auf wie ein Kläger, nicht wie ein Angeklagter, nahm herrisch die Zeugen ins Verhör, die Bauern aus dem Kosovo zum Beispiel, die von der Ermordung ihrer Nächsten berichten. Der Angeklagte tat so, als sei er sich keiner Schuld bewusst. Er drehte die Anklage um: Schuldig sei nicht er, schuldig seien die anderen. So ähnlich war das auch in den Verfahren vor dem Kriegsverbrechertribunal für Ruanda – als Kambanda, der Ex-Premier von Ruanda, sein Geständnis widerrief und dann zu lebenslanger Haft verurteilt wurde, wegen aktiver Beteiligung am Völkermord. Der ruandische Stabschef, General Bizimungu, wurde wegen Völkermordes zu dreißig Jahren Haft verurteilt. Milošević freilich starb im Jahr 2006, bevor ein Urteil verkündet werden konnte. Adolf Hitler hat sich erschossen. Nicolae Ceaușescu wurde ohne Verfahren hingerichtet, Pol Pot verrottete in einem Dschungellager. „Justice is going global", sagte der Richter William Sekule aus Tansania bei der Verurteilung des ruandischen Regierungschefs Kambanda am 4. September 1998: Gerechtigkeit wird globalisiert. Es war dies ein großer Tag in der Weltgeschichte: Zum ersten Mal wurde ein Regierungschef für seine Verbrechen verurteilt. Der Satz des Richters war ein mutig-hoffnungsvoller Satz, denn die Gerechtigkeit bewegt sich bei ihrer Globalisierung mit der Geschwindigkeit einer Schnecke.

„Ich habe niemals (...)": Das zitierte Original des Satzes stammt aus dem Jahr 1946. Hermann Göring hat das gesagt, Adolf Hitlers Luftwaffenchef, im Hauptkriegsverbrecher-Prozess vor dem Internationalen Militärgerichtshof in Nürnberg. Als das letzte Wort dieser letzten Worte verklungen war, sagte der Lordrichter: „The tribunal will carefully consider all these statements." Die Urteile von Nürnberg sollten, so sagte der Chefankläger Robert Jackson, auch

Klaus Barbie 1973 in Haft in La Paz.
Eine Hinrichtung im Kriegsverbrecher-gefängnis Landsberg, vor 1949.

die Männer erreichen, die große Macht an sich reißen und sich ihrer mit Vorsatz bedienen, um ein Unheil hervorzurufen, das kein Heim der Welt unberührt lässt. Das war die große Hoffnung des US-Anklägers in Nürnberg, es war die große Hoffnung in den Jahren nach dem Zweiten Weltkrieg und es war dies eine rührende Erwartung.

Als am 10. August 1948, knapp zwei Jahre nach dem Nürnberger Kriegsverbrecherprozess, von der Generalversammlung der Vereinten Nationen die Allgemeine Erklärung der Menschenrechte verkündet wurde, schrieb der französische Diplomat Stéphane Hessel, Emigrant aus Berlin, Überlebender von Buchenwald, Begleiter der Vereinten Nationen von ihrer Gründung an, in sein Tagebuch: „Vielleicht einer der bewegendsten Augenblicke meines Lebens." Gewiss einer der letzten Momente des Konsenses innerhalb der internationalen Gemeinschaft. Da hatte der Diplomat Recht. Der Kalte Krieg legte sich wie eine Grabplatte auf die Entwicklung des Weltstrafrechts. Der Prozess gegen die deutschen Hauptkriegsverbrecher von 1946 blieb daher ein großer Auftakt, dem ein halbes Jahrhundert lang nichts folgte.

Die Stadt Nürnberg, die 1946 noch in Trümmern lag, wurde neu aufgebaut; das Völkerstrafrecht aber blieb liegen. Trotz schwerster Verstöße gegen das Völkerrecht in vielen Teilen der Welt blieb die Strafverfolgung auf NS-Täter beschränkt: auf Adolf Eichmann, Klaus Barbie und ein paar andere. Und wenn Kriegsverbrecher ausnahmsweise vom eigenen Staat verfolgt werden, dann geschah das, wie im Fall des US-Leutnants William Calley, nach dem Leipziger Muster von 1921. Calley, der 1968 im vietnamesischen Dorf My Lai ein Massaker mit mehr als

Ohne Anwalt: Der frühere Präsident Jugoslawiens Slobodan Milošević stellt sich im Juli 2001 dem Kriegsverbrechertribunal in Den Haag. Er starb vor einem Urteilsspruch.

300 Toten befohlen hatte, wurde zwar deswegen 1971 in den USA zu lebenslanger Haft verurteilt, aber dann, nach einem Sturm nationaler Entrüstung, drei Jahre später im Wiederaufnahmeverfahren freigesprochen.

Das zeigt: Die Versuche, staatstragende Eliten mit den Mitteln nationalen Strafrechts haftbar zu machen, sind problematisch. Der bundesdeutschen Justiz gelang es nach dem Ende der DDR immerhin zu zeigen, dass ein Verbrechen nicht einfach durch die Person des Täters zum unangreifbaren Staatsakt wird. Aber es kann einer nationalen Justiz nicht gut gelingen, verbrecherische Politik in anderen Staaten zu verfolgen, weil nationale Gerichte die Immunität von ausländischen Regierungschefs nicht ohne Weiteres außer Kraft setzen können.

Ein neuer Schub für das Völkerstrafrecht kam mit der Einsetzung des Jugoslawien-Tribunals der Vereinten Nationen in Den Haag 1993, des Ruanda-Tribunals der Vereinten Nationen in Arusha 1994 (beide Gerichte tagen als Unterorgane des Weltsicherheitsrats) und mit dem Weltstrafgerichtshof in Den Haag, dessen Gründung 1998 eine Staatenkonferenz in Rom beschloss und der seit 2003 nach den Nürnberger Prinzipien arbeitet. Es gelang jetzt, die Nürnberger Verbindung, den damals notwendigen Konnex von Humanitätsverbrechen mit einem militärischen Konflikt, zu lösen. Unmenschliche Handlungen können nun als solche strafrechtlich verfolgt werden; dazu gehören auch Schandtaten, die in internationalen Konflikten gegen die eigene Zivilbevölkerung begangen werden.

Das alles, diese mühsame, langsame, segensreiche Entwicklung des Völkerrechts, beginnt 1918. Sie beginnt nach dem Krieg, der angeblich alle Kriege beenden sollte, wie US-Präsident Woodrow Wilson damals meinte – und dem ein schrecklicher neuer Weltkrieg folgte. Was vermag das Recht, was vermag das Völkerrecht in Zukunft? Aus der „Siegerjustiz" 1946 wird, hoffentlich, ein Sieg der Justiz.

HERIBERT PRANTL

Von wegen Frieden

Türkische Reiter marschieren ein, und die Griechen müssen gehen, mit all ihrem Hab und Gut. Im September 1922 ist der Erste Weltkrieg fast vier Jahre vorüber. Doch für Griechenland und die Türkei gehen die Kämpfe weiter, sie streiten um Gebiete in Kleinasien. Und in diesem September erobern türkische Truppen Smyrna, das heutige Izmir: Paramilitärs vergewaltigen Frauen, erschlagen Männer auf offener Straße, lynchen den griechisch-orthodoxen Erzbischof, brennen das griechische und das armenische Viertel nieder. Die Griechen Smyrnas, unter ihnen Hunderttausende, die bereits aus anderen Städten geflohen sind, wissen nun, dass sie dort keine Zukunft mehr haben.

Der Friedensvertrag von Lausanne 1923 besiegelt ihr Schicksal: Die Türkei erhält Smyrna, das einst osmanische, später griechische Thrakien wird zwischen den Kriegsparteien aufgeteilt. Dass Gebiete nach einem Krieg neu geordnet werden, ist nicht ungewöhnlich. Doch Türken und Griechen tauschen auch die Bevölkerung: 1,3 Millionen orthodoxe Christen und etwa 400 000 Muslime verlieren jetzt ihre Heimat.

Der Untergang Smyrnas ist ein Fanal des 20. Jahrhunderts, des Jahrhunderts der ethnischen Säuberungen. Minderheiten wurden in der Geschichte immer wieder vertrieben. Doch erst die Nationalstaaten des 19. und 20. Jahrhunderts sahen in ihnen einen Feind, ein Problem für ihren Fortbestand.

Die Ideologie des Nationalismus beförderte diese Ansicht: Nationen sollten homogen sein, Minderheiten mussten gehen. Befördert wurde diese Idee ausgerechnet von einer Vision für den Frieden: dem Selbstbestimmungsrecht der Völker. Der US-amerikanische Präsident Woodrow Wilson hatte es im Januar 1918 ins Gespräch gebracht, er dachte wohl an die Gründung neuer Demokratien. Doch für völkische Nationalisten befeuerte der Gedanke die Sehnsucht nach einem homogenen „Volkskörper".

Dabei ging es nicht um die Vernichtung der Vertriebenen, wenngleich deren Tod billigend in Kauf genommen wurde. Sie sollten „lediglich" umsiedeln – anders als beim Genozid an den Armeniern oder später bei der Ermordung der europäischen Juden im Dritten Reich.

Die ersten dieser neuen Zwangsmigrationen begannen bereits in den Balkankriegen, kurz vor dem Ersten Weltkrieg. Konservativen Schätzungen zufolge mussten hierbei 890 000 Menschen ihre Heimat verlassen. Doch

Ein Zeitalter der Vertreibungen: Türkische Truppen ziehen 1922 in Smyrna ein. Jahrtausende haben Griechen dort gelebt, nun müssen sie gehen.

nach dem großen Krieg veränderte sich die Landkarte Europas drastisch: Deutschland trat Gebiete ab, mit dem Osmanischen Reich und der Habsburger Monarchie zerfielen zwei Vielvölkerstaaten in neue, eifersüchtige Nationalstaaten. Noch 1919 wurden 150 000 Deutsche aus dem Elsass vertrieben. Und nach dem Vertrag von Neuilly flohen 156 000 Griechen und Bulgaren auf die andere Seite der neu gezogenen Grenze.
Und die Diplomaten? Sie versuchten die Vertreibungen nicht zu verhindern, im Gegenteil. Sie sahen darin eine endgültige und friedensstiftende Lösung. Weil die Vertreibungen verrechtlicht worden waren, schienen sie akzeptabel. Um das Leid und das Sterben der Flüchtlinge kümmerte sich kaum jemand.

MELANIE STAUDINGER

Vergangenheit:
König Ludwig III. von Bayern, hier 1915 in Felduniform, verlor als erster Monarch im Reich seine Krone.

Der Weg in die Hölle hat erst begonnen

Der Krieg schafft eine neue Welt – doch sie ist weder besser noch friedlicher als zuvor. Im Nahen Osten, in Russland, in Afrika entflammt neuer Hass. In Deutschland untergraben Republikfeinde die Demokratie, noch bevor sie begonnen hat.

Nach vier Jahren, drei Monaten und elf Tagen schwiegen die Waffen. Und danach war fast nichts mehr, wie es vorher gewesen war. Zumindest erschien es vielen Zeitgenossen so, die miterlebt hatten, welch unfassbare Leiden der große Krieg über die Menschen gebracht hatte. Das alte Europa ging in diesen turbulenten Tagen des Winters 1918 unter – mit dem ersten Krieg, der fast die ganze Welt erfasst hatte, dem ersten totalen Krieg: Einem Krieg mit totalen Zielen, geführt mit dem totalen Einsatz aller verfügbaren technischen Mittel und, damit verbunden, einem unbeschreiblichen Massensterben in den Schützengräben sowie einer ungekannten Mobilisierung der „Heimatfront". Am 11. November 1918 unterzeichnete Staatssekretär Matthias Erzberger im Wald von Compiègne einen Waffenstillstandsvertrag. Und dieser Vertrag besiegelte die totale Niederlage des deutschen Hegemonialstrebens in Europa – für kurze Zeit.

Diese vier Jahre des totalen Krieges hinterließen bei allen Beteiligten tiefe Spuren, und das Ende, nachdem ganze Landstriche in Frankreich und Belgien buchstäblich von Granaten umgepflügt und blutgetränkt zurückgelassen worden waren, rief die unterschiedlichsten Reaktionen hervor. Der Schriftsteller Stefan Zweig glaubte, naiv, wie er in der Rückschau *Die Welt von gestern* zugab, nun sei „der Krieg für alle Zeiten erledigt. (...) Nie war so viel Gläubigkeit in Europa wie in diesen ersten Tagen des Friedens. Denn jetzt war doch endlich Raum auf Erden für das langversprochene Reich der Gerechtigkeit und Brüderlichkeit, jetzt oder nie die Stunde für das gemeinsame Europa, von dem wir geträumt. Die Hölle lag hinter uns, was konnte nach ihr uns noch erschrecken? Eine andere Welt war im Anbeginn. Und da wir jung waren, sagten wir uns: es wird die unsere sein, die Welt, die wir erträumt, eine bessere, humanere Welt." Zeitgleich lag ein junger Österreicher, der als Freiwilliger für die bayerische Armee gekämpft hatte, in einem Lazarett in Pommern. Als er von der Niederlage erfuhr, brach seine Welt zusammen. Der 29 Jahre alte Gefreite Adolf Hitler beschloss, wie er es später stilisierte, „Politiker zu werden".

Dunkle Zukunft: Adolf Hitler (Zweiter von rechts) im hellen Drillich-Anzug mit Kameraden im Mai 1915.

Der Erste Weltkrieg, diese „Urkatastrophe" des 20. Jahrhunderts, wie der US-Diplomat und Historiker George F. Kennan 1979 schrieb, lässt sich in Statistiken nicht annähernd beschreiben. Und doch geben ein paar Zahlen zumindest eine Ahnung von den kaum fassbaren Dimensi-

Das Grauen: Undatierte Szene aus dem russischen Bürgerkrieg 1918 bis 1922, der mit dem Sieg der Sowjets endet. Ihrer Terrorherrschaft fallen Millionen zum Opfer.

Militarist in Chorhemd und Mozetta: Der Münchner Erzbischof Michael von Faulhaber, hier 1917, trauert dem Kaiser nach. Die Revolution hält er für das Werk russischer Juden.

onen: 1918 befanden sich knapp 40 Staaten direkt oder indirekt miteinander im Kriegszustand, insgesamt etwa 60 Millionen Soldaten (in Deutschland: 13,2 Mio.) standen unter Waffen, etwa zehn Millionen Männer (in Deutschland: 2,04 Mio.) wurden in dieser „Knochenmühle" getötet – niedergemäht im Kugelhagel, abgeschlachtet in bestialischen Nahkämpfen, verreckt an Erschöpfung in den Schützengräben. Etwa 20 Millionen Kombattanten wurden verwundet. Und auch die Zahl der zivilen Opfer geht in die Millionen. Nicht zu erfassen mit Statistiken sind freilich die millionenfachen Traumatisierungen und psychischen Verwundungen, die der Soldaten und die der Angehörigen in der Heimat. Und nicht erfasst sind auch die unterschiedlichsten Hoffnungen und Befürchtungen, die sich an das Kriegsende knüpften.

Eine friedlichere, bessere und humanere Welt im Sinne von Stefan Zweig wurde aber nach dem Blutrausch ganzer Völker nicht geschaffen. Geschaffen wurden vielmehr zahllose neue Konfliktherde nach dem Zerfall der Habsburger Monarchie, dem Untergang des Osmanischen Reiches und den revolutionären Umwälzungen im einstigen Zarenreich; geschaffen wurden neuer Hass, etwa durch den Genozid der Türken an den Armeniern, und ethnische Konflikte durch die Entstehung neuer, oft wenig homogener Staaten in Südost- und Osteuropa, was zum fatalen Aufstieg diverser autoritärer Systeme führte; geschaffen wurde neuer Streit durch die Neuordnung der Herrschaftsansprüche in Afrika und Asien (da Deutschland alle seine Kolonien an die Siegermächte abtreten musste). Und geschaffen hatte der Krieg letztlich auch

Vorboten einer Ära: US-Soldaten marschieren bei einer Parade 1918 in Paris. Der Kriegseintritt der USA am 6. April 1917 steht wie ein Symbol für ihren Aufstieg zur Supermacht.

eine neue Großmacht jenseits des Atlantiks: Die Vereinigten Staaten blieben seit dem Kriegseintritt 1917 ein entscheidender Machtfaktor in Europa – sei es durch ihre politischen Forderungen nach einer demokratischen Neuordnung auf dem alten Kontinent, sei es später durch die Wiederaufbauhilfe für die Weimarer Republik.

An das Programm des US-Präsidenten Woodrow Wilson („Die Welt muss sicherer gemacht werden für die Demokratie") hatten gegen Kriegsende viele Deutsche ihre Hoffnungen auf einen „gerechten" Frieden ohne allzu harte Bedingungen geknüpft. Allein, sie wurden schwer enttäuscht. Durch den Vertrag von Versailles verlor Deutschland ein Siebtel seiner Gebiete und ein Zehntel seiner Bevölkerung, es wurde militärisch fast völlig entmachtet und für alle Kriegsfolgen der Alliierten verantwortlich gemacht. Nicht nur rechtskonservative Kreise sprachen in diesem Zusammenhang von einem „Schandfrieden", dessen Inhalt mit aller Macht und allen Mitteln zu revidieren sei. Zugute kam den Revanchisten dabei vor allem eins: Deutschland blieb trotz allem auf mittlere Sicht eine europäische Großmacht, zu der es erst 1871 geworden war.

Das deutsche Kaiserreich, gegründet nach dem Sieg über den französischen „Erbfeind", hatte in den Jahrzehnten vor dem Weltkrieg einen extremen Modernisierungsschub zu bewältigen gehabt: durch die Hochindustrialisierung entstanden neue soziale Gruppen (Angestellte, Facharbeiter, Fabrikarbeiter), drängten Heerscharen in die Städte, erstarkte die Arbeiterbewegung, wuchs die Macht der industriellen

Totengräber der Räterepublik: Milizionäre des rechtsradikalen Freikorps Epp im Mai 1919 in München, darunter Hitlers späterer Stellvertreter Rudolf Heß (oben links).

Eliten und geriet der adlig-großbürgerliche Wertekanon ins Wanken. Mit diesem radikalen ökonomischen und sozialen Wandel hielt der politische in keiner Weise Schritt – die autoritären Machteliten taten im Gegenteil alles Erdenkliche, um diesen so lange wie möglich zu verhindern. Mit aller Macht hielten Fürsten, Adlige, Großbürger, ostelbische Großgrundbesitzer und die neuen Stahlbarone an ihren althergebrachten Privilegien fest. Die Notwendigkeiten eines modernen Staates – Teilhabe, Mitbestimmung, Aufhebung des Dreiklassenwahlrechts in Preußen, Aufhebung rechtlicher Diskriminierung ganzer Gesellschaftsgruppen – waren ihnen ein Gräuel. Und anstatt mit Liberalisierung und Demokratisierung reagierten sie auf diesen strukturellen Modernisierungsdruck und die Klassenkonflikte mit einem Ablenkungsmanöver: Mithilfe außenpolitischer Erfolge sollte der Wunsch nach Reformen im Inneren umgangen werden.

Die deutschen Kriegsziele – sie erinnern bereits an die Hitler-Zeit

Diese Erfolge mussten riesig sein, um das marode System zu stabilisieren. Die Sieg-Frieden-Politik der Machthaber war dann auch nichts anderes als die „bestürzende Fusion eines zügellosen Expansionismus und radikal-nationalistischen Triumphalismus", wie der Historiker Hans-Ulrich Wehler schreibt. Die Ideen zielten, fatal erinnernd an die Hitler-Zeit, auf massive Landgewinne in Ost- und Westeuropa, auf eine „Germanisierung" der „Ostmark", auf einen „Wall deutscher Menschen gegen das Slawentum" und sogar auf eine spätere „Ausweisung" der Juden aus dem Reich; mit dem Diktatfrieden von Brest-Litowsk 1918 kam man diesen Zielen einer „völkischen Flurbereinigung" sogar kurzfristig sehr nahe. Und wenn auch nicht alle Beteiligten alle Ziele gut fanden, 1914 schloss das Kaiserreich einen Burgfrieden, die linke Opposition und die Gewerkschaften nahmen sich quasi selbst aus dem Spiel – und duldeten extreme Gewinne der Rüstungswirtschaft, die Ausbeutung der ungelernten Fabrikarbeiter, die nicht funktionierende Lebensmittelverteilung, den Schwarzmarkt und die damit verbundenen Hungerkrisen seit 1916.

Fast vier Jahre hielt dieser Burgfrieden, Sozialdemokraten und Gewerkschaften hofften, sich dadurch vom Stigma der „vaterlandslosen Gesellen" freikaufen zu können. Doch diese Hoffnung trog. Nicht nur, weil sich die Arbeiterbewegung an der Frage der Kriegskredite spaltete; aus der USPD ging der Spartakusbund und letztlich die KPD hervor, was sich in der Weimarer Zeit als schwere Hypothek erwies. Sondern auch, weil man spätestens, als im Herbst 1918 allen Entscheidungsträgern im Kaiserreich endgültig klar geworden war, dass der Krieg trotz aller Bemühungen an der Westfront verloren war, die Schuld dafür flugs den Kräften zuschob, die politische Änderungen anstrebten. Die Zivilisten sollten nun die Suppe auslöffeln. Man übertreibt nur wenig, wenn man sagt, die Parlamentarisierung Deutschlands sei von der Obersten Heeresleitung angeordnet worden.

Man übertreibt nur wenig, wenn man sagt, die Parlamentarisierung Deutschlands sei von der Obersten Heeresleitung angeordnet worden.

Und die SPD tat, wie ihr geheißen, sie griff nicht nach der Macht, sondern hat die Revolution des Jahres 1918/1919 – Parteichef Friedrich Ebert hasste sie ja „wie die Sünde" – eher abgewickelt, als sie zu einer wirksamen Umgestaltung des gesamten Gesellschaftssystems genutzt. Gewiss, Kaiser und deutsche Fürsten wurden innerhalb von Stunden entmachtet, die Monarchie war in Deutschland für immer erledigt. Aber die kriegsmüden Matrosen und Soldaten, die ausgebeuteten Munitionsarbeiter, die die Revolution ja letztlich getragen hatten, hatten sich viel mehr erwartet von den neuen Machthabern. Die führenden Köpfe der SPD bauten keine republikanischen Streitkräfte auf, sondern setzten auf rechtsgerichtete Freikorps, um die gewalttätige Revolution zu Beginn des Jahres 1919 einzudämmen; sie veranlassten keine Bodenreform zur Entmachtung der ostelbischen Junker, sie verstaatlichten nicht die Montanindustrie zur Machtbeschneidung der „Kriegsgewinnler" unter den Industriellen – vielmehr schlossen sie einen Pakt mit allen alten Mächten, dem Adel, der Obersten Heeresleitung, den Industriellen und

Das „Versailler Diktat" beendet den Weltkrieg: US-Präsident Woodrow Wilson und Frankreichs Ministerpräsident Georges Clemenceau (sitzend in der Mitte) unterzeichnen 1919 den Friedensvertrag.

den Junkern. Kurzum, es gab kein großes Aufräumen, wie es bei Revolutionen allgemein üblich ist. Der Machtapparat des Kaiserreichs blieb unangetastet. Der Dank war gering: Nur ein Bruchteil dieser Machteliten entwickelte später einen demokratischen Geist.

Die SPD setzte auf Kontinuität und auf eine schnelle Wiederherstellung der Ordnung angesichts der Demütigung durch die Niederlage, angesichts der herrschenden Hungersnot und der grassierenden Grippeepidemie – und sie fürchtete Chaos bei der Demobilmachung oder gar eine Bolschewisierung Deutschlands; ob zu Recht oder nicht, sei dahingestellt. Als Gegenleistung erhielten die Sozialdemokraten ein neues Stigma aufgedrückt: das der „Novemberverbrecher", die dem deutschen Heer den „Dolch in den Rücken gestoßen" hätten. Das war eine Lüge der alten und neuen Führungsschichten – doch die meisten Deutschen glaubten sie allzu gern. Viele Linke wiederum beschuldigten die SPD, die Revolution verraten zu haben. Über die möglichen Handlungsspielräume des Winters 1918/1919 ist viel geschrieben worden, doch festhalten lässt sich vor allem eins: dass die Kontinuität fortbestehender politischer und gesellschaftlicher Strukturen die Republik in den folgenden Jahren stark belastet hat.

Und die anfänglichen Hoffnungen und Träume der Republikaner wurden schnell enttäuscht. Die demokratischen Kräfte (SPD, DDP, Zentrum) regierten nach der Verabschiedung der Weimarer Reichsverfassung nur bis zur ersten Reichstagswahl 1920, danach waren stets die Republikfeinde in der Mehrheit. Deutschland kam nicht zur Ruhe: Zu den politischen Angriffen von links und rechts kamen die Belastungen der Reparationen, die Hyperinflation – eine direkte Folge der Finanzierung des gesamten Krieges auf Pump – und die damit verbundene Deklassierung fast des gesamten Mittelstands sowie die katastrophalen Folgen der Weltwirtschaftskrise. All diese Hypotheken, der Wunsch der Eliten nach Revision des Versailler Vertrages und nicht zuletzt der eklatante Mangel an Demokraten ermöglichten schließlich den Aufstieg der NSDAP und die Diktatur des früheren Gefreiten Adolf Hitler.

„Der Erste Weltkrieg hat Hitler erst möglich gemacht", schreibt der britische Historiker Ian Kershaw, „ohne das Trauma von Krieg, Niederlage und Revolution, ohne die Radikalisierung der deutschen Gesellschaft hätte dem Demagogen das Publikum für seine hasserfüllte Botschaft gefehlt. Das Vermächtnis des verlorenen Krieges schuf die Bedingungen, unter denen sich die Wege Hitlers und des deutschen Volkes zu kreuzen begannen." Vierzehn Jahre später regierte der Mann, der sich geschworen hatte, die Schmach der Niederlage und der Revolution, die alles verraten hatte, „auszumerzen" und diejenigen „auszulöschen", die er für verantwortlich hielt.

Als man Stefan Zweig am 1. September 1939 vom deutschen Überfall auf Polen berichtete, brach seine Welt zusammen: „Was ich mehr gefürchtet als den eigenen Tod, den Krieg aller gegen alle, nun war er entfesselt zum zweitenmal. (...) Ich erinnerte mich an unsere alten Soldaten, abgemüdet und zerlumpt, wie sie aus dem Felde gekommen, mein pochendes Herz fühlte den ganzen gewesenen Krieg in jenem, der heute begann und der sein Entsetzliches noch den Blicken verbarg. Und ich wusste: abermals war alles Vergangene vorüber, alles Geleistete zunichte – Europa, unsere Heimat, für die wir gelebt, weit über unser eigenes Leben hinaus, zerstört."

ROBERT PROBST

Nur noch von Brennwert: Ein Polizist bewacht 1924 Markscheine, die verfeuert werden sollen (oben). Unten Stefan Zweig um 1912.

Tod einer Kulturstadt

Vom Zentrum der Boheme zur „Hauptstadt der Bewegung“: Nirgends zeigt sich stärker als in München, wie der Erste Weltkrieg das politische Klima vergiftet – und den Boden bereitet für völkische Nationalisten und okkultistische Scharlatane.

Kampf um München als Kulturzentrum“ – unter diesem martialisch klingenden Titel veranstaltete die Deutsche Demokratische Partei am 30. November 1926 eine Kundgebung in der Münchner Tonhalle, bei der Thomas Mann eine Rede über den kulturellen Niedergang der bayerischen Hauptstadt hielt. Dabei erinnerte der Schriftsteller an die gerade mal zwei Jahrzehnte zurückliegende Glanzzeit Münchens, als Schwabing das pulsierende Zentrum der künstlerischen Avantgarde war, ein jedem Genie und jedem Verrückten offen stehendes Experimentierfeld der Kunst und des Lebens. „Erinnern wir uns“, sprach Thomas Mann, „wie es in München war vorzeiten, an seine Atmosphäre, die sich von der Berlins so charakteristisch unterschied! Es war eine Atmosphäre der Menschlichkeit, des duldsamen Individualismus, der Maskenfreiheit sozusagen; eine Atmosphäre von heiterer Sinnlichkeit, von Künstlertum (...). Hier genoß man eine heitere Humanität, während die harte Luft der Weltstadt im Norden einer gewissen Menschenfeindlichkeit nicht entbehrte.“

Wo war „die heitere Luft der Humanität“ geblieben? Der Schriftsteller Thomas Mann.

Doch inzwischen, klagte der Schriftsteller, hatte sich das Verhältnis beinahe umgekehrt: „Wir mussten es erleben, daß München in Deutschland und darüber hinaus als Hort der Reaktion, als Sitz aller Verstocktheit und Widerspenstigkeit gegen den Willen der Zeit verschrien war, mußten hören, daß man es eine dumme, die eigentlich dumme Stadt nannte.“

Was für ein Abstieg! Aus dem Experimentierfeld der Künstler war ein Experimentierfeld der finstersten politischen Kräfte geworden, und wo vor dem großen Krieg Weltoffenheit das Lebensgefühl zumindest weiter Teile der Boheme prägte, da herrschte nun ein ins Barbarische driftender Ungeist, der sich aus Nationalismus, Antisemitismus, Antiintellektualismus und dem generellen Ressentiment gegen Aufklärung, Humanismus und Demokratie speiste. Mitte der Zwanzigerjahre, als Thomas Mann vor einem kulturell interessierten Publikum seine traurige Bilanz zog, war München gewissermaßen auf halbem Weg von der Hauptstadt der Boheme zur Hauptstadt der Bewegung. Gerade mal drei Jahre zurück lag Hitlers blutig gescheiterter Versuch, vom Bürgerbräukeller aus die Macht in München und anschließend in Berlin zu erobern – eine politische Farce, der Jahre später die fürchterlichste Tragödie folgen sollte. Aber das wussten die Zeitgenossen 1926 noch nicht, wenngleich die Hellsichtigeren ahnten, auf welche Abwege die Gesellschaft geraten war.

Die Hoffnung der Wittelsbacher: Kronprinz Rupprecht von Bayern im Jahr 1890. Im Ersten Weltkrieg befehligt er als Generaloberst die sechste Armee im Westen. Nach dem Krieg fordert er die Ausweisung der „Ostjuden" – widersetzt sich aber den Nationalsozialisten.

Trauerzug für den ermordeten Kurt Eisner am Sendlinger-Tor-Platz: Voran gehen Mitglieder der Sozialistischen Parteien in München.

Ende eines Experiments: Nachdem sie die Räterepublik zerschlagen haben, besetzen Freikorps-Verbände 1919 den Münchner Marienplatz.

Wie konnte es dazu kommen? Was war passiert, dass sich die „schöne, behagliche Stadt" (Lion Feuchtwanger) mit Hurra dem geistigen und moralischen Verfall auslieferte? War es der Krieg? War es die Revolution? Oder der Terror der siegreichen Gegenrevolution? Das alles spielt eine Rolle. Aber darüber hinaus lohnt es sich, noch etwas weiter zurückzublicken. Auf das München der Vorkriegsjahre, auf die Prinzregentenzeit, die bis heute als die „guade, oide Zeit" verklärt wird. 26 Jahre, von 1886 bis zu seinem Tod 1912, währte die Herrschaft des bayerischen Prinzregenten Luitpold, und je finsterer die folgenden Zeiten wurden, desto heller leuchtete im Rückblick die Ära dieses wie ein gütiger Großvater wirkenden Mannes, der sich gerne als Jäger mit federgeschmücktem Hut und kurzer Lederhose porträtieren ließ. Die Regentschaft Luitpolds erschien in der Erinnerung als Goldenes Zeitalter, als bayerisch gefärbte Belle Époque, in der das Bier noch dunkel war und die Welt in Ordnung. Ausgeblendet war in der Retrospektive der ungeheure ökonomische Wandel, der das bis dahin bäuerlich geprägte Königreich ergriffen hatte. War Bayern bis zur Mitte des 19. Jahrhunderts im Wesentlichen ein Agrarstaat, so geriet das Land in der zweiten Hälfte des Säkulums in den Sog der Industrialisierung.

In der Regel waren es die Städte, in denen das althergebrachte Gefüge brüchig wurde. Dort vertieften sich die Gegensätze zwischen dem konservativen Milieu, dem der bäuerliche Mittelstand und das städtische Kleinbürgertum angehörten, und der liberalen Minderheit, die in den traditionellen Strukturen ein Hindernis für ihre unternehmerischen Interessen sah. Quasi als dritter Kombattant kam die erstarkende Arbeiterbewegung hinzu, die gegen die oft desaströsen Zustände in den Betrieben kämpfte, observiert und drangsaliert von Polizei und Justiz.

Wie nachhaltig sich das Leben der Menschen veränderte, zeigt am deutlichsten der Blick auf München. Die ehedem gemütliche Haupt- und Residenzstadt verwandelte sich innerhalb weniger Jahrzehnte in ein betriebsames, modernes Wirtschafts- und Verwaltungszentrum. Im Jahr 1886, als Luitpold seine Regentschaft an-

Im Triumph zieht das Freikorps Faupel-Görlitz 1919 durch die Ludwigstraße (oben). Noch wenige Wochen zuvor hatten Münchner Rotgardisten Sturmtruppen der Regierung Hoffmann am Hauptbahnhof zurückgeschlagen.

Begeisterung im ersten Kriegsjahr: Vor der Feldherrnhalle präsentiert die Regierung 1914 erbeutete französische Geschütze.

trat, zählte die Stadt 262 000 Einwohner. In seinem Todesjahr 1912 lebten bereits 640 000 Menschen in München. Zwar wohnten viele der Neubürger in einem der Vororte, die in diesen Jahrzehnten eingemeindet wurden. Doch auch aus den entlegeneren ländlichen Regionen strömten Menschen in die Stadt. München wurde zum Hoffnungsort überzähliger Bauernkinder, beschäftigungsloser Mägde und Knechte oder von Menschen, die das Leben in der Enge des Dorfes schlichtweg satt hatten. Wenn sie nicht in den elenden Herbergsvierteln strandeten, hausten die meisten Zugewanderten in den Mietskasernen, die für das wachsende Proletariat aus dem Boden gestampft wurden. 1895 zählten 47 Prozent der Münchner zur Arbeiterklasse.

Schwafeleien von Blut und Boden

Wie das Arbeiterleben im damaligen München verlief, schildert der Schriftsteller August Kühn in seiner aufschlussreichen Familienchronik „Zeit zum Aufstehen“: Da war die Willkür unduldsamer Vorgesetzter, da waren gesundheitsgefährdende Arbeitsplätze und die Angst, bei Krankheit hinausgeworfen zu werden, da waren die Wohnungsnot und die polizeiliche Verfolgung, die jeden treffen konnte, der an einem der vielen Streiks teilnahm oder der sich in der Gewerkschaft und der sozialdemokratischen Partei engagierte. Die Löhne waren mies, sie reichten kaum, die Familie zu ernähren und die Wohnung zu bezahlen. Wurde man krank, drohte der Fall ins Bodenlose.

„In Wirklichkeit war die Prinzregenten-Ära eine Zeit sich verschärfender sozialer Disharmonie und wachsender politischer Spannungen“, schreibt der Historiker David Clay Large in seinem Buch *Hitlers München*. Auch die Künstler und Intellektuellen waren davon berührt, zumal die besten unter ihnen schon frühzeitig gespürt hatten, dass die Verheißungen der Aufklärung und der Französischen Revolution in der harten Wirklichkeit des Industriezeitalters zu Worthülsen verkamen. Schon die Romantiker hatten ja Zweifel am universellen Glauben an Vernunft, Fortschritt und Wissenschaft vorgetragen, und so wurde die Skepsis gegenüber dem aufklärerischen Geist zu einem Topos der Moderne.

Was München betrifft, so schwirrten alle möglichen Obskurantisten und von Blut, Boden

Traum vom Königreich: Bayerns Ministerpräsident Gustav Ritter von Kahr (Bildmitte, links) verwandelte den Freistaat in eine reaktionäre „Ordnungszelle".

und dunklen Mächten schwafelnde Heilsbringer durch die Kneipen und Salons der Schwabinger Boheme, wo sie sich im Gefolge Nietzsches, aber ohne dessen Genialität, als Vernunft-Zertrümmerer inszenierten. So einen irrlichternden Geist – es handelt sich um den Dichter Ludwig Derleth (1870-1948) – schildert Thomas Mann in seiner Erzählung *Beim Propheten*, die mit den Worten beginnt: „Seltsame Orte gibt es, seltsame Gehirne, seltsame Regionen des Geistes, hoch und ärmlich. An den Peripherien der Großstädte, dort, wo die Laternen spärlicher werden und die Gendarmen zu zweien gehen, muß man in den Häusern emporsteigen, bis es nicht weiter geht, bis in schräge Dachkammern, wo junge, bleiche Genies, Verbrecher des Traumes, mit verschränkten Armen vor sich hinbrüten, bis in billig und bedeutungsvoll geschmückte Ateliers, wo einsame, empörte und von innen verzehrte Künstler, hungrig und stolz, im Zigarettenqualm mit letzten und wüsten Idealen ringen. Hier ist das Ende, das Eis, die Reinheit und das Nichts. Hier gilt kein Vertrag, kein Zugeständnis, keine Nachsicht, kein Maß und kein Wert."

Derleth war weiß Gott nicht der Einzige, der im Boheme-Schwabing als Prophet eines kommenden Reichs auftrat. Wer sich als tiefgründiger Seher empfehlen wollte, erging sich in Phantasien über dionysisch-ekstatische Kulte, tastete in den Urgründen des Seins nach dem Eigentlichen und beschwor kosmische Energien. Die „Kosmiker" Alfred Schuler und Ludwig Klages etwa predigten einen elitären

Ästhetizismus, der in einen Kult des arisch-germanischen „Bluterbes" mündete. Das ist die dunkle Seite der Boheme: Der Rassismus als intellektuelles Spiel. Im fiebrig-überdrehten „Wahnmoching" waren eben nicht nur die großen Avantgarde-Künstler zu Hause, sondern auch Scharlatane, die über Ariertum, Reinheit des Blutes und jüdische Weltverschwörung schwadronierten. Antisemitismus und Rassismus im modisch-schicken Gewand kulturphilosophischer Theorie gehörten zum Repertoire eines zivilisationsmüden Irrationalismus, der in München einen guten Boden hatte, als Hitler 1913 in der Stadt erschien.

Pionier der Schriftdeutung, Naturschützer, Neuheide und Rassist: der „Kosmiker" Ludwig Klages um 1900.

Münchens Künstler bejubeln den Krieg

Die Judenhasser aus dem kleinbürgerlichen Milieu, die später dem Führer hinterherliefen, dürften diese literarische Spielart des Antisemitismus jedoch kaum zur Kenntnis genommen haben. Sie sammelten sich eher im 1891 gegründeten Deutsch-Sozialen Verein (DSV), dessen Chefpropagandist Viktor Hugo Welcker gegen die „internationale jüdische Börsenpumpe" wetterte. Rassismus sowie einen extremen Nationalismus pflegte auch die Münchner Ortsgruppe des Alldeutschen Verbands, dessen deutsch-nationales Programm im Gegensatz zu den konservativen bayerisch-katholischen Parteien stand, die an die antipreußischen Ressentiments der Einheimischen appellierten.

Die „Atmosphäre der Menschlichkeit, des duldsamen Individualismus", von der Thomas Mann 1926 schwärmte, war schon vor dem Ausbruch des Krieges getrübt. Und wie in fast allen europäischen Großstädten bejubelten die Menschen auch in München den Kriegsbeginn. Die Schriftstellerin Lena Christ notierte: „Im Innern der Stadt, in den Bierhallen, in den Kaffeehäusern – überall sammelten sich Hunderte – Tausende. Stürmisch wurden von den Musikkapellen vaterländische Lieder verlangt und von der Menge stehend mitgesungen." Auch viele Künstler, unter ihnen Ludwig Thoma und Thomas Mann, begrüßten den Krieg als längst fälliges Reinigungsbad, und Ernst Toller, später Pazifist und einer der führenden Köpfe der Räterepublik, meldete sich freiwillig zum Kriegsdienst. Sein Schriftstellerkollege Oskar Maria Graf konnte sich nur wundern: „Wo waren sie alle hin, die mich gelehrt hatten, daß ein Anarchist dem Staat auf keinen Fall dienen darf, daß er vor allem jeden Militär- und Kriegsdienst unbedingt verweigern muss?" Ja, wo waren sie? Graf wusste es: „Als Kriegsfreiwillige waren sie in Scharen in die Kasernen gelaufen."

Die Begeisterung legte sich, als die ersten Verwundetentransporte am Hauptbahnhof ankamen. Weil es nicht genug Betten in den Krankenhäusern gab, wurden Schulen requiriert, um die Verletzten unterzubringen. Man hatte einen kurzen Feldzug und einen glorreichen Sieg erwartet, und nun tobten endlose Materialschlachten im Westen. Die Verlustlisten, die am Kriegsministerium in der Ludwigstraße angeschlagen waren, wurden immer länger. Bereits 1915 begannen die Münchner zu spüren, dass Lebensmittel, Rohstoffe und Kohlen knapp wurden. Im Juni 1916 versammelten sich hungernde Frauen vor dem Rathaus, um gegen die neuerliche Herabsetzung der Brotrationen zu protestieren. Polizisten, die gegen die Demonstranten vorgingen, wurden als „Saubande" und „Preußenknechte" beschimpft. Im März 1917 schrieb der Haidhauser Autor Franz-Joseph Bronner in sein Tagebuch: „An den Eingangs-

Männer und Frauen Münchens!

Es besteht Gefahr, daß dieser uns aufgedrungene Krieg mit einem Frieden endigt, der unser Volk aufs schwerste schädigt. Alle Opfer wären dann für nichts gebracht, alle Siege vergebens gewesen.

Das darf nicht geschehen

Um dies zu verhindern, ist der große Volksbund,

die deutsche Vaterlandspartei

ins Leben getreten.

Die Vaterlandspartei will keine Wiederholung von Friedensangeboten. Diese werden nur als Schwäche ausgelegt. So verlängern sie den Krieg, statt ihn zu beenden.

Der ganze Verlauf des Weltkrieges rechtfertigt den Glauben an einen baldigen endgültigen Sieg Deutschlands.

Deshalb will die Vaterlandspartei keinen Verzichtfrieden, bei dem alles so bleibt, wie es vor dem Kriege war, denn unter solchen Bedingungen könnte sich Deutschland nie wieder von seinen Wunden erholen. Wir wären ärmer an Gütern im Werte von hunderten von Milliarden und ärmer um hunderttausende der Besten unseres Volkes. Die Verelendung weitester Volkskreise wäre die Folge.

Die Vaterlandspartei erstrebt einen Frieden, der den uns zugefügten Schaden soweit als möglich wieder gutmacht, einen Frieden, der durch sichere Grenzen die Freiheit unserer Arbeit und das Gedeihen Deutschlands verbürgt. Nur ein kraftvoller, auf unseren Waffenerfolgen ruhender Friede vermag dies.

Die Vaterlandspartei ist ein Volksbund,

der Angehörige aller Parteien vereint. Keines ihrer Mitglieder braucht seiner Partei untreu zu werden. In Fragen der inneren Politik ist jedem vollste Freiheit belassen.

Wer mit uns ein baldiges Kriegsende und einen guten dauernden Frieden will, der trete unserem Bunde bei.

Ortsgruppe München
der deutschen Vaterlandspartei
Die Vorstandschaft:

1. Vorsitzender: von Hertwig, Universitätsprofessor, Geh. Rat
2. Vorsitzender: Einhauser, Reg.-Rat. Synd. d. Universität
Schriftführer und Schatzmstr.: Dr. Müller-Jürgens

Arbeitsausschuß:
Schreiner Behrens, Dr. Oskar Blank, Amtsrichter Hans Dittrich, Werkzeugmacher Ant. Drexler, Kunstmaler Prof. Fritz Erler, Geschäftsführer Robert Fedisch, Rechtsanwalt Dr. Friedrich Goldschmit, Stadtpfarr. Dek. Hermann Lembert, Justizrat u. Gemeindebevollm. August Rumpf, Landtagsabgeord. Karl Scharnagel, Leonhard Schmidbauer, Friedrich v. Schoen, Oberinspektor u. Diplomingenieur Ludw. Stindt, Schriftsteller Dr. Ludw. Thoma, Kunstmaler Karl Vinnen, Glasermeister Andr. Wagner, Frau v. Bartels, Frau von Hertwig.

Zuschriften: An die Geschäftsstelle der Ortsgruppe München: Neuhauserstraße 23/III
Mitgliederbeitrag jährl. 1 Mark. Geldsendungen ausschließlich a. d. Postscheckkonto München 8985, Dr. Wilhelm Müller-Jürgens.

Aus Protest gegen einen möglichen Verständigungsfrieden ruft die neu gegründete Münchner Ortsgruppe der „Deutschen Vaterlandspartei“ 1917 zum Weiterkämpfen auf. Unter den Unterzeichnern finden sich unter anderem der Dichter Ludwig Thoma, der spätere Münchner Oberbürgermeister und CSU-Mitgründer Karl Scharnagl sowie Anton Drexler, der Gründer der „Deutschen Arbeiterpartei“, der späteren NSDAP.

türen des Hofbräuhauskellers ist ein Schildchen: ‚Wegen Biermangels am Sonntag geschlossen'. Eine der Hauptbierquellen Münchens also versiegt. Was soll man dazu sagen?"

Bis zum Sommer 1918 waren allein 13725 Münchner im Krieg gefallen. Die Durchhalteparolen und die gebetsmühlenartig vorgetragenen Ankündigungen des bevorstehenden Sieges nahm kaum noch jemand ernst. Zunehmend machte sich in der Stadt die Einsicht breit, dass die militärische Lage miserabel war. Damit sank auch das Vertrauen in die Monarchie, mit jedem Tag verlor der ohnehin nicht sonderlich beliebte König Ludwig III. an Ansehen. Anfang 1918 hatten die Arbeiter der Münchner Rüstungsindustrie schon gestreikt, angeführt von den Unabhängigen Sozialdemokraten (USPD) unter Kurt Eisner. Es gärte in München, der Ruf nach Frieden wurde immer lauter. Am 7. November 1918 versammelte sich eine gewaltige Menschenmenge auf der Theresienwiese, um für ein Ende des Krieges zu demonstrieren. Während Erhard Auer und seine Sozialdemokraten zögerten, marschierte Eisner mit seiner Anhängerschaft los zu den Münchner Kasernen. Die meisten der demoralisierten Soldaten solidarisierten sich mit den Demonstranten. Am Abend im Mathäser-Bräu konstituierten sich die Arbeiter- und Soldatenräte, um 22 Uhr zogen die Revolutionäre zum Landtagsgebäude in der Prannerstraße. Dort proklamierte Eisner die bayerische Republik: „Die bayerische Revolution hat gesiegt, sie hat den alten Plunder der Wittelsbacher Könige hinweggefegt." König Ludwig III. hatte noch in der Nacht die Hauptstadt verlassen, er floh nach Österreich und später nach Ungarn, wo er 1921 starb. So gut wie widerstandlos hatte sich die Monarchie, die jegliche Autorität verspielt hatte, ergeben.

Es zeigte sich bald, dass der Journalist und Literat Eisner, der einer liberalen jüdischen Berliner Familie entstammte, keine ausreichende Machtbasis hatte, um die Lage unter Kontrolle zu halten. Der eine versöhnliche Politik anstrebende Intellektuelle hatte nicht nur die alten Königstreuen, die bürgerliche Elite sowie die nationalistischen Kreise gegen sich, sondern in zunehmendem Maß auch die zerstrittenen Arbeiterparteien, denen er entweder zu bürgerlich oder zu idealistisch war. Bei der Landtagswahl am 12. Januar 1919 erreichte Eisners USPD nur drei von 180 Sitzen – ein Debakel. Am Morgen des 21. Februar machte sich Eisner auf den Weg

Mörder des ersten bayerischen Ministerpräsidenten: Anton Graf von Arco auf Valley (undatiert).

zum Landtag, wo er seine Abschiedsrede halten wollte. In einem Hauseingang wartete ein junger Mann auf ihn, der monarchisch-militaristisch gesinnte Offizier Anton Graf von Arco auf Valley. Der Adlige ließ Eisner passieren und schoss ihm von hinten in Kopf und Rücken. Jegliche ärztliche Hilfe war vergebens.

Nach Eisners Tod gerieten die Dinge in München vollends aus den Fugen. Zwar wählte der Landtag am 17. März den Sozialdemokraten Johannes Hoffmann zum Ministerpräsidenten, doch schon drei Wochen später proklamierte der aus linken Aktivisten bestehende Zentralrat die „Bayerische Räterepublik". Hoffmanns Regierung, der das Münchner Pflaster zu heiß wurde, zog sich nach Bamberg zurück. Nach dem missglückten Putschversuch einer von Bamberg aus gelenkten „Republikanischen Schutztruppe" riefen kommunistische Revolutionäre um Eugen Leviné die Zweite Räterepublik aus, die nach sowjetischem Vorbild funktionieren sollte.

Nationalsozialisten unter der alten Reichskriegsflagge: eine SA-Abteilung bei der Vorbereitung des Hitlerputsches im November 1923 (oben). Unten Adolf Hitler (in der Mitte hinten) als Ordonnanz bei der Münchner Bahnhofskommandantur 1918.

Die Reaktion ließ nicht lange auf sich warten. Reichswehrtruppen sowie diverse Freikorps rüsteten sich zum Angriff auf das rote München. Gegen Soldaten und Verbände wie das „Bayerische Schützenkorps“ unter dem Haudegen Oberst Ritter von Epp hatte die Rote Armee der Räteregierung keine Chance. Am 1. Mai begann der Einmarsch der Weißen Truppen in München. Was folgte, war ein Massaker, eine Blutorgie der Sieger. Wer auch nur im Verdacht stand, ein Roter zu sein, wurde gnadenlos niedergemetzelt. Vermutlich fielen mehr als tausend Menschen dem weißen Terror zum Opfer. „Sie sind alle meine Brüder“, schrieb Oskar Maria Graf mit Blick auf die gefangenen Arbeiter, die zur Hinrichtung geführt wurden. „Sie sind alle Hunde gewesen wie ich, haben ihr Leben lang kuschen und sich ducken müssen, und jetzt, weil sie beißen wollten, schlägt man sie tot.“

Der Krieg hatte die Menschen traumatisiert, die Soldaten, die von der Front zurückgekehrt waren, hatten Zehntausende sterben sehen. Sie waren gewohnt, dass ein Menschenleben nichts galt. Was gezählt hatte, war die rücksichtlose Gewalt, die Fähigkeit, schneller den tödlichen Schuss zu setzen als der Gegner. Für Moral, für Humanismus, für Zivilisation war da kein Platz. Diese Lehren haben viele der geschlagen und gedemütigt von den Schlachtfeldern wiedergekehrten Männer gezogen. In München tobte der Krieg weiter, mit derselben Unerbittlichkeit. Er war gewissermaßen vor die Haustür gezogen, was der Bevölkerung einen zusätzlichen Schock versetzte.

Die Bruchstellen in der Gesellschaft, die schon vor dem Krieg den Zusammenhalt gefährdet hatten, waren zu unüberbrückbaren Gräben geworden. Fatal war dies für die Verlierer, die Linke, die geschlagen am Boden lag. Anstatt die für ein demokratisches Gemeinwesen unabdingbare Versöhnung anzustreben, tobten die Sieger ihren Hass und ihre Rachegelüste aus. Doch war Demokratie auch das Letzte, das die Rechte anstrebte. Was sozialistisch, sozialdemokratisch, jüdisch oder sonst wie verdächtig war, wurde verteufelt. Verdächtig war nicht zuletzt die Weimarer Republik, deren führende Politiker als „Vaterlandsverräter“ und „jüdische Volksschädlinge“ diffamiert wurden. Ein erstes Sammelbecken für den militant antisozialistischen und antidemokratischen Geist waren die Einwohnerwehren, die sich nach der Niederschlagung der Revolution gebildet hatten. In ihnen fanden die heimgekehrten Frontsoldaten, die aus dem Dienst entlassen waren, ein neues Betätigungsfeld. Im Wirrwarr der Nachkriegsjahre wurde für sie das autoritäre Gefüge des Militärs, die unerbittliche Ordnung von Befehl und Gehorsam zum Modell eines funktionierenden Staates – und das desorientierte, verunsicherte Bürgertum folgte ihnen darin.

Der Polizeipräsident scherte sich nicht um Recht und Gesetz – und legte seine schützende Hand über die Feinde der Republik.

Die Stunde gehörte Männern wie Gustav von Kahr, der nach dem Scheitern des reaktionären Berliner Kapp-Putsches im März 1920 in Bayern an die Macht gekommen war. Kahr war ein Monarchist, der davon träumte, München zum Ausgangspunkt für eine Renaissance der Monarchie in Mitteleuropa zu machen. Er prägte den Begriff der Ordnungszelle Bayern, die als Bollwerk gegen Berlin dienen sollte, das als Hochburg babylonischer Völkervermischung und zersetzender Avantgardekultur verächtlich gemacht wurde. Die Diffamierung Berlins und der Weimarer Republik kam bestens an im München der Zwanzigerjahre. An den Stammtischen ebenso wie in den Salons, an der Universität wie in den Kirchen (die Republik ist „aus der Sünde der Revolution und damit aus dem Fluch geboren“, wetterte Erzbischof Michael von Faulhaber) war man sich einig, dass die demokratischen Politiker an allem schuld seien: an der Kapitulation, am Versailler Vertrag, an der Ruhrkrise, an der Hyperinflation, an der Arbeitslosigkeit. Auf dieser Klaviatur spielte auch Gustav von Kahr, und dazu stimmte er den Lobgesang auf die Ordnungszelle Bayern an, von der aus die Gesundung Deutschlands erfolgen sollte.

Wer die sogenannten gesunden Deutschen waren, konnte man in München bald feststellen. Rechtsextreme, Antisemiten, Antidemokraten und Nationalisten aus dem gesamten Reich sammelten sich in der bayerischen Hauptstadt. Hier hatten sie nichts zu befürchten, zumal der Polizeipräsident Pöhner, der sich um

Okkultistische Vereine wie die „Thule-Gesellschaft" bekämpfen die Räterepublik.

Recht und Gesetz nicht das Geringste scherte, seine schützende Hand über die Feinde der Republik legte. Pöhner protegierte auch die Geheimorganisation „Consul" (OC), die nichts anderes war als eine rechte Terrorgruppe. Ihr Wahlspruch lautete: „Verräter verfallen der Feme." Als Verräterin galt auch die Serviererin Marie Sandmeier, weil sie angeblich der interalliierten Militärkommission einen Hinweis auf ein illegales Waffendepot gegeben hatte. OC-Mitglieder lockten sie in den Forstenrieder Park und brachten sie um. „Du Schandweib hast verraten dein Vaterland, dich hat ermordet die schwarze Hand", stand auf einem über der Leiche angebrachten Schild. Die Polizei erfuhr die Namen der Mörder. Pöhner aber ermöglichte den Männern die Flucht ins Ausland. Und wenn es doch unumgänglich war, einen der rechten Gewalttäter vor Gericht zu stellen, fand er verständnisvolle Richter.

In dieser Atmosphäre wurde die Ordnungszelle zum Aufmarschgebiet der rechtsextremen Republikfeinde aller Art, während die Künstler und Intellektuellen, die sich der Moderne verpflichtet fühlten, scharenweise die Stadt verließen, mit Vorliebe in Richtung Berlin. Ein aggressiver Provinzialismus, eine auftrumpfende Spießigkeit machte sich breit, von heiterer Humanität war nichts mehr zu spüren. Den Parlamentarismus lächerlich zu machen, gehörte zum Standardprogramm rechter Agitatoren. Statt zu diskutieren, schwang man lieber die Fäuste. Die Bierkeller wurden zu politischen Bühnen, auf denen strittige Ansichten per Saalschlacht entschieden wurden. Auf dem Gebiet der Ideologie wiederum machte sich die in der Endphase des Krieges gegründete völkisch-antisemitische „Thule-Gesellschaft" daran, mit allerlei okkultistischem Brimborium die nordischen Völker als „Herrenrasse" zu feiern und die Reinheit des Blutes zu propagieren. Ihre Mitglieder kamen aus dem gehobenen Bürgertum, unter ihnen waren Richter, Ärzte, höhere Beamte und Professoren. Einige Thule-Aktivisten spielten später eine wichtige Rolle in der nationalsozialistischen Bewegung.

Was die bayerische Regierungsarbeit anbelangt, nutzte Kahr die traditionell antipreußische Stimmung in München, um seine Politik gegen Berlin fortzuführen. Der von den Siegermächten und der Reichsregierung geforderten Auflösung der bayerischen Einwohnerwehren stimmte er erst nach langem Sträuben zu. Der zusehends populärer werdende Bierkelleragitator Adolf Hitler profitierte von dieser Entwicklung, liefen ihm doch scharenweise neue Anhänger zu. Die Ordnungszelle bot seiner NSDAP ideale Bedingungen, die Münchner gegen die Weimarer Republik aufzuhetzen und den Antisemitismus weiter anzustacheln. Auch in den besseren städtischen Kreisen fand der aufstrebende Demagoge Gehör. In den Häusern des Verlegers Bruckmann, des Pianofabrikanten Bechstein oder des Kunsthändlers Hanfstaengl war Hitler ein gern gesehener Gast, dessen Manieren man noch ein wenig zu verfeinern suchte. Dennoch scheiterte Hitlers erster Anlauf, an die Macht zu kommen, kläglich. Der Putsch vom 9. November 1923 endete in einem Desaster – auch weil Kahr die Gefolgschaft verweigert hatte.

Hitler vergaß das nicht. In der sogenannten Nacht der langen Messer 1934 wurde der 71-jährige Ritter von Kahr aus seiner Münchner Villa geholt, ins Konzentrationslager Dachau verschleppt und dort zu Tode gefoltert.

WOLFGANG GÖRL

Der erste Versuch: Putschisten besetzen am 9. November 1923 den Münchner Marienplatz. Der Staatsstreich wird scheitern – vorerst. Zehn Jahre später heißt Deutschlands Reichskanzler Adolf Hitler. Der Weg in den nächsten großen Krieg ist vorgezeichnet.

Die Heimgekehrten

Trügerische Harmonie: Der Schützenfestzug der Heimgekehrten eröffnet das erste Nachkriegs-Oktoberfests.

Monument des Todes: Inmitten eines Gräberfeldes nahe Verdun erhebt sich das Beinhaus von Douaumont. In ihm ruhen die Knochen von mehr als 130 000 nicht identifizierten französischen und deutschen Soldaten. Heute ist es auch ein Denkmal der Versöhnung.

LITERATURVERZEICHNIS

Philipp Blom:
Der taumelnde Kontinent. Europa 1900-1914, München 2009.
Ein packendes Lesebuch über eine ahnungslose Welt am Abgrund.

Volker Berghahn:
Der Erste Weltkrieg, München 2003.
Ordentliche Einführung in die Ereignisgeschichte auf kurzem Raum.

Christopher Clark:
Die Schlafwandler. Wie Europa in den Ersten Weltkrieg zog, München 2013.
Ein preisgekrönter Bestseller und eine fesselnde Lektüre über die vielen Ursachen des Krieges. Clark konzentriert sich stark auf die Welt der Diplomatie; einfache Schuldzuweisungen lehnt er ab.

Fritz Fischer:
Griff nach der Weltmacht. Die Kriegszielpolitik des kaiserlichen Deutschland 1914/1918, Düsseldorf 1961.
War im Erscheinungsjahr 1961 eine Sensation und prägt bis heute das linksliberale Geschichtsbild: Der Hamburger Historiker gab dem Deutschen Reich die Hauptschuld am Kriegsausbruch 1914 und begründete ein Deutungsmuster, das in Deutschland bis ins Jubiläumsjahr 2014 tonangebend blieb, wenn auch immer wieder in Frage gestellt, zuletzt durch Autoren wie Christopher Clark und Herfried Münkler.

Niall Ferguson:
Der falsche Krieg. Der Erste Weltkrieg und das 20. Jahrhundert, Stuttgart 1999.
Ein umstrittenes Stück Was-wäre-wenn-Geschichte, aber eine spannende Provokation: Was wäre aus Europa geworden, hätte sich Großbritannien gegen den Kriegseintritt entschieden? Dies wäre, schlussfolgert der Außenseiter unter den englischen Historikern, nicht nur für das Britische Empire die bessere Wahl gewesen, sondern auch für Europa.

Sebastian Haffner:
Die verratene Revolution. Deutschland 1918/19, Bern/München 1969.
Später auch unter dem Titel "Die deutsche Revolution 1918/19: Wie war es wirklich?“ erschienen: Eine leidenschaftlicher, vom Geist der Zeit getragener Versuch, die Ehre der Räterevolution 1918 zu retten. Das Werk ist in vielem überholt, doch noch immer ein literarisches Erlebnis.

Max Hastings:
Catastrophe. Europe goes to war 1914, London 2013.
Der Großmeister der englischen Militärgeschichtsschreibung schildert den Weg in den Krieg mit angelsächsischer Erzählkunst und bleibt dabei: Österreich und Deutschland tragen die Hauptschuld.

Gerhard Hirschfeld, Gerd Krumeich:
Deutschland im Ersten Weltkrieg, Frankfurt am Main 2013.
Der Krieg aus Sicht der Menschen: in eindringlichen Tagebüchern, in Briefen und Dokumenten.

Adam Hochschild:
Der große Krieg. Der Untergang des alten Europa im Ersten Weltkrieg 1914-1918, Stuttgart 2013.
Ein fesselndes Lesebuch mit leicht irreführendem deutschem Titel. Der US-Schriftsteller schildert den Krieg aus rein britischer Perspektive und verzahnt Einzelschicksale etwa von Kriegsgegnern und imperialistischen Offizieren mit den Geschehnissen an der Front.

Olaf Jessen:
Verdun 1916. Urschlacht des Jahrhunderts, München 2014.
Das große Sterben an der Westfront, eindringlich geschildert am Fallbeispiel der gescheiterten deutschen Großoffensive 1916.

Ernst Jünger:
In Stahlgewittern. Aus dem Tagebuch eines Stosstruppenführers. Erstauflage 1920, historisch-kritische Edition durch Helmuth Kiesel Stuttgart 2013.
Für die einen Kriegsverherrlichung, für die anderen große Literatur: Ernst Jüngers über die Jahrzehnte immer wieder verändertes Buch über das Fronterlebnis ist heute selbst Dokument seiner Zeit.

Ernst Jünger (Einleitung), Richard Junior:
Hier spricht der Feind. Kriegserlebnisse unserer Gegner. Berlin o. J. (um 1930).
Für die damalige Zeit erstaunlicher Perspektivwechsel: Jüngers deutschsprachige Sammlung von Kriegsberichten der Alliierten enthält unter anderem Schilderungen des deutschen Bombenkrieges und der Gasangriffe aus Sicht der Opfer (antiquarisch).

Jörn Leonhard:
Die Büchse der Pandora. Geschichte des Ersten Weltkriegs, München 2014.
Großes europäisches Panorama der Jahre von 1914 bis 1918 und darüber hinaus: über einen Kontinent, der die entfesselte Gewalt nicht mehr zähmen kann und von einem Krieg in den nächsten taumelt.

Herfried Münkler:
Der Große Krieg. Die Welt 1914 bis 1918, Berlin 2013.
Bestseller und gut geschriebene Gesamtgeschichte des Krieges, die Deutschland nicht als einzigen Hauptschuldigen identifizieren will, Fehler und Größenwahn des Kaiserreiches aber klar benennt.

Sönke Neitzel:
Blut und Eisen. Deutschland im Ersten Weltkrieg, Zürich 2003.
Eine gut lesbare Einführung, die innen- und außenpolitische Entwicklungen mit dem Geschehen an der Front verzahnt.

Ernst Piper:
Nacht über Europa. Kulturgeschichte des Ersten Weltkriegs, Berlin 2013.
Die Geschichte einer gesamteuropäischen Kultur, die in mannigfaltigen Aspekten der geistigen Mobilmachung zum Opfer fällt – mit all ihren fatalen Folgen nach 1918.

Theodor Plivier:
Des Kaisers Kulis. Roman der Deutschen Kriegsflotte, Berlin 1929. (mehrere Neuauflagen, heute antiquarisch)
Kritischer Schlüsselroman über die Kriegsgesellschaft, erzählt am Beispiel der Flotte.

Avi Primor:
Süß und ehrenvoll. Roman, Köln 2013.
Gelungener Debut-Roman des früheren israelischen Botschafters in der Bundesrepublik über die Tragödie deutscher Juden im Ersten Weltkrieg zwischen Patriotismus und Diskriminierung, basierend auf realen Vorbildern.

Manfried Rauchensteiner:
Der Erste Weltkrieg und das Ende der Habsburgermonarchie. 1914-1918, Wien u. a. 2013.
Die monumentale, mehr als 1000 Seiten dicke Darstellung konzentriert sich auf das verhängnisvolle deutsch-österreichische Bündnis, lohnt sich aber dennoch nicht nur für Spezialisten.

Erich Maria Remarque: Im Westen nichts Neues, Berlin 1929. (viele Neuauflagen)
Der Klassiker des Antikriegs-Romans, von den Nazis verboten, mehrmals verfilmt, begründete den Weltruhm des Autors und ehemaligen Frontsoldaten.

Hew Strachan: Der Erste Weltkrieg. Eine neue illustrierte Geschichte, München 2004.
Der britische Militärhistoriker überwindet als einer der ersten die lange eurozentrische und auf die Westfront fokussierte Perspektive auf den Ersten Weltkrieg. Ein fesselndes Standardwerk.

Cord Aschenbrenner ist Journalist und studierter Historiker. Er lebt in Hamburg und schreibt u. a. für die Historienseite der SZ am Wochenende.

Franziska Augstein stammt aus Hamburg. Sie wurde im Fach Geschichte am University College London promoviert. Von 1997 an war sie Redakteurin bei der FAZ. 2001 wechselte sie zur Süddeutschen Zeitung.

Martin Bernstein, Jahrgang 1964, hat Geschichte und Kunstgeschichte studiert und ist seit 1991 Redakteur der Süddeutschen Zeitung.

Peter Bierl, freier Journalist und Autor, 51 Jahre alt, Studium der Politikwissenschaft mit Magisterabschluss, verheiratet, zwei Kinder.

Oliver Das Gupta, Jahrgang 1974, arbeitet seit 1997 für die SZ. Er studierte Politik und lernte das journalistische Handwerk an der Deutschen Journalistenschule in München.

Matthias Drobinski ist seit 1997 Redakteur der Süddeutschen Zeitung und schreibt für das Ressort Innenpolitik.

Wolfgang Görl, geboren 1954 in München, studierte Germanistik und Philosophie. Er ist Redakteur des Münchner Lokalteils der Süddeutschen Zeitung und schreibt Reportagen, Kolumnen und Streiflichter.

Anna Günther, Jahrgang 1987, schreibt seit 2007 für die SZ. Sie hat in München Germanistik, Medienrecht und Politikwissenschaft studiert, in Wien und Los Angeles gelebt und ist, trotz Ausflüge in Film- und Fernseh-Redaktionen, immer SZ-Gewächs geblieben.

Laura Hertreiter, Jahrgang 1984, studierte Germanistik und Soziologie in München und wurde an der Deutschen Journalistenschule ausgebildet. Bevor sie 2013 zur Süddeutschen Zeitung kam, arbeitete sie unter anderem für die Deutsche Presseagentur und den Stern.

Joachim Käppner, geboren 1961 in Bonn, ist leitender Redakteur der Süddeutschen Zeitung und betreut die Historienseite der SZ am Wochenende.

Kurt Kister, 1957 in Dachau geboren, ist seit 1983 bei der Süddeutschen Zeitung und war unter anderem als Amerika-Korrespondent in Washington und als Leiter der Berliner Redaktion tätig. Seit Anfang 2011 ist er Chefredakteur der SZ.

Hilmar Klute, Jahrgang 1967, ist Streiflicht-Chef, schreibt Reportagen, Essays und Porträts für die Süddeutsche Zeitung und ist Autor mehrerer Bücher.

Stefan Kornelius leitet das außenpolitische Ressort der Süddeutschen Zeitung. Zuvor war er unter anderem Korrespondent in Washington, Berlin und Bonn.

Christian Mayer, geboren 1969, studierte Geschichte und Amerikanistik. Seit 1997 arbeitet er für die Süddeutsche Zeitung, derzeit im Ressort Panorama/SZ am Wochenende.

Rudolf Neumaier, Jahrgang 1971, ist promovierter Historiker und arbeitet seit 1999 bei der Süddeutschen Zeitung, derzeit im Feuilleton.

Frank Nienhuysen, 49, ist Außenpolitik-Redakteur und zuständig für Osteuropa. Von 2008 bis 2013 SZ-Korrespondent in Moskau. Studierte Politikwissenschaften, Slawistik und Volkswirtschaftslehre in Berlin, München und Moskau.

Prof. Dr. Heribert Prantl ist Mitglied der Chefredaktion der Süddeutschen Zeitung und Leiter der Redaktion Innenpolitik seit 1997. Honorarprofessor an der Juristischen Fakultät der Universität Bielefeld. Er ist 1953 in Nittenau/Oberpfalz geboren.

Robert Probst, geboren 1970, arbeitet als innenpolitischer Redakteur bei der SZ. Er hat Neuere Geschichte in München studiert und beschäftigt sich viel mit zeithistorischen Themen, unter anderem hat er für die SZ den Demjanjuk-Prozess am Landgericht München begleitet.

Annette Ramelsberger, Gerichtsreporterin. Nach der Deutschen Journalistenschule arbeitete sie bei der Nachrichtenagentur AP, der Berliner Zeitung und dem Spiegel. Seit 1997 bei der Süddeutschen Zeitung, als politische Reporterin in Berlin und Ressortleiterin in München.

Katja Riedel, 1979 in Rotenburg an der Fulda geboren, hat Geschichte und Germanistik in Gießen und München studiert. Seit 2007 schreibt sie für die Süddeutsche Zeitung.

Marcus C. Schulte von Drach, geboren 1965, Doktor der Naturwissenschaften. Danach als freier Wissenschaftsjournalist tätig. Seit dem Jahr 2000 ist er als Redakteur bei Süddeutsche.de in den Ressorts Wissenschaft und Politik tätig.

Ronen Steinke, Jahrgang 1983, studierte Jura und Kriminologie, wurde an der Universität Hamburg im Völkerrecht promoviert und kam 2011 zur Süddeutschen Zeitung, wo er heute als Redakteur im Ressort Außenpolitik arbeitet.

Melanie Staudinger, Jahrgang 1983, arbeitet seit 2006 für die Süddeutsche Zeitung. Studierte Politikwissenschaften, Recht und Kommunikationswissenschaften in München. Schreibt am liebsten über Politik und Bildung.

Stefan Ulrich, Jahrgang 1963, kam nach Jurastudium und Rechtsreferendariat 1994 zur Süddeutschen Zeitung. Er arbeitete unter anderem als Auslandskorrespondent in Rom und Paris und ist jetzt stellvertretender Leiter des Außenpolitik-Ressorts.

Hubert Wetzel, geboren 1971, ist stellvertretender Leiter des Ressorts Außenpolitik. Zuvor war er unter anderem Korrespondent in den USA.

Jakob Wetzel, Jahrgang 1982, berichtet für die Süddeutsche Zeitung unter anderem über historische Themen.

Gerhard Wilhelm, Magister der Geschichte/ Politikwissenschaft (LMU), Magisterarbeit über „Dachau in der Rätezeit". SZ-Redakteur seit 1994.

Bildnachweis:
Süddeutsche Zeitung Photo/Scherl

Außer: S. 34, 36, 37 (Privat); S. 61, 64/65, 67, 68, 108 (Bildarchiv Preußischer Kulturbesitz); S. 60, 62, 63, 66, 69, 71, 73, 308, 309, 310 (Dpa/picture alliance); S. 100, 101, 102, 103, 105 (Privat); S. 111 (@Ansichtskartenpool/ddp); S. 116 (Evans, Mary); S. 181 (Das Gupta, Oliver); S. 116, 246, 247 (Getty Images); S. 128, 130, 131, 132, 133 (Privat, Daniel Hofer); S. 129 (Simon, Johannes); S. 135 (Familienarchiv Rolf Tiefenthal); S. 136 (CAHJP Jerusalem); S. 137 (Jüdisches Museum, Wien); S. 140 (JCS Universitätsbibliothek Ffm./Digitale Judaica Sammlung); S. 154/155 (Stadtarchiv München); S. 141 (Loidl, Tristan); S. 174, 175 (Privat); S. 294, 295 (Bayerisches Hauptstaatsarchiv/Laber, Veronica); S. 246, 248/249 (AP); S. 247 (Reuters)

EUROPA NACH DEM ERSTEN WELTKRIEG 1920
Kristiania (Oslo)
NORWEGEN
DÄNEMARK
Dublin
GROSSBRITANNIEN UND IRLAND
IRLAND (1922 unabh.)
London
NIEDER-LANDE
Berlin
DEUTSCHES REICH
BELGIEN
LUXEM-BURG
Paris
FRANKREICH
SCHWEIZ
ÖSTERREIC
ITALIEN
PORTUGAL
Lissabon
Madrid
SPANIEN
Rom
Er-Rif
Marokko
Algerien
Tunesien
(brit.)